D0834566

Pierre Assouline

Le dernier
des Camondo

*Édition revue et augmentée
par l'auteur*

Gallimard

Pierre Assouline est journaliste et écrivain. Il est l'auteur d'une vingtaine de livres, dont trois romans ainsi que des biographies. notamment du marchand des cubistes D. H. Kahnweiler, du collectionneur Moïse Camondo et du photographe Henri Cartier-Bresson.

*À Maman,
pour la remercier de m'avoir aidé
dans mes premières rédactions*

Un peu d'éternel, ou tout au moins de durable, était entré dans la composi tion de cet éphémère...

MARCEL PROUST

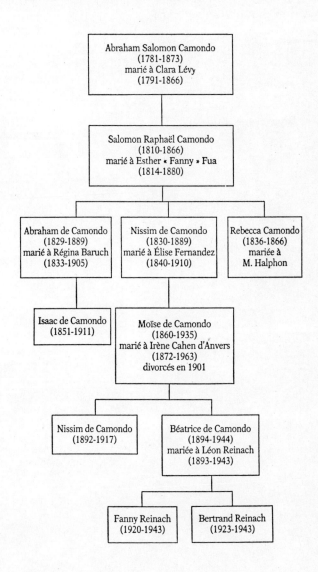

Abraham Salomon Camondo
(1781-1873)
marié à Clara Lévy
(1791-1866)

Salomon Raphaël Camondo
(1810-1866)
marié à Esther « Fanny » Fua
(1814-1880)

Abraham de Camondo
(1829-1889)
marié à Régina Baruch
(1833-1905)

Nissim de Camondo
(1830-1889)
marié à Élise Fernandez
(1840-1910)

Rebecca Camondo
(1836-1866)
mariée à
M. Halphon

Isaac de Camondo
(1851-1911)

Moïse de Camondo
(1860-1935)
marié à Irène Cahen d'Anvers
(1872-1963)
divorcés en 1901

Nissim de Camondo
(1892-1917)

Béatrice de Camondo
(1894-1944)
mariée à Léon Reinach
(1893-1943)

Fanny Reinach
(1920-1943)

Bertrand Reinach
(1923-1943)

Prologue

Un jour, mes pas m'ont porté jusqu'au 63 de la rue de Monceau, dans le VIIIᵉ arrondissement de Paris. Je n'en suis pas revenu. Depuis, cette maison m'habite.

C'était en 1981, au début du printemps. J'enquêtais sur le passé de Marcel Dassault. La biographie de l'illustre avionneur me révéla un endroit dont je ne soupçonnais même pas l'existence. Enfant, il avait joué là. Jeune homme, il venait ici prendre le thé. Les Camondo étaient ses proches cousins. Sa mère appartenait à la grande famille juive de Salonique. En ce Marcel si fragile mais si peu littéraire, le côté des Allatini l'emportait souvent sur celui des Bloch. Cet hôtel était l'un de ses lieux de mémoire. En 1919, à son mariage, le comte Moïse de Camondo fut son témoin.

En quittant cet univers dont nul ne se détache facilement, je croyais emporter le souvenir ébloui d'un voyage dans le passé, aux alentours d'un XVIIIᵉ siècle amoureusement restitué par un homme du XIXᵉ qui entrait à reculons dans le XXᵉ. Une grande plaque de marbre à l'entrée me fit brutalement basculer du siècle des Lumières dans le siècle des ténèbres. Depuis, je l'ai relue à cent reprises. Chaque fois, j'en ai été profondément remué comme on peut l'être par la révélation d'une de ces ombres qui font la lumière sur terre. Avec le temps, la méditation a quelque peu atténué l'émotion.

Pendant quinze ans, je n'ai cessé de tourner autour de cette maison. Au contraire d'un musée classique, elle a toujours été habitée, car elle a une âme. Sa nature même exigeait que, pour qu'elle fût appréhendée dans le moindre de ses replis, le souci de la vérité l'emportât sur celui de l'exactitude. Pour autant, l'un ne devait pas faire renoncer à l'autre. Une telle quête n'imposait pas de négliger la recherche historique. Mais, dans l'espoir de faire triompher l'esprit d'une époque sur la lettre de ses chroniqueurs, elle incitait à privilégier les traces par rapport aux preuves. Et lorsque les unes et les autres sont également muettes ?

Quand on ne sait pas, on interprète. Parfois, j'ai dû m'y résoudre. Il y faut autant d'honnêteté intellectuelle que d'empathie spirituelle. Après avoir écouté les acteurs et lu les auteurs, il m'est arrivé de combler des blancs. D'attribuer des sentiments à mon personnage à partir d'intuitions. J'ai pris cette liberté car je n'ai jamais pu me défaire d'une remarque de Jean Paulhan, en vertu de laquelle si les gens gagnent à être connus, ils y gagnent en mystère. Moïse de Camondo a-t-il vraiment rougi ce jour-là après déjeuner en reposant la photo de l'être cher sur le coin droit du guéridon ? Je n'en jurerais pas, mais je l'avancerais tout de même, sur la base d'une intime conviction, à l'issue d'un long commerce avec son univers intérieur. C'est ce qui distingue le récit biographique de la bio graphie.

Le musée Nissim de Camondo m'apparut comme une de ces énigmes dont il ne faut pas toujours chercher le fin mot. Le secret a sa raison d'être. Pour l'apercevoir, il fallait affronter le sort d'une famille engloutie, ses riches heures et ses intimes tragédies, quitte à frôler le silence d'un monde dont on n'a plus idée. Aux abords du parc Monceau, il est des Atlantides insoupçonnables.

Celle-ci ne se laisse pas découvrir aisément. Pourtant, l'hôtel est ouvert à tous. Mais il est difficile d'en sortir sans être convaincu d'y être entré par effraction.

D'où vient cette étrange impression qui nous étreint en pénétrant dans la petite pièce consacrée au souvenir ? On croit violer un lourd secret de famille en découvrant la lignée des Camondo sur le tableau généalogique, seul arbre qui mange ses fruits. La gêne nous envahit comme si l'intérêt manifesté pour cette odyssée bien séfarade était déjà une sorte d'indiscrétion. On se croit déplacé, comme un invité non désiré. Pour un peu, on croirait que les propriétaires sont sortis et qu'ils vont revenir incessamment.

Longtemps après la mort du dernier des Camondo, ils sont toujours ici chez eux.

1

Dans la plaine Monceau,
au printemps de 1914

On ne sait jamais rien du destin d'une maison. Qu'on l'acquière ou qu'on la reçoive, son avenir nous échappe à l'instant même où il donne l'illusion d'être scellé par des actes notariés.

« À peine le temps d'y donner un bal et la guerre était déjà là », notera un jour un chroniqueur.

C'est vrai, cela s'est passé ainsi. Comme s'il était écrit que Moïse, deuxième comte de Camondo, cinquante-quatre ans, divorcé et père de deux enfants, n'y serait pas heureux. Qui dira jamais l'infortune d'un homme riche, courtisé et loué, apparemment comblé, mais guetté par le spectre de la solitude ? Non qu'il fût un solitaire, mais plutôt un esseulé, état vécu comme une fatalité. Bientôt, le masque de son visage en accusera les traits, son expression nostalgique sera un peu plus teintée de mélancolie.

En ces jours de 1914, Moïse est entre deux eaux, à la frontière du monde d'avant, à la veille de basculer dans le siècle à venir. Des trônes vont vaciller, des empires disparaître, des lignées s'éteindre. A-t-il seulement l'intuition que ce qui s'annonce marquera aussi la fin de sa propre dynastie ? Le vent mauvais qui se lève finira par tout emporter. Bientôt, de la geste des Camondo, il ne restera plus que cette maison.

D'autres l'ont déjà dit, une ville est une ville mais Paris est un monde. La plaine Monceau y est une principauté dont les vrais contours demeurent inaccessibles au commun des promeneurs. Le soir, quand les gardiens referment ses lourdes grilles de fer forgé, le parc prend des allures de Cité interdite.

Ses dix-neuf hectares ne se souviennent même plus avoir été jadis, il n'y a pas si longtemps, la propriété du futur Philippe Égalité. C'était sa folie. En 1773, quand il n'était encore que duc de Chartres, le jouisseur libertin imagina de faire de son domaine de Mousseaux (appelé à devenir Monceaux puis Monceau) un merveilleux jardin. Non un jardin de plus mais le plus vert et le mieux ordonnancé des théâtres de plein air. Les spectateurs s'y promèneraient et le spectacle serait partout.

Louis Carrogis, dit Carmontelle, fut chargé de donner consistance à l'utopie princière. Sa double qualité d'architecte et d'auteur dramatique n'y était peut-être pas étrangère. Il devait se faire également illusionniste pour métamorphoser ces champs, coincés entre le faubourg du Roule et la plaine de Clichy, en un jardin de tous les temps et de tous les lieux. Il s'était mis en tête d'y faire coexister un morceau de Chine impériale, un soupçon d'Égypte pharaonique et une résurgence de l'antiquité grecque sans que l'ensemble ne tournât au grotesque.

Carmontelle se révéla un maître d'œuvre parfaitement en harmonie avec lui-même. Il dessina un jardin pour le duc comme s'il avait à composer la plus fine des comédies légères pour la cour. Qu'il s'agisse des cascades ou des petits ponts, des colonnes corinthiennes ou du moulin à vent hollandais, des fontaines ou des bosquets, des temples et belvédères, de la naumachie et des étangs, tout devait concourir à former les plus inattendus des tableaux. Ils invitaient le public à entrer de plain-pied dans le motif et à s'y étourdir dans des perspectives déroutantes. Tout était conçu pour son pur agrément. L'artiste avait inventé ce parc en formant des vœux pour que la grâce qui se dégagerait du tout lui fasse pardonner le caractère hétéroclite et artificiel de certaines de ses parties. Car si excentrique que fût son commanditaire, il n'en était pas moins le premier prince du sang.

Au début du Second Empire, les biens des Orléans furent confisqués. On persifla : le premier vol de l'Aigle... Le parc Monceau connut alors divers avatars, liés à l'irrésistible poussée vers l'ouest que Paris vivait depuis François Ier. Ce poumon vert ne pouvait échapper au baron Haussmann. Annexé puis dépecé, le parc Monceau se retrouva amputé des deux tiers au profit des constructeurs. Le subtil Carmontelle ne s'y retrouverait pas. Les frères Pereire allaient chasser son fantôme du parc. Son œuvre était avant tout la folie du père de Louis-Philippe. M. Alphand, ingénieur en chef des Promenades et Plantations, se fit fort de rendre au peuple ce qui restait du jardin en moins d'un an.

Dès 1850, l'entreprenant tandem racheta tout ce qui était à vendre dans le quartier, jusqu'à en posséder neuf hectares. Dix ans après, tout à leur fièvre du lotissement, ils avaient encore la haute main sur cinq hectares de plaine. La différence avait dû être abandonnée à la Ville à l'issue d'âpres négociations sur les grandes percées haussmanniennes et le passage du chemin de fer vers Saint-Lazare. En quelques années, le prix du mètre carré n'en avait pas moins connu une hausse vertigineuse.

Pour les employés du cadastre, le XVIIe et le VIIIe se disputaient les lieux. Mais pour les Parisiens bien nés, l'arrondissement était simplement estampillé Pereire. Ceux-ci l'avaient signé, comme Carlin un bonheur-du-jour.

Sous le Second Empire, bien avant l'arrivée des grandes vagues d'immigrés d'Europe de l'Est, la bourgeoisie juive parisienne se concentrait naturellement dans les IXe et IIe surtout, ainsi que dans les Xe, IIIe, Ier, IVe et XIe. Autant de lieux où sa culture se manifestait à travers les synagogues, l'artisanat et les commerces, à l'exception notable du VIIIe. Parfois, on y entendait parler d'autres langues que le français. En ce temps-là, à Paris, un juif sur cinq était né à l'étranger.

La plaine Monceau dérogea à la règle. Les Pereire furent à l'origine de cette exception. Ils incitèrent les plus fortunés et les plus ambitieux de leurs coreligionnaires à y habiter, même si l'environnement ne s'y prêtait guère.

Ce sont eux qui convainquirent l'oncle et le père de Moïse de s'installer là. Le premier acquit un terrain et un hôtel auprès d'Émile Pereire, et le second racheta ceux, mitoyens, de M. Violet, entrepreneur de travaux publics. Les actes de vente, signés devant le notaire Mᵉ Émile Fould, en témoignent : en 1870 et 1872, à l'issue d'un périple de plusieurs siècles qui l'avait menée de l'Espagne à la Turquie en passant par l'Italie, la famille Camondo s'enracinait durablement dans la terre de Philippe Égalité.

De toutes les artères qui étranglent le parc, la rue de Monceau jouit d'un statut particulier. Son nom de baptême est un symbole. Elle a le rôle-titre. Dans la mythologie de l'Ouest parisien, un tel privilège lui confère autant de droits que de devoirs. Nul n'y habite par hasard. C'est une adresse. Proust ne s'y était pas trompé.

« Un petit bout de jardin avec quelques arbres qui paraîtrait mesquin à la campagne, prend un charme extraordinaire avenue Gabriel, ou bien rue de Monceau, où des multimillionnaires seuls peuvent se l'offrir »...

Si la plaine Monceau abrite nombre de rues tirées à quatre épingles, celle qui porte son nom s'annonce comme l'emblème d'une société. N'allat-elle pas jusqu'à absorber la rue de Valois-du-Roule, ce que d'aucuns interprétèrent comme un signe des temps ? Mille mètres dans sa longueur, une dizaine dans ses grandes largeurs, elle s'élance entre le boulevard Haussmann et la rue du Rocher comme un souverain défi. En avant, calme et droit.

Au moment où Moïse hérita cet hôtel de sa mère, la physionomie de la rue de Monceau était déjà gravée dans le marbre. Son visage, ses traits, sa silhouette se dessinaient pleinement pour le siècle à venir. Tant il est vrai que l'on devrait pouvoir parler d'une rue comme d'une personne.

Sur quatre-vingt-quinze numéros, il n'y a que dix hôtels. Pour les distinguer, on n'ose les dire « particuliers » tant il serait inconvenant d'imaginer des hôtels de voyageurs dans un pareil endroit. Toutes les grandes familles ne s'y retrouvent pas nécessairement, bien que ce soit là leur cadre naturel. Qui vit rue de Monceau en 1910 ? Il suffit de mettre ses pas dans ceux d'un piéton de Paris et de se laisser porter par la curiosité. Derrière ces lourdes tentures, il y a tout un monde que les titres, qualités et patronymes laissent à peine deviner. Un mélange inédit de noblesse d'Ancien Régime et d'empire, d'aristocratie juive, de haute société protestante, de grande bourgeoisie industrielle et banquière et de congrégations religieuses.

Au 7*bis*, nous trouvons le vicomte Curial et, au 10, le vicomte de Montlivault ainsi que le vicomte du Bouëxic. Il y a quinze ans encore, leur voisin immédiat, au 8, n'était autre que le correspondant du journal viennois *Neue Freie Presse*, Theodor Herzl ; l'affaire Dreyfus le bouleversa au point de lui inspirer l'idée prophétique d'un État pour les juifs. Au 11, non loin de lui, alors qu'il était déjà accaparé par l'invention du sionisme politique, priaient les religieuses franciscaines du Sacré-Cœur, et un peu plus haut, au 19, les sœurs servantes de Bourges

Au 28, un hôtel se distingue d'emblée par la surprenante vastitude de son parc. Le prince Joachim Murat y règne en majesté à la suite des

Furtado-Heine, une grande famille israélite. Le
chassé-croisé n'est pas fortuit, ses beaux-parents
étant Michel Ney, duc d'Elchingen, et Paule, née
Furtado, fille adoptive des banquiers Heine

Au 31, le salon de celle qui ne se lasse pas de
peindre des roses sur des éventails est des plus
courus. Rituellement chaque mardi, l'exigu pavillon de Madeleine Lemaire voit défiler ses amis
des arts et lettres parmi lesquels Marcel Proust.
Il s'en inspirera pour brosser le portrait de
Mme Verdurin et y fait connaissance du comte
Robert de Montesquiou-Fezensac, l'un des modèles du baron de Charlus, dit « Taquin le Superbe »
ou plus prosaïquement « Mémé ».

On trouve un certain M. Louis Monnier au 33,
dans un hôtel jouxtant ceux de la comtesse Moli-
tor, sis aux 35-40, juste en face des Orly-Roede-
rer, au 41. Au début du siècle, le baron Maurice
de Rothschild a hérité, au 47, de l'hôtel que son
oncle Alphonse, dernier chef de la banque de Naples et grand collectionneur, s'était fait construire
sous le Second Empire. Au 51, René Firino voi-
sine bientôt avec les Cattaui, des banquiers juifs
égyptiens installés au 55. Gaston Menier, héritier
de la dynastie chocolatière de Noisiel, a racheté
aux Camondo l'hôtel du 61. Juste en face, au 62,
vit le baron Davillier tandis qu'au 64 *bis*, Jacques
Piou côtoie Alfred Reitlinger, important donateur
du Consistoire israélite. Qui encore ? Le comte
Charles de Maupassant au 69, le vicomte de Breteuil au 71, Louis de Lavau au 76 sans oublier, au
81, Gaston Goürn, et Louis Picot, trois numéros
plus loin.

Certains se connaissent, d'autres pas. Certains

ont entendu dire que Bernadotte, ministre de la
Guerre, et Désirée Clary y ont mis au monde le
futur roi de Suède et de Norvège. D'autres se souviennent que les pères Barnabites y ont édifié un
couvent de toute beauté. Qu'importe. Nul riverain
n'est tenu d'avoir la mémoire exhaustive. À chacun sa rue de Monceau, à chacun ses traces.

La voie n'est pas gardée par un porte-clefs aux
allures de garde-barrière, comme le serait une impasse du XVIe arrondissement, une villa de
Neuilly ou un ghetto de l'ancienne Italie. Pourtant, quelques-uns veillent à ce qu'elle conserve
son panache. Les Camondo, les Rothschild et plusieurs autres en sont. Si certains oublient que les
maisons construites autour du parc Monceau ne
doivent être affectées qu'à l'habitation, ils se font
fort de le leur rappeler.

Il y a peu encore, dans les dernières années du
siècle, ils ont été jusqu'à intenter un procès à la
marquise de Courtivron, propriétaire d'un certain
nombre d'immeubles parisiens dont l'hôtel du 53-
55 rue de Monceau. Elle avait commis la légèreté
de louer son bien à un M. Texier sans être affran-
chie sur ses intentions. Quand ses voisins virent
apparaître la plaque « Sanatorium du Parc Monceau » sur sa façade, ils imaginèrent avec effroi la
cohorte des tuberculeux à leurs portes. Quand ils
apprirent qu'un client venait déjà d'y trépasser, ils
se résolurent à mettre l'affaire entre les mains de
la justice, laquelle leur donna aussitôt gain de
cause.

Un jour, bien plus tard, lorsque Maurice de
Rothschild voudra transformer son hôtel, l'architecte Heckly se verra refuser l'un de ses projets de

rénovation pour un motif purement local. Selon ses plans, la façade sur jardin arborait ses colonnades de cinq mètres plus avant que celles des immeubles et hôtels voisins. Ce qui était parfaitement illégal. Ce parc a des orgueils insoupçonnés.

Lorsque les Pereire avaient négocié le lotissement avec la Ville, ils avaient accepté un certain nombre de contraintes. Les grilles des jardins privés donnant sur le parc devaient correspondre exclusivement au modèle arrêté par le préfet de la Seine. Les maisons à construire ne devaient avoir d'autre objet que l'habitation bourgeoise. Tout commerce, industrie, enseigne ou indication quelconque étaient strictement prohibés. Aucun bâtiment ne devait être édifié à moins de quinze mètres de la grille de clôture du jardin et à moins de cinq mètres de la sortie sur la rue...

On ne badine pas avec le parc. Il doit y rester encore quelque chose du rêve de Carmontelle. Ce je-ne-sais-quoi de suprêmement poétique que seul le pinceau d'un Monet a pu restituer.

S'il est une maison qui se distingue déjà, c'est bien celle du 63. Comme s'il était écrit qu'elle aurait un destin. En effet, avant de devenir l'hôtel Camondo, l'hôtel Violet eut une autre vie. Une existence de papier, de rêve et de fiction. Par la grâce d'un grand roman, il était passé à la postérité. Et ce n'est pas un hasard s'il s'agissait du roman de la spéculation foncière. De cette maison, Émile Zola avait fait un symbole. Pour des centaines de milliers de lecteurs à travers le monde, l'hôtel Saccard existe bel et bien. Il est pour ainsi

dire le personnage principal de *La Curée* (1872),
deuxième volume des *Rougon-Macquart*.

Durant ses repérages, l'écrivain avait certes vi-
sité d'autres hauts lieux de la plaine. Ils lui inspi-
rèrent tel ou tel détail. Mais l'essentiel découlait
de son observation méthodique de l'hôtel de
M. Violet, du moins de son architecture et de son
agencement. La construction ne remontait qu'à
1864. Sous la plume de Zola, Aristide Rougon, dit
Saccard, le parvenu de Plassans, semblait n'avoir
jamais assez de dorure à sa disposition pour éclabousser ses invités, à défaut de les épater. Avec
lui, l'ostentation devint vite une litote. Rien ne serait jamais assez clinquant pour faire de cet er-
satz de palais impérial une manière d'opéra fabu-
leux. Qu'importe s'il y avait trop de tout,
l'essentiel était de paraître. Il avait réussi cette
prouesse d'accumuler des œuvres sans que leur
réunion suscitât une quelconque émotion artistique.

En 1910, quand il était entré en possession de
l'hôtel du 63, Moïse de Camondo n'ignorait rien
de son passé. Pourtant, il choisit d'en faire table
rase. D'aucuns crurent qu'il se cherchait une folie,
à l'instar du duc de Chartres. À croire qu'il avait
été contaminé par l'esprit des lieux.

L'ancien hôtel Violet ne représentait rien à ses
yeux et le souvenir littéraire de l'hôtel Saccard
n'était pas de nature à le freiner. Mais ses propres
parents n'avaient-ils pas fait de cet hôtel une maison ? N'avaient-ils pas installé leur famille entre
ces murs dans le secret espoir que leur lignée s'y
épanouirait ? Pour balayer cette ultime réminis-

cence, il fallait vraiment que Moïse fût porté par un instinct puissant.

À la réflexion, ses proches jugeaient sa réaction naturelle. Il était frappé d'un mal délicieux, une affection annonciatrice de toutes les voluptés esthétiques. On appelait cela le syndrome du XVIIIe. Ce jour-là, le siècle des Lumières fit une victime de choix, une des rares capables de lui rendre un hommage à sa mesure. Pour qu'il fût complet, il ne suffisait pas de constituer la plus belle collection privée d'objets, de meubles, de dessins et de tableaux de cette époque suspendue entre le Grand Siècle et la Révolution. Encore fallait-il que l'enveloppe fût en parfaite harmonie avec la lettre. À quoi bon la richesse si elle ne se manifeste pas par la beauté ?

Loués soient les Goncourt ! Dans le Paris fin de siècle, ils furent indéniablement les plus convaincants ambassadeurs de l'esprit du XVIIIe. Celui-ci n'avait certes jamais totalement disparu car il y eut toujours des amateurs de Watteau, de La Tour et de Fragonard. Mais les deux frères, quoique moins pionniers qu'ils ne le prétendaient, eurent le talent de l'exhumer jusqu'à en faire une mode. Sa résurrection n'en fut pas moins éclatante. Elle coïncidait avec un double phénomène qu'ils avaient cru cerner chez leurs contemporains : une nouvelle éducation du regard et l'expression d'une tendresse pour les objets comme s'il s'agissait de gens.

En un temps où l'on ne se pressait pas pour le réhabiliter, Jules et Edmond s'en firent les brillants intercesseurs. Un jour, grâce à eux, il apparut à nouveau évident que le XVIIIᵉ était le décor naturel de la grande société. Dès lors, il y eut une alternative au seul culte des Pays-Bas. Sans renoncer à la peinture hollandaise du XVIIᵉ, de grands collectionneurs tels que le maître de forges Eugène Schneider, le banquier Achille Seillière, le duc de Morny, les Rothschild ou les Pereire allaient se consacrer de plus en plus à ce que l'art français du XVIIIᵉ avait laissé de mieux.

Leur réaction était inévitable après des décennies de rejet officiel affiché par la Révolution et l'Empire. Les frères Goncourt furent les subtils catalyseurs de cet instant de l'histoire du goût. Religionnaires de l'art, ils avaient le culte du beau. Ces bibeloteurs se présentaient volontiers comme des aliénés de la curiosité. Tout à leur bricabracomanie, les deux écrivains n'en avaient pas moins constitué, eux aussi, une sorte de collection au fil de leurs errances dans l'antiquaillerie. Ils ne s'étaient pas contentés d'élever leur fratrie au rang d'une œuvre d'art. Ils avaient jeté leur dévolu sur les dessins, jugeant que l'art des Lumières ne se manifestait nulle part ailleurs mieux que dans le premier jet par excellence. À leurs débuts, ils assuraient dénicher encore les dessins d'un Saint-Aubin sur les étalages des quais de la Seine. Mais pas ceux des plus grands, lesquels n'étaient jamais tombés dans le discrédit. David n'avait pas réussi à tuer le goût Watteau, quoi que les Goncourt en aient dit.

Quand Moïse de Camondo fut en âge, en état et en situation de comprendre qu'un homme de son rang ne pouvait éviter d'être collectionneur, il commença humblement. Comme tout un chacun,

mais avec d'autres moyens. C'était au tout début
du siècle. À l'époque, il vivait encore dans un hôtel particulier du 9 rue Hamelin, dans le XVIe arrondissement.

Il n'avait pas l'assurance d'un Delacroix pour
décréter que de toute façon, après le XVIe siècle,
tout ne pouvait être que décadence. De plus, il se
méfiait de ces philosémites qui flattaient dans
l'intelligence israélite la capacité des siens à se
porter instinctivement vers les courants nouveaux. Et il était assez avisé pour deviner que
l'avant-garde d'aujourd'hui serait éventuellement
l'arrière-garde de demain. À moins qu'il n'ait res-
senti très tôt un profond désir de s'identifier à
une certaine France.

De toute façon, son tempérament conservateur
et prudent l'incitait à se replier sur un passé récent. Après tout, le regain d'intérêt pour les vestiges de l'art de vivre du XVIIIe siècle et la mode qu'il
avait suscitée, s'était manifesté à partir des années 1860, époque à laquelle la famille Camondo
s'était installée en France.

Il n'aurait pas la patience de Meyer Amschel,
premier des Rothschild, qui avait commencé à
réunir les monnaies les plus rares. Ou celle de son
descendant Adolphe qui passait pour un grand
chasseur de cristaux de roche. Il ne serait pas un
collectionneur compulsif comme le vieux Benjamin Delessert, lequel recherchait ses spécimens
de coquillages avec la même fébrilité que ses
tableaux de maîtres. Et il n'allait tout de même
pas se mettre à aligner des tambours anciens
comme le baron Vidal de Léry !

De telles attitudes, pour louables qu'elles

fussent, n'étaient pas dans son genre. C'est bien connu, l'objet de notre passion nous rehausse. La collection est en toutes choses le reflet de son auteur. En l'occurrence, le reflet de l'image idéale du gentilhomme du XVIIIe siècle. Une manière d'autoportrait tant pour ce qui y entre que pour ce qui en est absent. Les Goncourt ne disaient rien d'autre :

« La distinction des choses autour d'un être est la mesure de la distinction de cet être. »

Il n'avait pas à chercher trop loin ses modèles. Dans sa rue, sur le même trottoir, à quelques dizaines de mètres de l'hôtel familial, la décoration intérieure de l'hôtel Rothschild était un somptueux témoignage de ce que le XVIIIe français avait produit de plus beau.

Moïse paraissait secrètement attiré par toute traduction esthétique de cette époque. À croire qu'il était entré dans le champ magnétique des Lumières pour n'en plus jamais sortir. Par certains côtés, son attitude rappelait celle de Giovanni Battista Sommariva, un mécène de l'art néoclassique français. Cet avocat piémontais, qui avait acheté un titre et transformé sa villa de Côme en musée, devait peut-être sa réussite à la Révolution et à Napoléon. Il n'avait peut-être pas brillé par sa discrétion en s'installant au début du XIXe dans l'hôtel racheté aux Montmorency. On disait qu'il possédait même l'original de *La Joconde*. Un de plus ! Il est vrai qu'il le disait lui-même, ce qui manquait d'élégance. Tout cela était vrai. Mais combien d'anciens aristocrates avaient-ils eu le goût authentiquement aristocratique de ce nouveau riche ? Surtout, et c'est aussi en cela que

Camondo faisait penser à lui, c'était un fou de France.

Un jour, Moïse a osé franchir le Rubicon qui ferait de lui un homme du meilleur goût dans la meilleure société. Car il fallait oser aspirer à en être par ce biais-là, celui de l'art de vivre. C'était s'attribuer une autre histoire que la sienne propre. Il entendait faire de cet extraordinaire univers de l'Ancien Régime le décor ordinaire de sa vie quotidienne. Il comptait bien y vivre et non s'en faire le guide précautionneux.

À sa manière, il rétablissait la monarchie sans s'embarrasser de prudences politiques. Comme si, de très longue date, il avait eu partie liée avec l'aristocratie orléaniste ou légitimiste. Ainsi, il se réinventait un royaume intérieur, introduisant les fantômes de Louis XV et de Louis XVI entre ceux des patriarches et des sultans. Désormais, dans son monde, le château de Versailles s'inscrivait naturellement entre la Judée-Samarie des premiers temps et l'empire de la Sublime Porte.

Il y avait tout de même une certaine prétention, quand on était né quelque part du côté du Bosphore, à vouloir vivre à Paris dans un univers entièrement façonné aux couleurs de l'Ancien Régime. C'était s'approprier en bloc et par la banque ce que des Noailles ou des Rohan avaient mis des siècles à constituer par la seule vertu de la transmission. Du moins est-ce ainsi que les gens du noble faubourg l'entendaient. Mal... À leurs yeux, rien n'était plus symbolique que de retrouver dans les murs d'un Camondo le bureau à cylindre, signé Jean-François Œben, qu'ils avaient vu autrefois chez le comte de Castellane.

En se lançant dans l'aventure de sa collection, Moïse de Camondo se métamorphosait peu à peu en émigré du XVIIIe siècle. Sans rien renier de ses origines cosmopolites, il s'appliquait à devenir une sorte de gentilhomme quand tant de ses contemporains affectaient d'être de purs *gentlemen*. En d'autres temps, en d'autres lieux, il eût été certainement le grand argentier des princes. Autrement dit un juif de Cour. Mais en l'absence de cour, il n'en restait pas moins juif. Une sorte de seigneur séfarade égaré dans le siècle de la bourgeoisie triomphante.

C'est peu dire qu'il se rêvait grand suzerain du siècle français par excellence. L'osmose était telle qu'il avait la nostalgie de ce qu'il n'avait pas vécu, ni lui ni aucun des siens. Le raffinement d'une société, la délicatesse d'une civilisation, la subtilité des rapports entre les personnes... Quelle autre époque avait su élever ainsi le joli au rang d'un style ?

Sur lui comme sur tant d'autres, les Goncourt exerçaient une influence diffuse et indirecte, onde de choc de leurs fameux livres *L'Art du XVIIIe siècle* et *La Maison d'un artiste*. À les lire et les relire, on comprenait que l'âme de ce siècle à part s'était tout entière réfugiée entre les lettres d'un mot, un seul, le doux mot de volupté. Car les traductions artistiques de cette époque chérie entre toutes se manifestaient selon Moïse à travers un art de prédilection. Ce n'était ni la décoration, ni la peinture, ni la sculpture, mais celui qui les contenait toutes, l'art de vivre.

Moïse était d'un naturel discret pour ne pas dire taciturne. Ses débuts de collectionneur n'en firent pas moins jaser. Que des pièces uniques ! Que du mobilier royal ! De quoi aiguiser bien des jalousies. D'autant qu'il ne se trompait guère. On devinait la patte de son éminent conseiller Carle Dreyfus, conservateur des objets au Louvre. On devinait celle, tout aussi experte mais un peu plus intéressée, de ses fournisseurs. Quand ce n'était pas Jacques Seligmann, le plus important d'entre eux, qu'il visitait régulièrement depuis quelques années rue Saint-Dominique dans l'ancien hôtel de Sagan où il s'était installé, c'était Eugène Kraemer ou encore Guiraud, Bacri, Lion, Wildenstein. Parfois Duveen, de Londres ou Staal, d'Amsterdam. À moins qu'il ne s'agisse des collections du comte de Bryas ou de Jacques Guérin vendues aux enchères. Il avait l'embarras du choix, car le xviiie avait été l'âge d'or du mobilier français, et la production des menuisiers en meubles ou des ébénistes, des sculpteurs sur bois ou des tapissiers, des peintres doreurs ou des bronziers avait été abondante.

Bientôt à Paris, on n'évoqua plus la personne de Moïse de Camondo sans y accoler sa qualité de collectionneur. Certes, la capitale en comptait d'autres, aussi riches et avisés. Mais on sut que celui-ci laisserait peut-être une trace durable dans l'histoire quand il entreprit de raser l'hôtel hérité de sa mère afin de faire revivre ses précieux objets dans ce qui avait dû être leur cadre naturel.

Non un musée mais une maison.

C'est peu dire que Moïse de Camondo et René
Sergent étaient à l'unisson. On eût cru un prince
de la Renaissance s'attachant un grand construc-
teur. Il est vrai que le commanditaire n'avait pas
choisi l'architecte par hasard. Sur les conseils de
quelque voisin et ami, il aurait pu s'adresser à Ernest Sanson, très en cour auprès des Kann, des
Bischoffsheim, des Rothschild, des Schneider et
des Ganay, sans oublier Boni de Castellane pour
qui il avait édifié il y a dix ans à peine le fameux
« Palais rose » de l'avenue du Bois, inspiré du
Grand Trianon. Peut-être sa propension à s'occuper aussi du contenu des hôtels de ses clients
avait-elle effrayé Moïse ?

Il aurait pu également frapper à la porte des
Bouwens père et fils, architectes mondains, auteurs de quelques hôtels dans le quartier. Ou à
celle d'Emmanuel Pontremoli, qui venait juste
d'achever la construction de la synagogue de Boulogne à la demande d'Edmond de Rothschild.

Tout à son idée de replacer dans son élément
un certain art de vivre hérité d'un autre temps, il
trouva en René Sergent un dixhuitiémiste aussi
fervent que lui, plus passionné par la forme que
par la composition. Qui plus est, un homme de sa
génération, de cinq ans son cadet. L'un était fils
d'un financier stambouliote, l'autre fils du boulanger clichois. Il fallait un peu plus qu'une en-
tente cordiale entre eux pour qu'un projet aussi
ambitieux fût mené à bien. Non que sa réalisation
présentât des difficultés insurmontables. Mais un
presque rien aurait suffi à rendre seulement cor-
rect ce qui se voulait inoubliable.

Le fait est que l'architecte allait signer avec l'hôtel de Camondo sa plus belle œuvre. Pourtant, il y en eut bien d'autres, à commencer par l'hôtel des La Tour d'Auvergne et celui du couturier Worth, ou le château du comte de Fels, conçu sur le modèle de l'École militaire — pour ne rien dire des hôtels de voyageurs qu'il signa à Versailles (Trianon Palace), Londres (Savoy, Claridge) et ailleurs. Pour la postérité, son nom n'en demeurera pas moins attaché au 63 rue de Monceau.

Après avoir passé une quinzaine d'années dans l'agence du fameux Ernest Sanson, René Sergent s'était émancipé de sa tutelle au début du siècle. L'esprit encore imprégné du *Traité des proportions harmoniques* de 1752, il n'en continuait pas moins de croquer les monuments sur le tas, goûtant plus que tout la promenade dans le motif. Il attendait ses vraies fulgurances de l'observation. Très tôt, sa réputation était faite dans la plaine Monceau et alentour. Elle était dans l'air du temps. Le milieu dans lequel évoluait Camondo ne jurait que par le retour à la tradition classique. De toute façon, Moïse se situait aux antipodes des nouvelles tendances de l'architecture moderne, laquelle se trouvait dans une période de transition entre la fin de l'Art nouveau et les débuts du Style international.

Il n'y avait pas de honte à démolir pour reconstruire. D'autant qu'il s'agissait en principe de donner une traduction moderne à une forme classique. À Voisins, Edmond de Fels ne s'était pas laissé impressionner par le château qu'il fit mettre à bas. Après tout, l'hôtel Violet ne datait que du Second Empire et il était de facture assez mé-

diocre. Au début du siècle, c'était hier. Seul un
souvenir sentimental aurait pu y faire obstacle.
N'avait-il point passé sa jeunesse entre ces murs ?
En les faisant abattre, il rayait d'un trait l'un des
lieux privilégiés de sa mémoire. Peut-être était-ce
mieux ainsi pour celui qui avait hâte de tourner
la page, dût-elle peser des tonnes.

Dans le milieu que fréquentait Moïse, on faisait
volontiers des folies pour tout ce qui relevait de
l'étiquette, de l'image ou de la représentation.
C'était la consécration d'une réussite sociale. On
pouvait y voir l'expression la plus spectaculaire
d'une soif de reconnaissance de l'aristocratie de
fortune par l'aristocratie de naissance. L'hôtel parisien en était le symbole, avant même d'autres
signes plus campagnards tels que le château ou
les chasses. Mais il devait également émettre des
signaux outre-mer. À l'aube du nouveau siècle, le
63 rue de Monceau devait signifier au monde ottoman que l'héritier des Camondo avait définitivement changé de continent.

Cependant, on sentait une telle détermination
derrière son projet, on découvrait un tel engagement personnel, que sa volonté de prouver en devenait presque gênante. Il en faisait trop pour que
son rêve de monument ne fût qu'un pur hommage au génie français. Le fait est que l'arrivée
massive du XVIIIe dans son univers intérieur avait
coïncidé avec le départ brutal de sa femme. À
croire que cette imposante présence était aussi
destinée à combler une cruelle absence.

Sa folie devait prendre sa source d'inspiration
dans de grandes réalisations cohérentes et unitai-
res. Peut-être avait-il à l'esprit la « Maison romai-

ne » que le grand-duc Karl-August avait fait édifier dans le parc du château de Weimar à la fin
du xviiie siècle ? Ou la « Maison pompéienne »
que Louis Ier de Bavière s'était fait construire ?
Plus près de lui, avenue Montaigne, le souvenir
du « Palais pompéien » du prince Napoléon et du
« Pavillon mauresque » de Ferdinand de Lesseps,
ou encore celui de la « Maison grecque » du
comte de Choiseul-Gouffier aux Champs-Élysées,
ne pouvait qu'exciter son imagination. Tous ces
bâtiments le démontraient à l'envi : il ne suffit
pas d'avoir de l'assise, encore faut-il qu'elle ait de
l'éclat.

Pour autant, on ne lui fit pas l'injure de croire
qu'il voulait juste se singulariser. L'architecte, le
tout premier, savait que son client attendait de lui
qu'il réalisât une œuvre d'art pour y accueillir des
œuvres d'art, qu'il reconstituât une belle demeure
artistique du xviiie siècle et qu'une petite famille
moderne pût y vivre avec sa domesticité.

Monumental, mais intime. Puissant, mais
élégant.

René Sergent se retrouvait donc avec un terrain
de 3 437 m² en bordure du parc Monceau, un hôtel de 1860 qu'il s'apprêtait à raser à l'exception
de la façade sur rue, des communs qui l'enca-
draient et des caves. Pour en faire quoi ? Un bâtiment qui serait la quintessence de l'esprit et de la
lettre du xviiie, le fruit de ce que la tradition classique de l'architecture française a produit de plus
achevé, un saisissant résumé qui s'imposerait
d'abord par son évidence.

Ce ne pouvait être que le Petit Trianon, tout
simplement. Non son plagiat, tant les citations

sont avouées, mais son pastiche dans l'esprit d'un hommage. Le procédé n'avait rien de choquant, il était même dans l'air du temps. Les deux hommes en convinrent rapidement. D'autant qu'en 1907 Sergent s'en était déjà inspiré quand il s'attaqua au magasin d'exposition de l'antiquaire Duveen, place Vendôme.

Camondo ne s'était pas adressé par hasard à un lointain mais fervent épigone de Jacques Ange Gabriel, auteur du délicat chef-d'œuvre versaillais. Pour être récente, la notoriété de Sergent n'en était pas moins marquée par l'imitation des grands maîtres. Tant et si bien que, en évoquant ses travaux déjà fameux, on parlait moins de néoclassicisme que de néo-Louis XVI.

Dans son cas, le pastiche ne devait pas s'exercer sur la conception architecturale proprement dite mais sur l'image à laquelle elle avait abouti. Il ne s'agissait ni d'une copie plus ou moins originale, ni d'une servile reproduction, mais de quelque chose comme une fidèle réinvention. Pour avoir maîtrisé cet apparent paradoxe, Sergent en avait fait sa spécialité. Il connaissait parfaitement la musique, et il avait fort bien analysé les meilleures partitions du répertoire, mais on le sentait plus interprète que compositeur.

La conception d'ensemble était déjà classique. Dans la tradition de l'hôtel particulier parisien, résidence aristocratique par excellence, celui-ci devait surgir entre cour et jardin, quitte à ce que le monument paraisse s'y épanouir telle une sculpture, dans un splendide isolement. Les deux bâtiments avaient été édifiés selon la même échelle. La façade sur cour se voulait une fidèle réplique de l'illustre modèle, en dépit des inévitables licences prises par l'architecte, notamment l'agrandissement du plan. Tout se jouait là. Il fallait frapper le visiteur au premier regard.

La façade sur parc reflétait une volonté de traduction libre, comme en témoignait le changement d'axe par rapport à l'entrée principale. Duchêne, à qui on avait confié le jardin, l'avait voulu français pour la terrasse, et anglais pour les parterres.

Quant à la façade est, celle des domestiques et des fournisseurs, elle était sacrifiée. Alors que le reste du bâtiment était exclusivement en pierre, elle était en plâtre, insigne infidélité à Trianon. Moïse avait dû se résoudre à ce douloureux compromis quand il fut évident que ce trucage se déroberait aux seuls regards qui lui importaient. Il avait pourtant bien prévenu René Sergent : pas de matériau de remplacement, stuc ou autre !

Étrange, tout de même, cette fixation sur l'authenticité de ce qui n'en demeurait pas moins une copie. C'est que Moïse voulait être inattaquable. Critiquer son œuvre édifiée *ad majorem Franciae gloriam* revenait à mettre en doute sa sincérité dans la dévotion à la civilisation des Lumières. Et l'on sait bien, en toutes choses, l'intransigeance des nouveaux convertis. Celui-ci avait certainement idéalisé la France des Lumières mais qu'importe. Seul le résultat comptait.

La distribution des salons, l'agencement des pièces, l'organisation des volumes obéissaient à un autre impératif : la mise en valeur de la collection. La référence au Petit Trianon n'y était qu'allusive. De toute façon, les citations y auraient été

écrasées par les meubles. L'architecture intérieure devait s'adapter aux exigences du mobilier,
la hauteur des fenêtres se plier aux caprices des
boiseries et non le contraire. Une alcôve fut spécialement aménagée dans le grand salon pour servir d'écrin au bureau à cylindre de Saunier, tout
d'acajou moucheté, de bronze ciselé et de marbre
veiné.

Moïse de Camondo n'aurait pas apprécié qu'on
dise de lui ce que la rumeur parisienne répandra
sur Carlos de Beistegui. À savoir que, lors de l'em-
ménagement dans son hôtel de la rue de Constan-
tine, il n'avait pas hésité à faire rectifier des meubles anciens de grande valeur afin qu'ils
s'incrivent parfaitement dans le lieu qu'il leur
avait assigné.

Rien n'y manquait d'essentiel. Rien de ce qu'il
convenait de posséder du XVIIIᵉ au début du XXᵉ
siècle. Rien n'était en trop non plus. Le seul désé-
quilibre aurait pu provenir de la nette préférence
du comte pour le mobilier, maîtresse exclusive à
laquelle il vouait une passion immodérée, aux dépens tout relatifs des bronzes, des peintures, de
l'orfèvrerie, des porcelaines, des tapis et tapisseries, et surtout des sculptures. Il se faisait pardonner cette disproportion par sa quête de l'unique
ou de l'exceptionnel en toutes choses.

Les experts les plus avisés, ceux-là mêmes qui
ne parlaient de perfection en art qu'avec une infinie prudence, devaient en rester le souffle coupé.
Car il y avait là la mesure d'une vraie collection,
conçue comme telle par un seul homme en un
laps de temps relativement bref. Chez des aristocrates de naissance, les héritages au fil des siècles

et les rajouts nécessairement anachroniques lui auraient conféré un léger aspect bric-à-brac qui en aurait rompu la belle harmonie. Chez cet aristocrate de fortune, il n'en était rien. Hélas, dirait-on. Car sa réunion avait quelque chose de trop parfait. Un esprit critique pouvait y déceler cette infime touche de récent et de prémédité qui rappelait que l'on se trouvait chez un collectionneur, membre du conseil d'administration de la Société des amis du Louvre.

Il n'empêche. Cette fois, l'abbé Mugnier, qui connaissait son monde, ne pourrait dire qu'il y avait trop de domestiques entre le Maître et la réalité pour que celui-ci puisse fraterniser avec les objets. Ce n'était pas non plus le style Rothschild. Traditionnellement la qualité et la rareté y allaient de pair avec la surabondance et l'ostentation, le tout aboutissant à une déroutante rhétorique de l'accumulation.

Contrairement à Edmond de Fels qui avait consacré une brillante étude au génie architectural de Gabriel, Moïse de Camondo aurait été incapable de rédiger la moindre monographie. Il n'en avait pas moins acquis une solide connaissance de l'art du XVIIIe, à force de fréquenter musées et conservateurs, antiquaires et salles de vente. Il regrettait de ne pas en savoir plus et d'avoir trop longtemps délaissé sa bibliothèque, parent pauvre de la collection. À ses yeux, il avait acquis le minimum de connaissances qu'un honnête homme de sa condition se devait de posséder. Ne fût-ce que pour ne pas donner l'occasion à un Gustave Schlumberger d'exercer sa perfidie. Certains salons bruissaient encore de ses remarques humiliantes. Sous le toit de Gustave Dreyfus, grand collectionneur de bronzes et de marbres de la Renaissance italienne, il avait publiquement pointé l'inculture de celui qui ne savait même pas lire les légendes latines de ses médailles si chèrement payées.

L'hôtel de Camondo se devait de faire la preuve que le bon goût bannissait l'ostentation. Si elle ne risquait de briller, la devise aurait été une règle d'or. Edmond de Goncourt n'était plus de ce monde. De toute façon, à supposer qu'il eût fréquenté chez Camondo, il n'aurait pu ressentir le même malaise que jadis en l'hôtel Pontalba, dans une de ces fêtes somptueuses qu'y donnait Edmond de Rothschild. L'écrivain y avait éprouvé l'étrange sensation que les objets d'art devant lesquels les invités se pâmaient d'admiration étaient des faux. Surtout les bronzes dorés, l'opulence par excellence.

En fait, le contenu de l'hôtel de Camondo était également représentatif du goût 1900 pour le siècle des Lumières. Pour l'essentiel, il reflétait le style Louis XVI, mâtiné de style Transition, ce qui correspondait également à l'état du marché des antiquités, ces meubles étant encore abordables contrairement à la grande époque Louis XV le plus souvent hors de prix. C'était donc un XVIIIe daté, ce qui ne gâchait en rien le raffinement de cette exceptionnelle réunion.

Jusqu'au dernier moment, dans ses bureaux de la rue Le Tasse au Trocadéro, René Sergent et ses collaborateurs, Fagnien et Bétourné, discutaient les derniers contrats d'exécution. Alors que l'hôtel de Camondo était fin prêt, l'architecte avait encore un sérieux accrochage avec l'entreprise de travaux publics Michau et Douane. Sur une facture globale de plus de 600 000 francs, il leur avait arbitrairement retiré quelque 7 700 francs pour de la maçonnerie non exécutée. À quoi l'entrepreneur avait répondu qu'il avait accepté la construction à forfait d'un bâtiment de cette importance alors qu'elle aurait dû n'être exécutée qu'au métré. Dialogue de demi-sourds qui finirent par trouver un compromis.

Jusqu'au dernier moment, Moïse cherchait à enrichir sa collection par des acquisitions chez les antiquaires ou en salles de vente. C'est ainsi qu'il trouva chez Lion une table en auge de Carlin en bois d'ébène, agrémentée de plaques de porcelaine tendre de Sèvres. Ou chez Lévy un lit de milieu en acier et bronze doré, à l'origine indéterminée, destiné à la chambre de son fils Nissim. Peu avant, lors de la dispersion de la collection Doucet, il avait demandé à Carle Dreyfus de lever le doigt pour lui, surenchérissant jusqu'à 33 500 francs pour un fauteuil de bureau de Michard, et 36 000 francs pour un petit fauteuil à poudrer Louis XVI. Des sommes folles, murmurait-on déjà dans les travées, mais qu'importe. Quand on aime...

Il avait eu du mal à trouver les boiseries qu'il recherchait. D'autant qu'il était très précis dans ses exigences. Mais enfin, l'époque lui était favorable. Nombre d'hôtels et de châteaux étaient voués à la démolition. Les récupérateurs n'étaient jamais loin. Le rachat de ces pièces de menuiserie historiques, que l'on aurait crues vouées pour

l'éternité à un seul lieu, se révélait moins délicat
que leur remontage.

En mai encore, à la vente du baron Michel de
Günzburg, il fait acheter une corbeille à papier en
acajou, ornée de perles en bronze doré. Jusqu'au
bout... Il en sera ainsi jusqu'à sa mort. Une collection de cette envergure, animée d'une telle ambition, est sans fin. L'horizon ne cesse d'y reculer
au fur et à mesure qu'on s'en rapproche. D'autant
que Moïse a la particularité d'être obsédé par les
paires. Il n'a de cesse de trouver le double ou le
pendant d'une œuvre, qu'il s'agisse d'un meuble,
d'une salière ou d'une gravure. Cela correspond à
sa forme d'esprit, qui est celle d'un maniaque de
la symétrie en toutes choses. Certains l'attribuent
à un goût très XVIIIe de l'équilibre parfait dans l'organisation de l'espace. Plus prosaïquement, d'autres y voient l'effet de son handicap visuel puisqu'un accident l'a effectivement rendu borgne à
vie du côté droit.

Enfin, un jour de 1914, l'événement tant at-
tendu. Non pas la création de la Fédération des
gauches, l'assassinat du directeur du *Figaro* par
l'impétueuse Mme Caillaux ou le lancement du
grand emprunt ottoman. Ce qui défraie la chronique de la plaine Monceau est d'une tout autre nature. Après trois ans de travaux, l'hôtel Camondo
est achevé. Comme l'avait dit un chroniqueur
après la conclusion de l'hôtel de la Païva aux
Champs-Élysées : il ne restait plus alors qu'à poser les trottoirs...

Comment n'être pas impressionné à défaut
d'être ébloui ? Malgré les nombreuses citations, le
bâtiment réussit à n'être ni bavard ni répétitif. Il

n'a pas non plus l'allure artificielle de ces châteaux du Moyen Âge découpés dans le Maine-et-Loire et replantés dans le Minnesota.

La façade sur rue est intacte. Apparemment, c'est tout ce qui reste de l'hôtel Violet avec les deux bâtiments des communs. De toute évidence, elle a laissé indifférents tant le commanditaire que son architecte. Comme si elle ne méritait guère d'estime. D'ailleurs, ne fait-elle pas le trottoir ?

À gauche, les remises dans lesquelles le comte abrite des Panhard-Levassor 16 et 30 CV, un coupé-limousine Renault 12 CV, une De Dion-Bouton 10 CV...

À droite, les écuries, tout aussi importantes. Car s'il partage son goût des puissantes automobiles avec son fils Nissim, il a transmis à sa fille Béatrice sa passion du cheval. Dans la partie supérieure des communs, on trouve à gauche la loge du concierge, à droite le logement du palefrenier et l'appartement du piqueur. En sous-sol, il y a celui du mécanicien, jouxtant son atelier, non loin de celui du chauffeur

Puis c'est la cour d'honneur et l'entrée encadrée d'imposants vases en marbre blanc, postés là comme des cerbères décorés de guirlandes et de fruits. Tout de suite à gauche, les vestiaires. Du comte, des invités, du personnel. Dans un recoin, la salle d'attente des valets de pied accompagnant leurs maîtres à une réception. Sous la terrasse, le frigorifique et le fruitier.

La grande idée de Sergent a été de concentrer tous les services sur la droite, au fond du vestibule . cuisines, office du maître d'hôtel, salle des gens, ascenseur, monte-plats, entrée du charbon...

Ils donnent tous sur la façade est, laquelle s'ouvre sur une impasse rejoignant le boulevard Malesherbes.

La maison vit autour du grand escalier. D'emblée, il frappe le regard par sa discrète majesté. D'aucuns en déduiront hâtivement qu'elle est mieux conditionnée pour l'apparat que pour l'intimité. Ce n'est pourtant pas une usine à réceptions comme chez les Gramont, pour ne citer qu'eux. Ici, l'escalier semble tout autant imposant qu'apaisé. On le croirait soutenu dans son envolée par la statue de femme drapée à l'antique, placée près des premières marches, faisant écho à celles qui portent les bobèches des bras de lumière alentour. D'un geste aérien, elle lui donne de la hauteur.

Sa rampe de fer forgé, dorée en partie, est pourtant l'un des rares éléments des lieux qui soit inauthentique, avec un lustre à huit lumières, quelques espagnolettes, serrures et crémones. La mort dans l'âme, Moïse a dû se résoudre à faire effectuer par les artisans de Baguès une copie de la rampe de l'hôtel Dassier à Toulouse. Il n'y avait pas d'autre solution, ses fournisseurs les mieux introduits s'étant montrés impuissants à lui en procurer une sur le marché, fût-ce à prix fort.

D'emblée, le grand escalier affranchit le visiteur sur l'esprit des lieux. La tapisserie « chancellerie », quoique sagement apposée à un mur qui semble avoir été pensé à ses exactes mesures, claque comme un étendard. De laine et de soie, elle porte le chiffre royal dans ses écussons couronnés, les armes de France, celles de la famille d'Argenson dans les angles et celles de Venise en son écu, le tout se détachant sur un fond fleurdelisé. Le comte Moïse n'aurait pu trouver plus symbolique de son univers intérieur, ainsi condensé avec éclat. À la limite, le reste, tout ce qui va suivre, pourrait n'être perçu que comme un merveilleux prolongement de ce Gobelins. Il irradie la moindre pièce de la maison. C'est lui qui donne le ton.

Aux paliers intermédiaires, une paire d'encoignures en laque du Japon et bronze doré de Bernard II Van Risen Burgh révèle avec éclat que la collection recèle aussi d'exceptionnelles surprises du style rocaille.

Au premier, les appartements de parade. Au second, les appartements de commodité. La superposition de ces deux étages est l'ultime hommage architectural à la façon du XVIIIᵉ siècle. Pour le reste, la distribution des pièces obéit à une conception plus moderne du confort et de l'indépendance. Elles ont chacune leur couleur. Ici, on ne trouvera pas d'interminables enfilades mais un subtil arrangement rendant la circulation des plus fluides.

Au premier, face à l'escalier, après la galerie aux fauteuils gris cannés, le grand bureau ménageant des coins de conversation avec ses chaises à la Reine, ses chaises voyeuses si hâtivement confondues avec des prie-Dieu, ses tapisseries d'Aubusson représentant des fables de La Fontaine d'après les cartons de Jean-Baptiste Oudry, ses anciennes boiseries moulurées en chêne naturel, ses marqueteries florales et ce canapé si impressionnant par son décor de hêtre sculpté. Sans oublier le bronze sur la cheminée, une pendule Bacchante et satyre. Et une autre Bacchante, peinture sur bois de Mme Vigée-Lebrun dont l'identique sur toile se trouve... vingt mètres plus loin, au 45-47 rue de Monceau, chez les Maurice de Rothschild.

Le grand salon avec ses boiseries blanc et or, ses sièges de Jacob en bois sculpté et doré recouverts de tapisserie d'Aubusson, ses consoles à plateaux de porphyre, son bas d'armoire dont les panneaux arborent une laque du Japon à vases fleuris. Le tapis de la Savonnerie, qui s'enorgueillit d'être le cinquantième de la série des quatre-vingt-douze commandés à la manufacture royale pour la grande galerie du Louvre, est une évocation de l'air. Les quatre têtes de la partie centrale, mêlant leurs chevelures comme des siamois, soufflent dans des trompettes pour émettre des sons qui furent d'abord des vents. Contre un mur, nous interrogeant du plus profond de l'énigme qu'il constitue, un meuble d'appui à rideaux coulissants de Riesener à la fonction non élucidée. L'étonnant guéridon en bronze ciselé et marbre sérancolin est un autre mystère mais pour une autre raison, car son auteur est inconnu.

Puis vient le salon des Huet, aux portes copiées sur celles de l'ancien hôtel Jean du Barry à Toulouse, l'autre grand sacrifice sur l'autel de l'inauthenticité avec la rampe du grand escalier. Qu'importe puisque la pièce est de toute façon dominée par la série de peintures de Jean-Baptiste Huet illustrant une idylle pastorale. On n'a d'yeux que pour elles. Ce décor enveloppant trouve un écho discret jusque dans les scènes champêtres évoquées sur les feuilles en lampas du paravent,

lequel connut Versailles puisqu'il fut destiné au
salon des Jeux de Louis XVI. Au plafond, une rosace à couronnes croisées adresse un salut discret
à son illustre modèle du Petit Trianon. Au mur,
d'exceptionnels bras de lumière à trois branches
en porcelaine de Sèvres bleu lapis et or. Malgré
la référence à l'antique des consoles en bronze et
marbre vert d'Égypte, le tout est d'une rare unité,
qualité que l'on retrouve jusqu'aux girandoles en
bronze ciselé et doré.

La salle à manger aux boiseries réchampies en
vert est surplombée par un lustre en bronze ciselé
et doré aux enroulements des plus noueux. Le
spectacle se poursuit par des couples de girandoles exhibant amphores, satyres et griffons. Puis il
se prolonge sur les bras de lumière à têtes de bélier, guirlande de laurier et feuilles d'acanthe provenant du Garde-Meuble royal. Et s'achève en délicatesse avec les fleurs et fruits des quatre
panneaux en broderie au petit point que Moïse a
hérités de ses parents. Sur les guéridons et des-
sertes, l'orfèvrerie brille moins par sa quantité
que par sa qualité. Elle vaut notamment par l'illustration de ses anciens propriétaires. Le service
de table néoclassique vient en grande partie du
fameux « service Orloff » en argent commandé
par Catherine II aux Rœttiers. Les quelque huit
cent cinquante pièces qu'il avait comptées à un
moment furent dispersées un peu partout dans le
monde, dans les musées et collections privées. Le
comte Moïse en récupéra un certain nombre, qu'il
s'agisse des plateaux, des seaux à bouteille ou du
pot à oille, auxquels il adjoignit des compotiers,
cloches, cuillers et divers éléments d'autres servi-

ces demandés par l'impératrice de Russie à Ro-
bert-Joseph Auguste.

Dans une vaste niche de la salle à manger, le
cabinet des porcelaines. Il serait impensable
qu'une telle maison n'élève pas, elle aussi, un petit autel à cet art des plus délicats. Sans ce détail
qui fait la différence, elle serait incomplète. Les
plus prestigieuses manufactures y sont représentées, Vincennes ou Sèvres, Meissen et Chantilly.
Malgré telle ou telle pièce remarquable, le clou de
la collection est certainement le service aux oiseaux inspiré des planches que le naturaliste Buffon avait gravées dans un esprit tant poétique
qu'encyclopédique. Rebaptisé « service Buffon »
et caractérisé par un fond vert à œils-de-perdrix
noir et or, cet ensemble, en pâte tendre ou en
pâte dure, comporte aussi bien des compotiers,
théières, sucriers, beurriers, saucières, plateaux,
salières, coquetiers que des assiettes aux illustra-
tions toutes différentes, le tout provenant de différentes collections.

Le petit bureau aux murs tendus de gourgouran cerise, ces étoffes de soie venues des Indes,
recèle quelques surprises originales : un secrétaire dissimulant avec un art consommé de l'illusion un caisson à multiples tiroirs, ou une table
avec plateau de marbre creusé en cuvette. Mais il
tire son vrai charme des nombreux médaillons en
terre cuite de Jean-Baptiste Nini, des esquisses
d'Oudry pour les cartons de tapisserie évoquant
les chasses de Louis XV en forêt de Compiègne et
des tableaux. Ils sont quasiment au coude à
coude, le Demachy évoquant une salle des ventes
et les Hubert Robert antiques ou parisiens, sans

oublier bien sûr les Guardi. Ce n'est certainement pas un hasard si le comte Moïse a voulu que *La place Saint-Marc et la Piazzetta* et *Saint-Georges Majeur et la douane de mer* du grand védutiste vénitien encadrent en quelque sorte le portrait de Necker par Duplessis suspendu sur le grand miroir. Comme s'il fallait qu'un honneur particulier lui fût rendu.

Jacques Necker est le seul personnage historique présent à trois ou quatre reprises dans la maison, dans les couloirs et antichambres, que ce soit en peinture ou en gravure. Un privilège somme toute naturel, tant il est normal que Camondo ait quelque dilection pour « le premier ministre des Finances » de l'Ancien Régime à l'agonie, l'habile administrateur qui préférait l'emprunt à l'impôt.

Tous les meubles ne sont pas encore en place, là où la postérité les fixera un jour. Certains seront acquis sur le tard. Mais l'essentiel y est. Au premier comme au second, commodes en chêne et bois de rose et fauteuils à la reine, meubles d'appui et bureau à cylindre, secrétaires à la Bourgogne et tables en cabaret, brûle-parfum en bois sculpté et cartonniers en acajou, secrétaires à abattant et tables en chiffonnière, encoignures et tables de toilette, bibliothèques basses et bureaux plats, bonheur-du-jour et table servante, chaises à la reine et console-desserte, canapés à joues et bergères en noyer sculpté, écrans et paravents sont souvent estampillés des plus grands maîtres parisiens de la menuiserie et de l'ébénisterie du milieu et de la fin du XVIIIe siècle.

À travers la réunion de ces chefs-d'œuvre,

MM. Riesener, Cramer, Nadal l'Aîné, Chevigny, Jacob, Nogaret, Garnier, Œben, Lacroix, Foliot, Saunier, Carlin, Topino, Feuerstein, Roentgen, Boulard, Lelarge, Sené, Weisweiler et Leleu semblent se livrer à un souverain colloque qui défie les âges. À croire que la corporation des menuisiers-ébénistes a délégué ses membres les plus illustres pour la représenter en permanence en l'hôtel Camondo, son ambassadeur *ad vitam aeternam* dans les annales de l'art et l'histoire du goût. L'idée d'une telle assemblée est rien moins qu'étourdissante. On en ressort avec le sentiment que le Garde-Meuble royal et le comte Moïse avaient finalement les mêmes fournisseurs. À ceci près que le second était passé par l'entremise de Seligmann et de Drouot.

En quittant l'étage noble pour celui du dessus, on passe aussi d'une reconstitution pointilleuse et spectaculaire à une traduction plus libre de l'époque. Au second étage, l'architecte et son commanditaire ont veillé à ce que chaque membre de la famille dispose d'un appartement complet avec chambre, salle de bains et garde-robe.

Au bout de la galerie, celui de sa fille Béatrice aux murs tendus de soie couleur « cheveux de la reine », en délicate harmonie avec les rideaux en gourgouran. Au mur, le Pont-Neuf, la Samaritaine et le pont Marie tels qu'ils apparurent dans les années 1750 sur les toiles des Raguenet. Ces témoignages réalistes se mêlaient à des marines et paysages de l'aquarelliste Jongkind.

Tout près, face au boudoir de Béatrice, la chambre de l'institutrice.

De l'autre côté de l'escalier, l'appartement de

Nissim, garni d'un lit d'allure assez spartiate. Il est surmonté du portrait de Nissim l'aîné, le grand-père, dont il eut le privilège d'hériter le prénom, peint en buste sept ans avant sa mort par Carolus-Duran. Curieusement, c'est dans sa chambre et non dans celle de sa sœur, particulièrement avertie de toutes les choses de la chasse et du cheval, que se retrouvent nombre de peintures illustrant ces thèmes.

Enfin, l'appartement de Moïse exposé à l'ouest. L'esprit des plus illustres maîtres parisiens y est convoqué, sollicitant l'œil jusque dans le bronze ciselé et doré de telle commode, les marqueteries géométriques de telle autre, le raffinement sculptural d'un fauteuil, la *Danaé* de Lagrenée accrochée au-dessus du lit à trois dossiers qui fait petit malgré ses vraies mesures (2,17 m de long pour 1,53 de large), les motifs du tapis de la Savonnerie qui connut une autre vie dans la chapelle de Versailles ou encore les aiguilles serties de brillants de la pendule « à l'oiseau mort ».

La bibliothèque est une éblouissante parenthèse dans cette maison. Halte reposante, elle en a l'arrondi et la volonté d'interposition. Point de convergence des appartements du père et de ses deux enfants auxquels la relient des couloirs et galeries, elle est un refuge.

Avec ses vieilles boiseries de chêne naturel, son secrétaire à abattant discrètement remarquable par la pureté de ses lignes, ses sièges Louis XVI garnis de velours cramoisi, ses paysages d'Hubert Robert et ses natures mortes en tapisserie de la Savonnerie qui furent la propriété du marquis de

Marigny, frère de la Pompadour, la bibliothèque semble un monde à part. Pourtant, Moïse a déjà le remords de l'avoir trop délaissée au profit exclusif des meubles. Il est vrai que l'art décoratif est sa passion dévorante, ce qui ne semble pas être le cas des livres, naturellement choisis et reliés dans un pur esprit bibliophilique. Que des éditions princeps sous des couvertures frappées aux armes les plus prestigieuses. Les collections complètes de la *Gazette des Beaux-Arts*, de la revue *Les Arts* et du *Bulletin de la Société des amis du Louvre*, qui occupent une place substantielle dans les rayons, n'y font pas de la figuration en dépit de leurs somptueuses reliures. On sent qu'elles ont été manipulées. Il en est de même des catalogues des grandes ventes depuis vingt ans, celles du comte Doria, du baron Double, des frères Goncourt et de Mame, Rikoff, Destailleur, Muhlbacher ou Jacques Doucet. On peut raisonnablement penser que les vies des peintres illustres et les monographies sur le mobilier du temps de Louis XV ont été souvent compulsées.

Que penser en revanche des rarissimes exemplaires des œuvres de Voltaire et Cervantès, Montaigne et Juvénal, La Fontaine et Lamartine, Virgile et Rousseau, Molière et Musset pour ne rien dire de la traduction de Shakespeare par Guizot ou des trente-cinq volumes reliés en veau fauve et si sagement alignés de l'*Encyclopédie* de d'Alembert et Diderot ? Qu'ils sont là parce qu'ils doivent être là, comme il sied dans la maison d'un homme raffiné qui se voudrait un honnête homme. On imagine bien Moïse se plonger par curiosité dans une *Vie de Mahomet* plutôt que dans le *Journal* de Delacroix ou dans *Le Diable amoureux*.

Rares sont les ouvrages qui reflètent ses origines. Il y a bien une *Histoire de la poésie des Hébreux* (1845) de Herder mais elle lui avait été donnée par son père. Quant à l'*Histoire de Constantinople* (1672) en huit volumes de Cousin, on soupçonne la reliure aux armes de Louis XIV de n'être pas étrangère à sa présence sous ce toit.

Tout aussi rares sont les livres dédicacés au maître des lieux. On sent d'emblée qu'il n'est pas un habitué des salons littéraires et artistiques. Contrairement à d'autres collectionneurs, ce monde-là n'est pas le sien. Les quelques envois autographes personnels lui ont été adressés par des membres plus ou moins proches de sa famille. C'est Charles Cahen d'Anvers lui faisant parvenir sa splendide monographie à tirage limité sur le château de Champs-sur-Marne, Paul Alfassa son étude intitulée *L'Enseigne de Gersaint*, et Édouard Foa le récit de ses *Chasses aux grands fauves dans l'Afrique centrale*...

En fait, rien ne révèle mieux le caractère d'une bibliothèque de grande maison que la nature de ses ex-libris. À l'insu de leur nouveau maître, ils agissent aussi indiscrètement qu'un agent de renseignements. Par leur nombre ou leur rareté, par la qualité de leurs anciens propriétaires, ils sont le pedigree du livre rare. Que nous disent ceux-ci ? Que Moïse de Camondo a acquis un certain nombre de livres ayant appartenu à des bibliophiles connus de la place de Paris. Que quelques-uns portent la griffe de Bordes de Forcage ou de Mme de La Borde. Que d'autres proviennent de la bibliothèque de son père, le comte Nissim. Mais que beaucoup ont vécu une autre vie au château de Valençay, longtemps caressés du regard et de la main par Maurice de Talleyrand-Périgord, ainsi qu'en témoignent ses armes en deuxième de couverture ou sur la page de garde.

En quittant l'hôtel du 63 rue de Monceau, ses premiers visiteurs savent-ils qu'ils viennent de passer un moment chez le comte Moïse de Camondo ? Rien ne trahit l'origine cosmopolite du maître des lieux. Des petites touches ici ou là, quelques détails perceptibles des seuls initiés. L'impeccable unité de la collection, quelques ouvrages dans la bibliothèque, le goût des grands tapis attribué aux Levantins, peut-être. Et en cherchant bien, dans une petite bibliothèque basse qui impose de se voûter, posés de manière anodine près de la somme vasarienne des *Vies des meilleurs peintres, sculpteurs et architectes*, des livres de prière hébraïque de 1867 dans l'édition du rabbin Élie Astruc, rituels du Nouvel An, du Grand Pardon et de la Pâque.

Si on les considère un instant comme des objets, ils sont à eux seuls la quintessence des contradictions de Moïse de Camondo. Leur contenu est parfaitement orthodoxe en regard de la tradition juive ; ils sont magnifiquement reliés en plein maroquin ; et l'à-plat de couverture est frappé de son chiffre « M. de C. », surmonté d'une couronne comtale dont il n'est pas indispensable de vérifier le nombre de fleurons et de perles.

Tout est là, tout est dit. En trois dimensions : la mémoire des origines, le reflet de la richesse, le sentiment aristocratique. Mais dans quel monde

vivait-il ? Peu importe qu'il ait encore vraiment la
foi, ou qu'il soit simplement animé par des ré-
flexes ancestraux. On ne saura jamais s'il y avait
une *mezuza** sur la porte d'entrée.

Nombre de chinoiseries lui sont venues en héritage, des collections de son père, de son oncle et
de son cousin germain. Certains objets provenant
des collections Bardac, Ephrussi, Doucet ou
Lelong, ont été acquis par lui lors de grandes ventes ou chez des antiquaires. Mais la plupart des
trésors de sa maison ont un passé.

Après tout, chez qui sommes-nous quand nous
sommes dans cet hôtel de la plaine Monceau ?
Dans le salon turc de Mme Élisabeth à Montreuil
comme le laissent penser ces chaises-voyeuses.
Chez le comte de Vergennes si l'on en croit cette
table en acier et bronze ciselé que lui avait donnée Louis XVI au lendemain du traité de Versailles. Chez le baron Double si l'on en juge par la
fontaine en marbre rouge. Ou chez le duc de La
Roche-Guyon pour ces fauteuils couverts en
tapisserie de la Savonnerie. Ou encore chez le
prince d'Arenberg pour le lustre à quinze lumières. À moins que ce ne soit chez le comte de Vau-
dreuil si fier de son Vigée-Lebrun. Ou chez le général de Charette à cause de ce bureau de dame.
Ou encore chez le duc de Morny pour cette table
en marqueterie. À moins que ce ne soit chez le
comte de Vibraye comme le laisserait penser ce
buste en marbre blanc signé Houdon. Peut-être

---

* Petit rouleau de parchemin rituellement fixé sur le montant droit des maisons juives et contenant, calligraphiés en hébreu, des passages du Deutéronome.

même chez le comte de Cambacérès pour ce lustre à douze lumières. Ou encore chez le duc de Penthièvre ainsi que le signalent ces meubles d'appui signés Carlin. Chez le marquis de Chaponay comme l'indique la présence de ce cartel-calendrier solaire. À moins que ce ne soit chez la duchesse de Maillé pour les candélabres à six lumières. Sinon chez le marquis d'Argenson, le duc de Mortemart, le baron Roger, le duc de Bauffremont, la marquise de Lambertye, le marquis de L'Aigle, le comte de Juigné...

Un jour, il y a vingt ans, il y a un siècle, il y a plus encore, ces illustres familles ont vécu un peu partout en France avec ces œuvres souvent léguées par leurs aïeux. Aujourd'hui, celles-ci sont rassemblées à Paris sous un seul toit pour le plus grand plaisir et par la seule volonté du descendant d'Abraham Salomon Kamondo, comme l'écrivaient les Turcs.

Finalement, où sommes-nous ? Dans leurs châteaux, à Saint-Prix et à Tanlay, à Bellevue et Freschines, à Brienne et Vernon-Bizy ? Ou chez un particulier qui a inventé d'être à lui tout seul le trait d'union entre la France du XVIIIᵉ siècle et celle de l'avenir ?

Au-delà d'un puissant orgueil, il y faut des raisons secrètes.

S'il s'était agi de la maison du duc de Lévis-Mirepoix, on aurait dit qu'il a rassemblé là ce que le siècle des Lumières avait de mieux. Mais de Moïse de Camondo, on dit plus volontiers qu'il l'a fait « pour » la France. Pour le rayonnement français, pour la plus grande gloire du génie français.

Comme si tout cela lui était extérieur alors que c'étaient des vertus naturellement acquises pour des âmes bien nées. Un peu comme on louait Benjamin Disraeli de ce qu'il avait fait pour l'Empire britannique. Ou comme on disait de Mendelssohn qu'il avait beaucoup fait pour la musique allemande, quand Beethoven se contentait de l'écrire n'ayant rien à prouver par rapport à son pays, lui. À croire que, par son geste, Camondo voulait rappeler la France au devoir de mémoire et lui imposer le culte de son passé délaissé. Mais si le Second Empire et les débuts de la IIIᵉ République ont suscité nombre de fortunes excentriques, combien d'entre elles ont été consacrées à un hommage aussi raffiné ?

Pendant plus de trois ans, Moïse a suivi pas à pas les travaux et l'aménagement de son hôtel animé d'une idée fixe : désamorcer les critiques, prévenir les perfidies, anéantir le mépris. Son intégration dans la haute société française se joue dans ces murs. Alors pas de scandale, pas de provocation. Il s'est bien gardé de faire édifier un théâtre privé dans son hôtel, comme les Bischoffsheim avec leur Athénée. Le jour de l'inauguration, il n'a pas été jusqu'à régler royalement les problèmes des habitants de son quartier comme le fit il y a quelques années Boni de Castellane. Pour fêter l'ouverture de son Palais rose, l'arbitre des élégances avait eu un geste inédit, qui consistait à payer les loyers des paroissiens de Saint-Honoré-d'Eylau, du moins ceux qui n'excédaient pas 500 francs.

Camondo ne supporterait pas qu'un chroniqueur mondain suggère aux invités de porter des lunettes vertes afin de n'être pas éblouis par les ors, comme on l'avait lu dans *Le Siècle* après le premier bal chez les James de Rothschild.

De même, il aurait le sentiment d'avoir échoué dans son entreprise si l'un de ses invités se sentait là dans un musée et non dans une maison. Lors des premiers plans avec René Sergent, il en avait conjuré le spectre. Tout y était à l'échelle humaine. L'empreinte du vécu devait se retrouver jusque dans le naturel avec lequel le décor était métamorphosé par les saisons. La disposition des œuvres d'art telle que son voisin de droite Maurice de Rothschild l'avait voulue lui servait de contre-exemple. Galeries agencées pour la visite, éclairage zénithal, présentoirs derrière des vitrines, sièges faisant office de banquettes... Il n'y manquait plus que le guide en casquette.

L'hôtel Cernuschi, également situé dans son immédiat voisinage, est également un antimodèle. Avant d'être légué à la Ville, quand il était encore habité, c'était déjà un endroit plus voué à la conservation qu'à la conversation. Moïse aurait été infiniment déçu si l'un de ses premiers invités avait évoqué son hôtel dans les termes employés par Edmond de Goncourt dans l'impitoyable *Journal*. C'était en 1875, à l'issue d'un déjeuner chez Henri Cernuschi :

« Le riche collectionneur a donné à sa collection le milieu à la fois imposant et froid d'un Louvre ; il n'a pas su lui donner le milieu hospitalier et plaisant d'une habitation, d'un petit coin de patrie retrouvée. Au milieu de ces murailles blanches, sur le ton de brique en honneur dans nos musées, ces objets de l'Extrême-Orient semblent malheureux : on dirait qu'un mauvais génie les a transportés dans un palais imaginé par le goût à la fois grandiose et bourgeois d'un actionnaire du *Siècle*. »

Moïse n'aurait pas plus supporté qu'un Heinrich Heine juge sa maison sur le ton qui avait été le sien en quittant une réception chez les James de Rothschild, rue Saint-Florentin :

« C'est le Versailles de la ploutocratie parisienne ! »

La réussite de l'hôtel Camondo serait que rien n'y sente l'effort. Que sa grandeur paraisse naturelle. Que le contraste entre la rigueur un peu austère de la façade et le luxe foisonnant de l'intérieur soit considéré comme une preuve supplémentaire de sa subtilité. Mais sa réussite serait absolue si, en considérant attentivement la maison et la collection qu'elle renferme — l'une pastiche l'autre authentique —, on réussissait néanmoins à oublier que l'écrin ne valait pas le bijou.

Derrière les murs du 63 rue de Monceau, les Camondo se protègent autant de la rue qu'ils la préservent du spectacle de leur prospérité. Entre cour et jardin, Moïse et ses deux enfants se sentent à l'abri de la rumeur du monde. Ils n'en perçoivent que les échos assourdis. C'est une famille en apesanteur.

Malgré cela, son chef n'en est pas vraiment le patriarche. Parce qu'elle s'est beaucoup réduite en quelques années, et que lorsqu'un seul être manque, tout vous manque. En l'occurrence cette présence indéfinissable, cette touche de grâce, ce supplément d'âme que seule une femme peut apporter. La maison de la rue de Monceau se ressent de cette absence.

Il n'y a que cette ombre au tableau. Elle se traduit par un tableau en moins. Il n'a rien à voir avec la collection. C'est un Renoir. Il vaut moins que les Guardi du petit bureau. Pourtant, il n'a pas de prix. Car s'il était accroché là, ne fût-ce que dans une antichambre, cela changerait tout.

Fin prêt, l'hôtel Camondo reflète la solitude de son propriétaire. À croire qu'il s'y est réfugié. Ni Volpone, ni Shylock, il porte en lui une plaie secrète d'une tout autre nature. Ce nostalgique a peur de la marche inexorable de l'Histoire. À sa manière, il refuse le temps. Le monde des Lumières dans lequel il s'exile est un âge d'or mythique. C'est peu dire qu'il l'idéalise.

La nuit, il est à l'écoute du silence des choses. L'apparat disparaît. Durant un court instant qui a valeur d'éternité, le comte de Camondo redevient Moïse. Seule sa galerie d'ancêtres lui parle. Alors Abraham, Nissim, Salomon, Esther, Clarisse, Isaac, Clara et Raphaël entretiennent un singulier colloque avec lui. Il leur suffit de lancer un regard furtif du haut du grand escalier pour comprendre que le Juif errant est arrivé. Mais dans quel état ?

Dépositaire d'un nom, d'une tradition et de quelques valeurs, M. le comte ne sera bientôt plus qu'une mémoire. Tout va basculer irrémédiablement.

Finalement, ce qui importe, ce n'est pas ce qui s'est passé, mais le souvenir qu'on en garde. La vérité des Camondo se trouve enfouie dans la poussière des siècles.

2

On les appelait les Rothschild
de l'Orient

Il y eut bien un moment dans leur histoire où les Camondo n'étaient rien. Ce n'est pas si ancien. Que sont quelques siècles à l'aune d'une civilisation ? Pour un peuple obsédé par sa mémoire, la nuit des temps est un cauchemar récent. Dans cet univers-là, n'avoir pas de nom, ne pas laisser de traces, ne rien savoir de ses aïeux est une malédiction.

Zakhor ! Chez les juifs, le souvenir est une injonction. Difficile d'y échapper. Méditer le destin des autres amène aussitôt à méditer le destin des siens, puis celui des siens parmi les siens. Parfois, une lignée de grands rabbins et de fameux érudits, prestigieux kabbalistes et médecins éminents, donne son illustration à une famille. Parfois, une action d'éclat pour la plus grande gloire de la nation d'accueil, ou une existence vouée au service de la communauté la fait passer à la postérité. Parfois, des actes de mariage et des épitaphes sur les pierres tombales suffisent à rallumer la flamme. Mais les errances et les persécutions ont tant bousculé l'ordre des choses que les vestiges sont difficiles à retrouver.

Le plus souvent, il ne reste rien du tout.

Pourtant, quand une famille s'éteint, on se dit que s'il y a une fin, il faut bien qu'il y ait eu un début. Lorsqu'il n'y a plus ni preuve, ni trace, ni signe, il y a encore le souvenir d'un passé commun. Dans les ultimes replis de leur mémoire, il demeurera toujours le dépôt d'un vécu qui n'appartient qu'à eux. Le reste est affaire d'intuition plus que de raisonnement. Il en faut pour démêler le vrai du vraisemblable, et le probable de l'incertain.

Que savaient-ils d'eux-mêmes, les Camondo ?

Leurs ancêtres venaient d'Espagne. Là-bas, ils n'étaient que des commerçants, Juifs parmi les juifs. La tradition orale leur avait transmis un récit confus et contradictoire de leur Moyen Âge. D'un côté, une société idéale au sein de laquelle chrétiens, juifs et musulmans avaient coexisté dans la tolérance réciproque et l'harmonie enfin retrouvée. De l'autre, une expulsion brutale entraînant un nouvel exil de masse, catastrophe appelée à s'inscrire dans leurs mémoires au même titre que la destruction du second Temple.

Qui dira jamais l'empire exercé par le légendaire sur des esprits si disposés au sentiment nostalgique ? Dans l'imaginaire des juifs de cette nouvelle diaspora, l'Espagne tenait lieu de paradis perdu.

En vérité, cet âge d'or était un mythe. Dans l'Espagne musulmane, juifs et chrétiens étaient considérés comme des gens du Livre. Ils procédaient de la Bible. Cela leur valut de vivre sous le pacte de la *dhimma* *. Ils étaient plus tolérés que protégés. Leurs convictions n'en paraissaient pas moins intolérables. Les fidèles des trois grands monothéismes avaient par nature des positions irréconciliables. Mais le pragmatisme devait l'emporter.

En bénéficiant du statut, ces contribuables de choix étaient placés sous une tutelle qui les mettait à l'abri des persécutions. Cette situation unique en Europe permit aux trois religions de coexister. De se supporter sans que la civilisation chrétienne occidentale renonçât jamais à prendre sa revanche sur la civilisation arabo-musulmane. Les juifs étaient la passerelle de l'une à l'autre.

Tous n'avaient pas été des juifs de Cour, il s'en faut. Ils étaient la minorité de la minorité. Pourtant, dans les récits, la situation de paria des juifs d'Espagne s'embellissait dès qu'elle se parait des ors et des fastes de ces privilégiés. La geste de ces hommes d'influence occupait une place de choix dans la mythologie séfarade. Ils n'avaient pourtant pas été en première ligne dans la défense et le maintien des traditions millénaires de leur peuple. On eût cru au contraire que, au contact des puissants, ils s'étaient dépouillés de tous les attributs de leur qualité de juifs pour n'en conserver que la fierté. Ils avaient joui d'un statut si ambigu que, par moments, on ne savait plus s'ils étaient les ambassadeurs de la communauté auprès de la Couronne, ou l'inverse. C'était d'autant plus trou-

---

* Statut garantissant une protection légale aux « gens du Livre » (juifs et chrétiens dans les pays musulmans).

blant que leurs coreligionnaires les avaient non
pas élus mais désignés pour les représenter.

On retrouvait leur présence tant dans l'Espagne
musulmane unifiée *(Al-Andalus)* que dans ses
royaumes arabes et berbères, puis dans ceux de
la reconquête chrétienne de l'Espagne (la *Reconquista*). En s'acquittant directement de l'impôt
auprès des feudataires, ils bénéficiaient d'une certaine autonomie juridique et religieuse. Leurs privilèges ne découlaient pas d'une quelconque estime dont les auraient gratifiés les princes qui
gouvernaient. Ils étaient utiles à un pouvoir fort
et n'avaient de cesse de le renforcer car leur immunité dépendait de sa pérennité. C'était leur intérêt bien compris. La tolérance n'avait rien à
faire dans cette alliance royale.

Rien n'est plus fragile qu'une exception qui
dure.

Les juifs n'étaient pas exclusivement des prêteurs d'argent. Ils y pratiquaient tous les métiers.
Mais il se trouve que cette activité-là a laissé plus
de traces documentaires que d'autres. Ils s'étaient
longtemps occupés des finances publiques et du
Trésor royal. Or le peuple n'aime pas les collecteurs de taxes, il en sera toujours ainsi, sous toutes les latitudes. Pour être attestée, la prospérité
des juifs d'Espagne n'en était pas moins précaire.

Il y eut un tragique coup de semonce en 1391.
Émeutes, pillages, massacres, viols. Soudain, le
royaume se mit à maltraiter ses juifs. Cette bouffée de haine incitait un petit nombre au départ
précipité vers le Portugal ou le nord de l'Afrique.
L'exil ou pis encore. Ce fut l'année des conversions massives. On les poussait au reniement.

C'est ce que leur communauté redoutait le plus, à juste titre.

Ils subissaient de plus en plus de restrictions tant sur le plan social que professionnel. De toutes parts, la pression s'accentuait. Certains donnaient le ton tel ce Salomon Halevi devenu Pablo de Santa Maria. Un bel exemple de réussite puisqu'il était devenu évêque de Burgos... À défaut d'entraîner, de si spectaculaires retournements semaient le doute dans les esprits.

Après cette répétition générale, annonciatrice de leur irrésistible décadence sur cette terre-là, le ciel leur tomba sur la tête en 1492.

En vérité, le départ d'Espagne ne conserva pas le même écho dans toutes les communautés. Ainsi, il n'y eut guère que les Castillans réfugiés au Maroc pour s'abstenir de porter le châle de prière le samedi matin à la synagogue. En signe de deuil de leur nation perdue.

S'ils avaient enjuivé l'Espagne, elle ne les en avait pas moins hispanisés. Leur profond attachement à la langue judéo-espagnole en témoignait. Au-delà des siècles, ils continuaient à le parler entre eux, dans le nord du Maroc et dans l'Empire ottoman.

Avec le temps, le chiffre global des expulsés ne cessa de croître à mesure que l'on s'éloignait de l'événement. Des centaines de milliers, disait-on, quand il n'y en avait eu en vérité guère plus de cent cinquante mille, ce qui était déjà significatif. À la grande expulsion succédèrent des départs volontaires de marranes. Tout s'était passé très vite, quatorze ans après que Sixte IV eut promulgué une bulle fondant l'Inquisition en Espagne.

C'était en l'an de grâce 1492. En janvier, l'entrée des troupes des Rois Catholiques à Grenade marquait l'achèvement triomphal de la Reconquête. Un décret d'expulsion avait été signé et rendu public. En juillet, les juifs qui voulaient le rester devaient avoir quitté le pays. L'apostasie ou l'exil, le reniement ou la fuite. C'était le seul choix offert à des gens dont les aïeux s'étaient enracinés là avant même l'époque romaine. On ne leur donnait que quatre mois pour tirer un trait sur une si longue histoire. Une poignée de jours pour balayer la poussière des siècles. Misère de l'intolérance.

Qu'on la présente comme nécessaire ou inéluctable, l'expulsion n'en demeurait pas moins une infamie.

On peut chasser les juifs, pas leurs fantômes. Le royaume avait trop longtemps résonné du décret sur la *limpieza de sangre* pour qu'il n'en demeurât pas quelque chose. Les juifs partis, restait le soupçon. Qui avait vraiment le sang pur ? À mots couverts, pour ne pas accuser un voisin d'avoir une ascendance probablement hébraïque, on disait qu'il avait été touché par la blanche colombe. C'était le règne de l'insinuation. Nombre de convertis, ces nouveaux chrétiens, étaient suspectés de judaïser en secret. Par dérision, on les traitait de *marranos*, de porcs, puisque justement ils n'en mangeaient pas. Ils avaient beau faire, ils passaient pour cryptiques. Il ne s'agissait même plus de convictions, mais de sang. Si elle n'avait été souvent sanctionnée par la persécution, la torture et la mise à mort, cette tragédie des origines eût été une comédie des masques.

Esperanza... Pourquoi tant d'entre eux auraient-ils adopté ce mot de passe s'il ne dissimulait une secrète attente ?

Juif dedans, chrétien dehors. Avec le temps, cette schizophrénie avait engendré un nouveau tempérament. Par la force des choses, certains étaient passés maîtres dans l'art de la double vie, du double langage et du sous-entendu. Il est incroyable que ce soit les Anglais et non les séfarades qui aient élevé la litote au rang d'un des beaux-arts.

Le *Tison de la noblesse espagnole*, un pamphlet attribué au cardinal Mendoza y Bobadilla et publié en 1562, avait fait des dégâts. En révélant le métissage des vieilles familles, il pointait leur enjuivement. Cela ne fit qu'accentuer l'obsession des origines et le trafic des parchemins. Même l'hidalgo, qui ne venait qu'après le noble titré et le chevalier, était avant tout fils de quelqu'un.

À la fin, la surenchère généalogique était telle qu'on ne savait plus qui était qui, ni qui venait d'où. Confusément, cela a dû exacerber un sentiment latent chez ce peuple auquel on prête plus de fierté, d'honneur et d'orgueil qu'à d'autres. Pour ne rien dire de la primauté des apparences. Quand on voulait prouver ses origines, il fallait produire des témoins. On était moins jugé sur l'état de sa fortune et sa situation sociale que sur ce qu'on représentait aux yeux des autres. Ainsi, tout individu à peu près sûr de la propreté de son sang se sentait aussitôt investi d'un caractère de noblesse.

Il n'empêche. La nouvelle Espagne ne voulait plus de ses juifs. Elle n'en avait plus besoin. Dans les mêmes domaines, les nouveaux chrétiens feraient tout aussi bien l'affaire. Faisant écho à la réussite de Pablo de Santa Maria, celle toute récente de Hernando de Talavera ne manquait pas d'impressionner. Ancien confesseur de la reine Isabelle la Catholique, ce juif converti, ce nouveau chrétien était devenu archevêque de Grenade, le premier de la capitale du royaume musulman fraîchement reconquise par les chrétiens. Il n'y avait pas plus symbolique.

Quand il apparut que les juifs restés juifs faisaient obstacle à l'unité de la nation catholique, on les invita donc à vider les lieux séance tenante. Pour ne pas gêner les convertis dans leur intégration. Pour ne pas que ceux-ci soient incités à revenir sur leur abjuration. Déjà débarrassés de leurs mahométans, les Espagnols réunifiés entendaient désormais rester entre eux.

De tout cela, les Camondo avaient conservé, comme tant des leurs, une mémoire confuse. Qui peut être sûr de ses ancêtres ? Rien ne dit qu'en ce temps-là ils s'appelaient déjà Camondo, où plutôt Kamondo.

Il semble qu'ils se soient beaucoup promenés durant deux ou trois siècles entre la république de Venise, le port de Trieste, la Vienne des Habsbourg et l'Empire ottoman. Des archives permettent de mieux cerner ces insaisissables pérégrins. Mais le plus significatif est encore d'assister à leurs naissances et renaissances. On a tellement dit des juifs qu'ils avaient eu trop d'histoire et pas assez de géographie qu'on n'en imagine pas sans passé.

Les séfarades, ayant dû fuir une Espagne qui les niait, s'étaient naturellement dirigés dans un premier temps vers la Navarre, le Portugal et l'Italie, bientôt rejoints par les marranes. Mais ils se scindèrent en deux blocs plus massifs quand une minorité choisit l'Afrique du Nord, et une majorité l'empire de la Sublime Porte en passant par l'Italie. Les Camondo étaient de ces derniers.

Étranges, leurs aller et retour entre Levant et Ponant, sauf s'ils obéissent à une logique économique. Curieux, ces périples dans les deux sens, à moins qu'ils ne correspondent à la volonté très opportuniste d'aller en Orient pour revenir en Occident en qualité de sujet ottoman. Ou de devenir citoyen de l'Empire austro-hongrois. Ou du grand-duché de Toscane. Ou encore...

Il est incroyable que, sous un tel palimpseste d'identités, les juifs aient réussi à le rester au fil de pérégrinations séculaires. À moins que, justement, l'attachement à la foi de leurs ancêtres, le sens de la tradition, l'esprit de chaîne ininterrompue aient renforcé la seule identité quand toutes les autres s'étaient dissipées. Elle restait tel un dépôt inaltérable au fond de l'âme. Seule leur qualité de juif perdurait malgré tout, après que se furent effondrés les espoirs qu'ils avaient placés dans leurs nationalités successives.

Finalement, dans cette histoire d'exil qui se concrétise à partir de l'an 70 apr. J.-C. avec la destruction du Temple par les légions romaines de Titus, et qui ne s'achève pas avec la proclamation de l'indépendance de l'État d'Israël en 1948, les juifs ont tout été. Ils s'y sont perdus, s'y sont retrouvés, s'y sont perdus à nouveau. Mais ils sont toujours restés juifs, du moins une partie d'entre eux.

À suivre les Camondo, on s'égare dans le grand labyrinthe de l'errance. Ce flou n'est pas le moindre des charmes de leur saga. Il laisse la porte ouverte à l'imagination. Leur épopée de négociants au long cours devenus banquiers des sultans y gagne en romantisme ce qu'elle perd en précision. Toujours est-il qu'au xviiie siècle on retrouve à nouveau leur trace en différents lieux de la vieille Europe. À supposer qu'il s'agisse bien de la même famille.

Les voici à Venise. Leur mémoire le dit, à défaut des archives. La trace plus forte que la preuve. Abraham Camondo, le premier d'entre eux, le véritable fondateur de la dynastie au début du xixe siècle à Istanbul, se dira toujours d'origine vénitienne. Sans autre précision sur l'exil d'avant l'exil. C'est dire l'importance qu'il attachait à la puissance symbolique de la Sérénissime.

Venise alors était plus qu'une ville, une des principales puissances commerciales de son temps. La République le devait au fait de s'être tournée vers la mer et d'avoir recherché la suprématie en Méditerranée. Avec ses salines, dont l'exploitation lui permettait de réaliser des profits considérables, sa flotte était l'autre pilier de sa puissance. Entretenant de longue date des rapports d'échanges privilégiés avec l'Empire byzantin puis ottoman, elle fournissait l'Occident en

épices, soieries, teintures et autres produits rares
et précieux dont l'encombrement était inverse-
ment proportionnel à la valeur.

La tradition orale, véhiculée par les familles
avec la complaisance que l'on sait, y faisait re-
monter l'origine du nom des Camondo. À l'en
croire, il viendrait de *Ca'Mondo* qui signifie
« maison du monde » en dialecte local. Leur réputation de grands négociants, établie tout le long
des côtes de la Méditerranée, leur aurait valu un
si éloquent patronyme... Décidément, on ne se
lassera jamais d'écouter les récits légendaires
quand des aïeux en sont les héros. Ils en disent
tant sur les héritiers et si peu sur les ancêtres.
L'empire exercé sur les consciences juives par la
mythologie Rothschild est vraiment sans limites.
Nombre d'entre elles se sont reconstruit un passé
glorieux sur un moule emprunté à l'histoire d'une
vieille maison de famille dans la *Judengasse* de
Francfort, bâtisse à l'enseigne rouge (« *rot* » pour
« rouge », et « *schild* » pour « enseigne ») appelée
à un grand destin symbolique.

Il faut vraiment beaucoup d'orgueil et une
haute idée de sa lignée pour juger humiliantes
des vérités sans éclat. À savoir que comme beaucoup d'autres juifs, chemin faisant, les Camondo
ont probablement emprunté leur nom à une petite ville de l'arrière-pays vénitien. Un nom qui
n'avait rien de juif mais qu'au fil des siècles ils
ont rendu tel par leur illustration.

Dès la fin du XVᵉ siècle, des juifs avaient vécu
dans la cité des Doges. Mais ils étaient si peu
nombreux qu'ils ne constituaient même pas une
véritable communauté. Quelques expulsés d'Es-

pagne cherchèrent à s'y établir, certains après
bien des détours tel Don Isaac Abravanel, le plus
illustre d'entre eux. En fait, les juifs s'y sont vraiment installés jusqu'à y prendre racine au début
du XVIᵉ siècle, le jour où Venise dut payer le prix
de sa politique de conquête de la terre ferme.
Quand la coalition de la Ligue de Cambrai envahit certains de ses territoires, la lagune vit affluer
un grand nombre de réfugiés. Le clergé et une
bonne partie de la population ne voyaient pas
d'un bon œil des juifs s'établir parmi eux. Ils finirent par s'y résoudre. À une condition : que ces
indésirables restassent entre eux. Ainsi, les juifs
prirent racine dans cette terre à partir non d'un
malentendu mais d'un paradoxe puisque le rejet
était assorti d'une acceptation. C'est ainsi qu'en
1516 naquit le premier quartier réservé, entouré
de murailles, et le soir, fermé par des grilles.
Comme il était situé à l'emplacement de ce qui
était la nouvelle fonderie (« *ghetto nuovo* » en italien), on continua à l'appeler le ghetto.

Les juifs étaient donc tolérés à condition qu'ils
vivent en vase clos. Dans l'esprit des autorités, il
s'agissait aussi de les protéger des bouffées de
fanatisme. De plus, en réduisant ainsi leur périmètre, ils pouvaient mieux concentrer leurs lieux
de culte, administrations, synagogues, boucheries
et boulangeries. Très vite, quelques années après,
ils étaient autorisés eux aussi à profiter des
échanges commerciaux entre Venise et l'Empire
ottoman. Qu'importe si le privilège était censé
concerner des négociants désignés comme des
« juifs levantins de passage ». Nul n'était dupe de
la véritable origine de ces séfarades. Après tout,

anciens Espagnols ou nouveaux Ottomans, ils vivaient dans le ghetto, devaient régulièrement re-
nouveler leur titre de résidence et s'acquitter
d'impôts particuliers. En principe, ils étaient
tenus de porter un « o » dans le dos et de se coif-
fer d'un chapeau jaune, puis rouge. Aux yeux du
monde, tout les désignait comme juifs. Même si,
dans les faits, ces signes distinctifs étaient considérés avec désinvolture pour être finalement
abandonnés.

Malgré tout, la Sérénissime traitait bien ses
juifs. Que sont ces mesures en regard de celle ap-
pliquée depuis deux siècles par les Anglais, les
Français, les Espagnols et les Portugais vis-à-vis
de leurs juifs : l'expulsion sans espoir de retour ?
La spécificité ibérique, qui leur offrait l'alternative de la conversion, ne les reniait pas moins en
tant que juifs. En regard, l'invention du ghetto,
avec son cortège de restrictions, fut un moindre
mal. Tout en les isolant, elle leur permit de faire
souche dans la capitale d'un empire commercial
et de profiter de son immense potentiel économique.

Tous n'étaient pas des pouilleux. Pour être soumis au même statut, les juifs vénitiens ne vivaient
pas pour autant de la même manière derrière la
même clôture. Elle n'empêchait pas que les inéga-
lités sociales y perdurent. Riches et pauvres se côtoyaient sur les bancs de la synagogue, mais se
distinguaient par leur niveau de vie et leurs maisons. Un jour de 1633, on jugea nécessaire de
prolonger le *ghetto nuovo* et le *ghetto vecchio* par
un *ghetto nuovissimo* que l'absence de commerces
signalait comme résidentiel. De riches séfarades,

récemment débarqués, devaient s'y installer. Les Treves, d'opulents banquiers, s'y firent même construire un palais.

Bientôt, le ghetto et ses extensions ne suffisant plus à abriter ses quelque 2 500 habitants, il adopta une architecture en hauteur assez anarchique. Et atypique. Par la force des choses, la ville était visuellement dominée par des juifs. Leur monde clos était plus près du ciel que le monde libre. De là-haut, certains pouvaient peut-être voir la mer.

Grâce à l'adoption d'une charte proposée par Daniel Rodriga, le plus entreprenant d'entre eux, aux Cinq Sages au Commerce, Levantins et Ponantins bénéficièrent dès 1589 d'un statut privilégié tant sur le plan religieux qu'économique. Son libellé était assez précis pour que les *tedeschi* (les ashkénazes) ne puissent en bénéficier. Mais il restait assez vague pour y inclure Ottomans, Espagnols et Portugais sans que les autorités cherchent trop à savoir exactement qui venait d'où, qui était sujet de qui, et surtout lesquels parmi ces juifs étaient des « nouveaux chrétiens » fabriqués par les pogroms de 1391, convertis et fraîchement reconvertis... à leur foi d'origine !

Cela dura jusqu'à la fin de la République quand Venise fut prise par les Français avant d'être livrée cinq mois plus tard à l'Autriche. Les troupes du général Bonaparte s'empressèrent alors de « délivrer » le ghetto en lui retirant ses portes et en plantant un arbre de la liberté au centre de la grande cour. Mais, jusqu'en 1797, la communauté juive n'avait cessé de gagner en nombre et en puissance. Jusqu'à la fin du XVIIe siècle, elle était sans cesse enrichie par l'afflux de nouveaux réfugiés, notamment des marranes fuyant le Portugal, « nouveaux chrétiens » dont l'arrivée ne manqua de perturber les relations traditionnelles entre les Vénitiens et leurs juifs.

Ottomans de souche espagnole, Italiens et Allemands qui se côtoyaient dans les institutions communautaires ne tardèrent pas à s'y affronter dans des luttes de pouvoir. Les premiers l'emportèrent sur les autres, plus spécialisés dans le prêt à intérêt et le commerce de détail. Ils n'étaient pas les plus nombreux mais les plus dynamiques, ceux qui avaient le plus rapidement réussi et s'étaient le mieux organisés. Leur prépondérance eut pour effet de flatter un orgueil des origines déjà bien ancré dans leur tempérament.

Les voici enfin à Constantinople. Pour longtemps, semble-t-il. Le premier des Camondo, du moins le premier à faire vraiment parler de lui, s'appelait Haïm. C'était un négociant. Chez lui, on trouvait des draps de France, des épices des Indes, des pierres précieuses... Il était barataire* de France, d'Autriche et de Grande-Bretagne. Haïm Camondo se présentait généralement comme sujet de l'« Auguste Maison d'Autriche », et mettait autant de majuscules en le disant qu'en l'écrivant. Ce statut le protégeait. Ce n'était pas un excès de prudence dans des pays où les gens d'argent faisaient souvent les frais du courroux populaire.

---

* Mot dérivé du turc *berat*, désigne celui qui, dépendant des Capitulations, était exonéré de certaines taxes, pouvait exercer son commerce librement et relevait de la juridiction de son propre consulat.

Les voici déjà à Trieste. Ne disait-on pas que les deux frères Camondo y auraient été à l'origine de la construction de la première synagogue séfarade ? C'était au milieu des années 1780. La famille avait connu des heures sombres à Constantinople. En fait, une partie de ses biens avait été confisquée. Pour tout dire, il semble qu'on les ait fait partir en catastrophe. Cela ressemblait fort à une expulsion qui ne dirait pas son nom. Ils avaient vingt-quatre heures pour quitter le sol de l'Empire ottoman. On leur reprochait des manœuvres, des intrigues, des malversations. Haïm devait être interné au château de Famagouste, à Chypre, en attendant d'être définitivement fixé sur son sort.

Avaient-ils seulement le sentiment que cet exil n'était qu'éphémère ? Le 6 octobre 1782, ils purent s'embarquer avec femmes et enfants à bord de *La Madonna del Rosario*, un bâtiment vénitien que Haïm avait nolisé *in extremis*. Peu après, les indésirables se réfugiaient dans le grand port de l'Adriatique, seul débouché maritime de l'empire des Habsbourg. Ils étaient douze juifs, le chef de famille, sa femme Segnoru et leurs enfants, neveux, cousins, Rebecca, Rachel, Ursula, Abraham, Salomon...

La légende rapportait que Haïm Camondo, craignant d'être exécuté par les sicaires du Sultan, s'était précipité chez le baron Aettenfels, internonce autrichien, qui lui procura papiers et autorisations nécessaires pour aller à Vienne. Aussitôt rendu, il parvint à se faire recevoir en audience par Joseph II et se jeta à ses pieds en im-

plorant sa protection. L'empereur le fit se relever
puis accéda à sa requête. Camondo se jeta à nouveau à ses pieds et, dans sa précipitation, baisa la
partie de sa robe qui logeait sa bourse. Dans un
éclat de rire, Joseph II lui lança alors . « Vous
feriez mieux d'embrasser votre propre bourse,
elle contient plus d'argent que la mienne ! » Les
légendes ne sont pas faites pour être crues mais
pour être racontées.

Trieste fut moins qu'un exil, une escale à l'occasion d'un incident de parcours. Deux ans après,
on les retrouvait déjà à Istanbul où ils récupé-
raient une partie de leurs biens placés sous la
protection des agents diplomatiques de leur
légation.

Les voici encore plus brièvement à Vienne. Depuis 1736, les séfarades y avaient pris racine,
même si certaines familles s'y étaient installées
avant. Ils s'y faisaient appeler « la communauté
turque ». Abraham Camondo en était l'un des notables, avec les Nisan et les Eskenazi. Mais Moshe
Lopez Pereira en avait été, lui, l'homme fort. Non
seulement il l'avait fondée, mais, par le monopole
qu'il exerçait sur le tabac autrichien, il entretenait
des relations permanentes avec le chancelier Kau-
nitz. Un personnage que ce juif de Cour. À une
époque, il fallait lui donner du « baron Aguilar ».
Qu'importe si son anoblissement lui était monté
à la tête puisqu'il était le plus efficace protecteur
de ses coreligionnaires.

Les revoici à Constantinople, enfin. Pour de
bon, du moins le croyait-on. Mais avec les juifs,

le temps prend vite une dimension proustienne.
« Un peu d'éternité, ou tout au moins de durable,
était entré dans la composition de cet éphémère... » Ils se croient dans l'immortalité, mais se retrouvent vite dans le fugace. L'histoire est impitoyable. Seuls ne seront jamais désenchantés
ceux qui ont le sentiment du précaire. Ils savent
d'expérience qu'ils ne font que passer, que c'est
leur destin, même si, chaque fois qu'ils s'installent
quelque part, c'est pour toujours. Que sont vingt
siècles d'errance pour le seul peuple qui ait survécu à l'Antiquité ? On ne sédentarise pas des no-
mades qui ont la vocation de l'universalisme. Autant faire reculer le désert.

C'est à Constantinople que les Camondo ont gagné leur surnom de « Rothschild de l'Orient ». Cependant, des uns comme des autres, on n'aimait
pas dire qu'ils étaient les rois des Juifs et les juifs
des rois. Cela paraissait inconvenant. À croire
qu'il aurait été indécent, vulgaire et pour tout dire
déplacé, de répéter tout haut ce que tout le
monde murmurait tout bas. À savoir qu'Abraham
Salomon Camondo était devenu au milieu du xixᵉ
siècle le plus riche des 200 000 juifs que comptait
alors l'Empire ottoman.

Des juifs, il semble qu'il y en ait eu dans la région depuis la nuit des temps, ou un peu après.
Mais il n'en restait pas grand-chose. Italiens et Allemands ne passaient pas pour représentatifs de
ce passé glorieux. Ils étaient beaucoup trop récents dans la place. Seuls les Romaniotes demeuraient l'ultime écho du judaïsme byzantin. Mais
ils ne tardèrent pas à ressentir les effets de la

grande colère ibérique. Ils furent rapidement débordés par ces nombreux séfarades qui avaient préféré les incertitudes d'un si lointain exil à une honteuse apostasie sur la terre de leurs ancêtres C'est peu dire qu'une certaine tension régnait entre juifs émigrés et juifs autochtones. De jour en jour, tandis que les nouveaux arrivés se mettaient à collecter des taxes aux côtés des anciens, on entendait moins parler grec que judéo-espagnol.

La Sublime Porte ne pouvait que s'en féliciter tant cette émigration lui était économiquement profitable. D'ailleurs, on prêtait volontiers ce jugement au sultan Bayazid II : « On dit que Ferdinand d'Espagne est un roi sage et intelligent, pourtant il a appauvri son pays afin d'enrichir le mien. » Malheureusement pour la légende, si l'on en croit tant la tradition orale que les récits imprimés, ce mot a toujours été attesté par des juifs, jamais par des Ottomans. Qu'importe puisque, à défaut d'être vrai, il est vraisemblable.

Au début du XIXe siècle, quand les Camondo commencèrent vraiment à faire parler d'eux à Constantinople, la légende s'enorgueillissait déjà de quelques personnages flamboyants. Ils appartenaient de longue date à la mythologie des lieux. Pour le meilleur et pour le pire.

Certains avaient laissé de fortes traces dans l'imaginaire par leur exceptionnelle réussite. C'était le cas de Joao Miguez, dit Joseph Nasi, un marrane portugais, administrateur d'une impressionnante habileté, financier de haut vol, grand collecteur d'impôts. Toutes compétences auxquelles il donna une dimension exceptionnelle par le réseau de relations dont il jouissait dans la plupart des grandes cours européennes. Il eut le génie de transfigurer toutes ses activités économiques et commerciales par son activisme de diplomate. Car cet homme d'argent, de pouvoir et d'influence, qui avait bâti sa fortune sur le négoce du vin, était avant tout l'un des hommes les mieux informés de son temps. Il disposait d'agents auprès de chaque souverain de quelque importance. Soliman le Magnifique eut toutes les raisons de s'en féliciter. Selim II également, qui en fit son conseiller favori. Car Joseph Nasi n'avait pas son pareil pour les renseigner sur l'état de l'Occident et les instruire sur l'évolution des choses dans la chrétienté. Comme les juifs de Cour du vieux continent, il dépendait non des institutions mais du souverain. Ce qui permettait à ce dernier de s'en débarrasser facilement après l'avoir utilisé pour ses missions officieuses ou secrètes.

En récompense de ses services, et sans avoir besoin de se convertir à l'islam, il reçut un duché féodal en pleine décadence sur un archipel d'une douzaine d'îles dont il assura aussitôt la prospérité. C'est ainsi que Joao Mendes, à défaut de devenir roi de Chypre comme il l'espérait, passa à la postérité comme duc de Naxos et des Cyclades, un titre magnifique qui fit rêver des générations de juifs. Il s'éteignit en 1579 de la maladie de la pierre. Treize ans après, les Londoniens pouvaient assister à la première représentation du *Juif de Malte*, la pièce de Christopher Marlowe sur la volonté de puissance quand elle se fait volupté. Barabbas, technicien des machinations politiques et traître trahi, c'était lui. Dans la mémoire des

siens, le duc de Naxos et des Cyclades n'en survé-
cut pas moins comme un seigneur et un prince.

Dans ses ambitions, il n'avait jamais oublié la
Palestine, s'attachant particulièrement à faire revivre la ville de Tibériade dont il avait reçu le bail.
Après sa disparition, celui-ci fut repris par un
rival dont on aurait pu croire qu'il avait tout fait
pour épouser le même destin. Alvaro Mendes,
marrane portugais également très en cour chez
les souverains d'Europe, avait bâti sa fortune en
exploitant des mines de diamant à Madras. En
1585, en posant le pied pour la première fois sur
le sol turc, il vécut enfin pleinement son judaïsme
et adopta le nom de Salomon Aben Ayesh. Et le
sultan Mourad III, dont il avait gagné la confiance, le récompensa de ses services en le faisant
duc de Mytilène...

D'autres avaient plutôt laissé la communauté
en état de choc. C'était le cas d'un certain Sabbataï Tsevi, un kabbaliste originaire de Smyrne, as-
cète ayant fait vœu de solitude dans sa jeunesse.
On ne savait trop s'il était un élu sincèrement inspiré ou un imposteur abusant de la crédulité de
ses coreligionnaires. Toujours est-il que par sa
puissance de conviction, amplifiée par la propagande de son émule Nathan de Gaza, il ébranla
pendant quelque temps une bonne partie du peuple juif. On peut même dire qu'il l'enflamma,
réussissant à faire croire qu'il était le messie.
Dans les communautés d'Orient et d'Occident, on
crut que la fin du monde, la rédemption et la délivrance étaient imminentes. Sa faillite ne pouvait
manquer d'éclabousser la communauté dont il
était issu. D'autant qu'elle se soldait par le scan-

dale de sa conversion à l'islam et de son mariage avec une prostituée. Le mystique n'était qu'un mystificateur. C'était en 1666, mais tout le monde avait conservé en mémoire cet inconcevable épilogue.

D'autres personnages impressionnaient d'autant plus qu'ils étaient encore peu de temps avant les protecteurs et les ambassadeurs de leurs coreligionnaires. Nombre d'institutions religieuses ne dépendaient que de leur philanthropie. Trois familles de *sarraf*, ainsi qu'on nommait prêteurs et changeurs d'argent, dominaient. C'étaient les Carmona, les Adjiman et les Gabay. De leur temps déjà, la communauté juive de l'Empire ottoman poursuivait son lent déclin. On sentait que son âge d'or était derrière elle. Tant sur le plan social, culturel qu'économique, elle soutenait de plus en plus difficilement la concurrence avec la minorité chrétienne.

Les chefs des trois grandes familles juives entretenaient des relations plus que cordiales avec le corps des janissaires. Ces redoutables mercenaires de l'infanterie régulière avaient fini par constituer une véritable force politique au sein de l'armée ottomane. En 1826, leur dissolution et leur massacre entraînèrent immanquablement ceux qui les soutenaient dans une spirale tragique.

Bohor Isaac Carmona, la plus forte personnalité juive de son temps, était leur banquier. Il prêtait également de l'argent à de nombreux vizirs et à la sœur de Mahmoud II. Quand le sultan supprima les janissaires, il fit également supprimer Carmona, ce qui lui permit du même élan de sup-

primer ses dettes. On conçoit sans mal que son
assassinat et la confiscation de ses biens trauma-
tisèrent la communauté juive. Moralement et
financièrement. Les banquiers arméniens profitèrent de la défaillance de leurs collègues juifs pour
les supplanter auprès du pouvoir. Ce fut le coup
de grâce.

C'est dans ce champ dévasté après la bataille
qu'Abraham Salomon Camondo s'imposa. Sa domination fut le fruit d'une improbable alchimie.
Eût-elle été préméditée qu'elle aurait certainement échoué. Car il fallut vraiment la conjugaison de plusieurs bouleversements historiques
pour qu'il émerge et s'impose.

Les débuts du règne de Selim III, prédécesseur
de Mahmoud II, avaient été marqués par une
nette volonté de modifier la situation légale des
minorités tolérées. Jusqu'alors, elle était régie par
le statut des *zimmis*, équivalent turc des *dhimmis*
du monde arabe. Dans un cas comme dans l'autre, elle garantissait aux non-musulmans une
sorte de protection.

Cette évolution ne correspondait pas seulement
au bon vouloir du sultan, à ses intérêts bien compris ou à une quelconque démagogie. Les puissances étrangères, qui comptaient un certain
nombre de nationaux et de sujets parmi les juifs
et les chrétiens de l'Empire, y étaient pour quelque chose, même s'ils ne les intéressaient pas.
Cette réorganisation, concrétisée par un premier
rescrit impérial en 1839, n'était pas un nettoyage
de façade. Elle devait changer leur vie. Sécurité,
service militaire, fiscalité, justice, accès aux em-
plois... Tout tendait à en faire plus ou moins des

égaux des musulmans, dans la lettre sinon dans l'esprit. Il n'en fallait pas plus pour considérer qu'une ère nouvelle était enfin advenue pour les juifs ottomans aussi. Elle coïncidait avec le renouveau de l'Empire ottoman. Il allait désormais vivre à l'heure des *Tanzimat*, ce vent de réformes qui soufflait désormais sur lui. Mais ces tentatives d'émancipation restaient lettre morte.

Le *sarraf* était le banquier. Autrement dit le caissier, l'agent de change, le grand financier, le spécialiste de la monnaie, le fermier général, l'intendant des dignitaires de l'Empire. Autant dire leur grand argentier. Qu'ils fussent juifs, grecs, arméniens, européens, ils étaient non seulement stambouliotes, mais concentrés dans le quartier de Galata.

Les Camondo était des *sarraf*, même s'ils n'étaient pas que cela. Mais, en 1832, le pluriel n'était plus de mise. Isaac, le chef de famille, disparaissait à la suite d'une épidémie de peste sans laisser d'enfants. Sa sœur, la veuve Ventura Fua, s'était retirée à Jérusalem pour y finir ses jours. Son frère Abraham Salomon, cinquante-deux ans, devint alors son héritier et le seul maître de la banque Isaac Camondo et Cie.

Stambouliote de naissance, juif traditionaliste à défaut d'être orthodoxe, financier polyglotte, il était considéré *de facto* comme le chef de la famille. Et pour ses coreligionnaires, comme un protecteur aussi généreux que l'avait été Carmona. Il était issu d'une famille aisée sans plus, mais assez notable pour disposer d'un siège d'administrateur à la synagogue d'Ortakeuy, sur la rive occidentale du Bosphore. C'est cet homme qui devint le « Rothschild de l'Orient ». Autant dire un symbole déjà ancré dans le langage populaire. Quand une fille ou une épouse se montrait trop dépensière, elle était tancée en judéo-espagnol sur le mode « *ija de Camondo* » ou « *mujer de Camondo* ».

Parallèlement à ses activités purement financières, il avait bâti un véritable empire immobilier dans le quartier de Galata. Immeubles de bureaux, appartements, maisons, magasins... Et encore, tous n'étaient pas à Istanbul. La légende rapporte qu'il embrassa cette fructueuse activité malgré lui. En effet, nombre de ses propriétés étaient en fait des hypothèques contractées auprès de sa banque par des emprunteurs qui s'étaient révélés insolvables.

Quoi qu'il en soit, sa réussite dans ce domaine était d'autant plus remarquable que les étrangers n'avaient pas le droit de posséder des terrains. Au début, pour contourner une réglementation que l'on disait inflexible, il se contentait de faire enregistrer ses immeubles sous l'identité de prête-noms grâce à l'obligeance d'amis ottomans. Puis il se lassa du procédé et résolut d'user de son influence auprès des ministres et grands vizirs qu'il fréquentait assidûment pour être leur banquier. C'est ainsi qu'il obtint d'Abdul Aziz un firman lui autorisant ce qui était donc interdit aux autres étrangers. À lui et à lui seul, à titre exceptionnel. Le texte précisait même : « ... sans que cela constitue un précédent... » C'est dire la force des liens qui unissaient le sultanat et son *sarraf*. La confiance mutuelle qui régnait entre eux se reporta sur son successeur Abdul Hamid II, auquel Abraham s'était lié dans sa jeunesse, quand il était prince.

Plus qu'un notable, mieux qu'une personnalité, le premier des Camondo était un personnage. On devine en lui une autorité naturelle, que confirment ses multiples activités.

Les grands israélites de passage en Turquie ne pouvaient manquer de le visiter. Sir Moses Montefiore, qui poursuivait un long périple dans la région en 1840, nota dans son Journal de voyage son étonnement quand il vit un certain « Monsieur Commundo » *(sic)* monter à bord pour lui annoncer qu'une de ses maisons était à sa disposition afin qu'il ait ses aises à la veille du jeûne du Yom Kippour. D'ailleurs, tout au long de son séjour dans la capitale, son hôte servit d'escorte au grand philanthrope anglais.

Abraham Camondo laissa un souvenir tout aussi fort dans la mémoire de Ludwig-August Frankl. Son journal de voyage *Nach Jerusalem*, publié en 1859 à Londres sous le titre *The Jews in the East*, en témoigne. Il avait été particulièrement impressionné par la beauté de l'argenterie déployée lors d'un grand dîner donné à l'occasion du *seder* de Pessah, le repas du premier soir de la Pâque juive. Sur les tables comme sur les femmes, tout n'était qu'or et argent, perles et diamants. Quatre générations étaient représentées autour du patriarche qui régnait assis sur un véritable trône. Son fils unique, Salomon Raphaël, qui avait épousé Esther Fua, en avait eu une fille, Rebecca, et deux fils, Abraham Bohor et Nissim, lesquels auraient chacun un fils, Isaac et Moïse.

La transmission était assurée. Du moins, l'état de
la lignée pouvait raisonnablement encourager les
plus folles chimères dynastiques.

Qui aurait cru à la vue d'une si prometteuse assemblée que, moins d'un siècle après, il ne resterait plus âme qui vive de la famille Camondo ?

Pour un soir, le banquier s'effaçait devant le
sage. Il ne devait pas manquer d'allure, dans ses
vêtements de soie de toutes les teintes, entouré de
son petit monde suspendu à ses lèvres de psal-
miste. Aux yeux du visiteur viennois, son épouse
n'était pas moins troublante. Elle dominait, elle
aussi, mais à l'écart, car sa cécité exigeait qu'on
la traitât différemment des autres. Toute de soie
vêtue, somptueusement parée, elle était allongée
sur un splendide divan cerné par les plus beaux
tapis d'Orient.

Ainsi décrivait-on les Rothschild du Levant.

Pour les Ottomans, auprès desquels sa décoration de l'ordre d'Iftihar ne passait pas inaperçue,
Abraham Camondo était le banquier du gouvernement ottoman avant même la fondation de la
Banque ottomane. N'avait-il pas financé les besoins de l'Empire pendant la coûteuse guerre de
Crimée entre 1853 et 1856 ? Cela ne pouvait s'oublier.

Pour les membres de la colonie autrichienne
d'Istanbul, il était l'homme qu'ils avaient élu pour
les représenter au mariage de leur empereur avec
Élisabeth. N'était-il pas revenu de cette mission
auréolé de la double qualité de chevalier de l'ordre de François-Joseph et de citoyen de la ville de
Vienne ? Cela non plus ne pouvait s'oublier.

Il entretenait des relations suivies, cordiales et parfois amicales avec nombre d'influentes personnalités juives, non seulement dans tout l'Empire ottoman, mais un peu partout en Europe. On le disait lié aussi bien aux Allatini de Salonique qu'aux Bleichröder de Berlin, aux Sassoon de Londres ou aux Rothschild d'un peu partout.

On croirait le portrait d'un juif de Cour. Un *hofjude* version Levant. Ou l'un de ces grands intercesseurs israélites de l'Espagne d'antan, de cette époque où tout prince s'entourait de juifs qui traitaient pour lui. Pour financer sa volonté de puissance, ils allaient jusqu'à assurer fournitures et intendance.

Que des non-juifs aient également joué un rôle similaire auprès des sultans de Constantinople n'y changeait rien. Abraham Camondo en était l'archétype. Il avait joui de l'égalité accordée sous la forme d'un privilège avant de devenir un grand favorisé dans l'absolu.

Conseiller du prince, grand argentier du sultan, homme d'influence auprès des vizirs, messager de la Sublime Porte, il était tout cela à la fois tout en restant lui-même. Autant dire qu'il vivait au plus près du soleil sans jamais s'y brûler. Il faisait profiter les siens de sa situation sans pour autant les tyranniser ni les placer sous son joug.

Sa générosité, qui n'avait jamais été prise en défaut, paraissait sans limites. Synagogues, écoles, dispensaires d'hôpitaux... Rares étaient les nouveaux établissements juifs qui ne portaient pas l'empreinte des Camondo, non seulement à Istanbul, mais encore à Smyrne, Salonique et

plus loin encore. Cela relevait autant de la philanthropie de tradition chez les grands mécènes
que du respect de la *tsedaqah*. Autrement dit la
charité sonnante et trébuchante. De cette charité
que certains plaçaient si haut qu'ils voulaient la
croire égale à la somme de tous les autres commandements, quand c'était le privilège indiscuté
de l'étude de la Torah. N'était-il pas écrit qu'Israël
serait racheté par des actes de charité, et que
ceux-ci distinguaient les descendants d'Abraham
des autres croyants ?

Haskeuy, Balat, Djoubali, Péra, Cousgound
jouk, Ortakeuy... Pas un quartier juif de la capitale qui n'ait porté l'empreinte des Camondo,
d'une manière ou d'une autre. Pour ne rien dire
de Galata, le quartier des banques et des affaires.

Dès que des intérêts juifs étaient menacés dans
la région, on savait qu'on pouvait compter sur lui
tant à l'intérieur qu'à l'extérieur des frontières de
l'Empire. Alors Abraham Salomon Camondo mettait toute sa puissance au service de ce qui restait
à ses yeux la plus noble des causes.

Lorsqu'il fallut plaider auprès du prince Michel
la cause des juifs de Serbie afin de lever les bar-
rières à leur émancipation, il sollicita et obtint
une audience.

Le jour où une dépêche de Beyrouth l'alerta sur
les dégâts qu'une mission scientifique française
causait à Jérusalem, il se renseigna sur-le-champ.
Quand il apprit que les archéologues déterraient
des ossements des patriarches et des docteurs du
judaïsme pour les emporter avec leurs tombeaux
afin de mieux les étudier à Paris, il cria aussitôt
à la profanation. Son intervention immédiate au-

près du grand vizir fut répercutée sur le commissaire impérial en Syrie. Parallèlement, il alerta le
ministre français de la Justice, Adolphe Crémieux. Quatre jours après, l'incident était clos.

Au sein de la communauté juive de l'Empire,
comme partout ailleurs dans la diaspora, les fidèles se regroupaient en fonction de leurs origines.
Pour prier selon une liturgie qui leur était propre.
Pour parler et pour étudier dans une langue à
laquelle rien ne les avait jamais fait renoncer
Pour vivre et pour mourir selon des rites qui n'appartenaient qu'à eux. Camondo avait son clan,
comme on l'eût dit d'un aristocrate écossais.

On les appelait les *Francos*. Ils étaient originaires d'Italie, de Livourne plus particulièrement.
C'était un groupuscule qui se donnait pour une
élite. Ils paraissaient aisés en toutes choses. De
leur passé ibérique, de leur saga vénitienne, de
leur épopée livournaise, ils avaient surtout conservé un insurmontable orgueil des origines. À les
entendre, leur généalogie était nécessairement
glorieuse. Comme nombre de judéo-espagnols,
certains s'étaient convaincus que leur noble ascendance remontait au roi David. On conçoit que
cela n'ait pas facilité leurs relations avec leurs coreligionnaires venus simplement d'Allemagne, bien
que ceux-ci fussent peu nombreux. Ils appartenaient pourtant au même peuple, mais ils n'avaient
pas nécessairement les mêmes repères. Leur mémoire n'était pas balisée de multiples tragédies,
persécutions et pogroms. Elle était nimbée par le
souvenir d'un âge d'or injustement interrompu par

un événement historique qu'ils tenaient pour leur propre hégire : l'expulsion de 1492.

Sur les marches de l'Asie Mineure, ils demeuraient des Européens dans l'âme. Aussi est-ce tout naturellement qu'Alphonse de Rothschild, l'homme fort du Consistoire israélite de Paris, comptait sur eux pour réformer un judaïsme ottoman en pleine léthargie.

C'est que, depuis 1840, les grands juifs d'Occident découvrent les problèmes des communautés de l'Orient lointain. L'« affaire de Damas », comme on l'appelait, avait capté leurs énergies ; pour la résoudre au mieux, ils avaient mobilisé de gros moyens. L'affaire en question était, hélas, un classique de la rumeur antisémite. À Damas, un moine et son serviteur s'étaient évaporés sans laisser de trace. Les juifs locaux furent naturellement accusés de meurtre rituel. Propagée à dessein, la calomnie fut rapidement suivie d'effets. Arrestations, interrogatoires, tortures, incarcérations... Quelques-uns y laissèrent la vie. Alertée par la grande presse, l'opinion publique européenne fut sensibilisée. Et à travers elle, les dirigeants communautaires français et anglais. Leur intervention auprès du vice-roi d'Égypte calma les esprits. Mais si la pression fit libérer les juifs de Damas, elle fut impuissante à faire diligenter une véritable enquête dans l'espoir d'aboutir à un procès en bonne et due forme qui réhabiliterait publiquement les innocents. Malgré tout, sur le plan symbolique, l'affaire devait trouver un épilogue positif. Car elle avait inauguré une nouvelle forme de solidarité entre les juifs d'Occident, émancipés et sûrs de leur puissance, et les juifs d'Orient, isolés et soumis à un statut d'infériorité. Dans cette nouvelle perspective, Abraham Camondo et ses amis apparaissaient comme des alliés naturels, les plus efficaces et les mieux placés.

Les *Francos* avaient été sensibles aux idées propagées par la Haskala, le mouvement juif des Lumières en Europe. À vrai dire, ils s'en servaient plus qu'ils ne les servaient. Elles confortaient leur dessein prioritaire : la régénération des masses par l'éducation, dans l'acception occidentale du terme. Il s'agissait d'un relèvement tant moral que matériel. À la tête de son comité de notables activistes, Abraham Camondo ne se contentait pas de prendre en charge une école juive. Il entendait se battre pour que les jeunes juifs de l'Empire ottoman apprennent le français et surtout le turc. C'était, selon lui, leur seul espoir d'intégrer un jour la haute administration de la Sublime Porte. Quitte à passer pour un provocateur, il affirmait haut et fort que s'il y avait si peu de fonctionnaires d'origine israélite, ce n'était pas en raison d'un quelconque antijudaïsme sournois, mais parce que les candidats parlaient et écrivaient mal le turc.

Il voulait rendre les juifs compétitifs sur l'échiquier économique. Les occidentaliser pour les moderniser. Or, vu d'Europe, on n'imaginait pas que leur entrée dans l'administration était une issue profitable pour les juifs.

La maîtrise des langues paraissait être une idée fixe dans son projet d'éducation. Il savait mieux que quiconque que la prochaine génération ne s'en sortirait pas uniquement avec l'hébreu et le judéo-espagnol. Il connaissait le rôle indispensa-

ble d'intermédiaire joué jadis auprès de la couronne d'Aragon par ces juifs chargés des relations
avec Grenade. Excellents traducteurs de l'arabe,
on les appelait des *truchmans* (d'où le mot « tru-
chement »). Leur lointain descendant David
Molho Pacha, homme d'influence et premier
drogman, passait aujourd'hui pour un interprète
de premier plan. Mais combien y avait-il de juifs
dans son cas au ministère des Affaires étrangères
de Constantinople ?

C'est par l'école d'Haskeuy que le scandale arriva. Il provoqua de tels remous que cela amena
les Camondo à reconsidérer leur situation dans la
région. Bien que l'établissement en question eût
été créé à l'origine en association avec Albert
Cohn, l'expert en bienfaisance auprès du baron
James de Rothschild, Abraham Camondo en avait
fait une affaire personnelle. C'est aussi qu'elle
symbolisait la somme de tous ses efforts pour
sortir les siens d'une mentalité jugée assez ar-
chaïque.

Des rabbins orthodoxes, qui représentaient la
frange la plus conservatrice de la communauté
juive, menaient campagne contre le type d'éducation encouragé par ces écoles. On avait beau leur
expliquer que le français était désormais la *lingua
franca* du monde du commerce au Levant, ils n'en
démordaient pas. À leurs yeux, ce n'était rien
moins qu'un cheval de Troie du prosélytisme
chrétien. Aussi se faisaient-ils un honneur de le
dénoncer haut et fort. L'enjeu dépassait le cas de
l'école d'Haskeuy. Car au gré de la crise, au fur et
à mesure qu'elle rouvrait ou fermait ses portes,

les juifs pouvaient tester la résistance des laïcs et des religieux. À travers l'affrontement entre éclairés et obscurantistes, modernes et anciens, l'influence des *Francos* était en jeu. Assuré du soutien du baron Alphonse de Rothschild, avec tout ce que cela représentait vu d'Istanbul, leur chef de file Abraham Bohor Camondo, petit-fils du fondateur de la dynastie, réussit à reprendre en main les rênes de la communauté pour l'amener sur la voies des réformes nécessaires. Mais les religieux n'avaient pas renoncé pour autant.

Un simple article de presse fut le prétexte d'une crise plus spectaculaire encore. Le *Djurnal Israelit*, organe judéo-espagnol édité par des *Francos*, avait eu l'audace de consacrer aux francs-maçons une étude jugée hérétique, car elle laissait accroire que tous n'étaient pas des athées.

Or il se trouvait que, depuis 1863, la loge d'obédience française L'Étoile du Bosphore perdait de plus en plus de frères israélites au profit d'une nouvelle loge L'Union d'Orient dans laquelle se retrouvaient nombre de *Francos* en vue à Istanbul.

Les conservateurs, qui se saisirent de l'affaire avec véhémence, en profitèrent pour lancer un nouvel assaut. Camondo se retrouva vite en première ligne. La tension atteignit son paroxysme quand leur chef, le rabbin Yitshak Acrishe, se rendit au domicile d'Abraham Camondo à la demande de ce dernier pour tenter de trouver un compromis. Le ton eut vite fait de monter entre les deux hommes. Tant et si bien que le rabbin l'insulta devant témoins sous son propre toit. Il l'accusa d'encourager sournoisement la conver-

sion des enfants juifs au christianisme. Et comme
cela ne suffisait pas, il alla même jusqu'à l'excom-
munier, si tant est que sa qualité de rabbin lui en
accordât le pouvoir. Un double affront si humi-
liant ne pouvait qu'entraîner une réaction immédiate.

Fort de ses hautes relations, le banquier obtint
l'arrestation et l'incarcération du rabbin dans une
prison située au fin fond de la Corne d'Or. Des
manifestations populaires se succédèrent pour réclamer son élargissement. Des pétitions circulè-
rent en faveur du martyr-de-la-cause. Il faut dire
que quelques fanatiques de son clan, qui avaient
pu lui rendre visite, répandaient partout l'image
d'un saint homme exténué, obligé, comme n'importe quel droit commun, de tisser des cordes
alors que ses doigts experts n'avaient jamais
connu que le maniement des pages sacrées du
Talmud. L'imagination populaire aurait été en-
flammée à moins. Aussi, pour mettre un terme
aux désordres, le sultan exigea qu'il fût libéré.

La guerre civile juive d'Istanbul s'achevait sans
véritables vainqueurs ni vaincus. Le bras de fer
avait été vain. Chacun conservait ses marques.
Mais les *Francos* avaient quelque raison de se
sentir découragés. Manifestement, leurs coreligionnaires n'étaient pas prêts à affronter les nouveaux défis du siècle. Camondo lui-même se retrouvait marginalisé par un nouveau décret
officiel pris sous la pression des religieux, interdi-
sant la direction des affaires de la communauté
aux juifs étrangers.

Aussi, en 1865, les *Francos* décidèrent-ils de
faire sécession en se dotant d'un lieu de culte,

d'un cimetière et d'une administration autono-
mes. Ils lancèrent la « Comunitā israelitico-stra-
niera di Costantinopoli sotto la protezione Italia-
na ». Camondo y côtoyait des parents, des amis,
des partenaires en affaires ou des proches collaborateurs. Ils avaient noms Modiano, Morpurgo, Tedeschi, Piperno, Veneziani, Fernandez,
Luzzatti, Viterbo... Ils étaient pour la plupart des
(grands) bourgeois liés au milieu de la (haute)
finance. Le médecin militaire Jacques de Castro,
un grand bourgeois aussi, y faisait plutôt figure
d'exception.

Abraham Bohor, le petit-fils, ne se résignait pas
à abandonner les juifs de l'Empire ottoman à leur
sort, même les plus hostiles. Le grand donateur
en lui aurait pu interpréter son échec comme une
cruelle manifestation d'ingratitude. Au lieu de
quoi, il poursuivit son objectif initial en créant en
1863 le comité régional de l'Alliance israélite universelle, fondée trois ans auparavant à Paris.

Malgré les promesses de ce nouveau chantier,
on le sentait cependant déçu par les siens. Par
son monde. Soudain, l'Empire ottoman n'était
plus à sa mesure. Comme s'il s'y sentait à l'étroit.
Pourtant, les fléaux naturels qui n'avaient pas
épargné sa communauté venaient de rappeler par
deux fois à quel point il lui était indispensable.
Quand une épidémie de choléra, qui avait ravagé
toute la région, s'était installée pendant deux
mois dans la capitale. Et quand, peu après, les
quartiers juifs de Balat et d'Ortakeuy furent rava-
gés par des incendies. Dans un cas comme dans
l'autre, il ne se contenta pas de financer les se-
cours ; il organisa des souscriptions auprès des

philanthropes qu'il sollicita au plus profond de l'Occident en les rappelant à leur devoir de solidarité.

On le trouvait toujours comme avant, lui ou l'un de ses petits-fils, quand il s'agissait d'appuyer une requête dans des ministères, d'intervenir auprès d'un vizir pour soustraire un coreligionnaire à la peine de mort, de secourir des juifs persécutés à Rhodes ou Jérusalem, d'assurer la scolarité d'enfants défavorisés. Mais l'enthousiasme s'était émoussé.

Si le banquier nourrissait encore nombre de projets, le juif en lui ne pouvait que se sentir freiné dans ses ambitions. Trop réformateur, trop moderne. À moins que sa société ne le fût pas assez. En tout cas, il n'était pas de son temps. Il n'en fallait guère plus pour que, à la fin des années 1860, Abraham Camondo reconsidérât la situation de sa famille. D'autant que des événements plus personnels l'engageaient à une remise en question.

Juste après son unique petite-fille Rebecca, morte à trente ans à Nice alors qu'elle était mariée depuis peu à un M. Halfon, il perdit sa femme Clara, âgée de soixante-quinze ans. Ses obsèques furent l'occasion d'une cérémonie grandiose. Le cortège était si nombreux que des gendarmes furent requis pour le canaliser. Notables et diplomates s'y mêlaient à une théorie de rabbins et d'élèves. Toutes les confessions de l'Empire y étaient représentées. Comme de juste venant d'un homme de sa qualité, il avait fait distribuer de substantielles aumônes aux pauvres de la capitale sans distinction de culte.

Les Camondo avaient érigé un imposant mausolée pour leur famille au cimetière de Haskeuy, concédé aux juifs par décret impérial en 1583. Sur la route, il survint un événement si étonnant que le correspondant des *Archives israélites* le consigna dans sa dépêche en précisant qu'il ne pouvait survenir que dans le pays :

« Lorsque le convoi arriva devant une église grecque orthodoxe, l'évêque et quatre bedeaux en sortirent, cierges en main, pour accompagner le corps jusqu'au lieu de sépulture. Pendant tout le parcours du convoi, l'église grecque sonna les cloches, et au passage du cortège, le clergé en costume et entouré des enfants de chœur forma la haie. »

On aurait cru que le sort s'acharnait soudainement sur Abraham Salomon Camondo. Car la même année, juste après sa femme, il perdrait son fils unique Salomon Raphaël qui mourrait des suites d'une crise d'apoplexie, à cinquante-six ans.

Ses funérailles furent encore plus imposantes. La procession, qui partit du domicile du défunt, rue Camondo, vit grossir ses rangs au fur et à mesure qu'elle s'acheminait à travers les rues de la ville. Aux hommes d'argent, de loi ou de chancellerie se joignirent des hommes de foi de toutes les confessions. Même des prêtres grecs munis des emblèmes du culte. Ainsi, pour mener le fils d'Abraham Salomon Camondo à sa dernière demeure, des rabbins s'étourdissaient dans l'ivresse des prières psalmodiées en ladino, dans un décor d'encensoirs encore fumants agités par les enfants de chœur d'un évêque arménien en habits sacerdotaux.

Quel spectacle impressionnant que cette pathé
tique assemblée, dont le cosmopolitisme aurait
pu être donné en exemple sinon en modèle aux
fanatiques... Quel moment inouï que celui où elle
a dû passer entre une haie d'honneur formée par
des troupes régulières obéissant aux ordres d'un
colonel de l'armée impériale ottomane, tandis que
la musique de la garde mêlait ses accents tragiques au glas des églises croisées par le cortège...
Quel instant d'éternité quand, traversant le port
des bateaux à vapeur, le défunt Camondo fut sa-
lué avec les honneurs réservés aux souverains par
des capitaines amenant les voiles de leurs navires
sur son passage...

L'adieu à un ministre de la Sublime Porte eût
été moins grandiose.

Les événements des dernières années, ajoutés à
ces deuils en série, avaient cruellement éprouvé le
vieil homme. Il n'en demeurait pas moins le vénéré patriarche des Camondo. Ses petits-fils
Abraham Bohor et Nissim avaient repris le flambeau, tant dans les affaires immobilières que bancaires. Mais le chef de famille restait attentif au
devenir de sa lignée. À quatre-vingt-quatre ans, il
veillait encore sur tout. Il était écrit que ce *Franco*
ne mourrait pas sans redevenir ce qu'il avait toujours été au fond de lui-même. Un juif italien.

C'est peu dire que l'évolution de la péninsule ne
le laissait pas indifférent. Il n'avait jamais cessé
d'en épier les soubresauts. S'il avait longtemps été
sujet autrichien, ce n'était pas seulement par op-
portunisme. Parce qu'il était bon de bénéficier

d'une protection étrangère quand on était juif dans l'Empire ottoman. À trente-quatre ans, le choix s'était imposé de lui-même dans la mesure où, à la suite du congrès de Vienne de 1815, le royaume lombard-vénitien était devenu autrichien.

Le vent avait tourné sur son ancienne terre. Elle avait, elle aussi, perçu les échos de la Révolution française. Depuis qu'en 1831 Giuseppe Mazzini avait fondé sa société secrète « Jeune-Italie » exaltant les idéaux républicains, l'unité nationale de cette mosaïque de royaumes, de villes-États et d'États pontificaux n'était plus une utopie. La marche du *Risorgimento* serait peut-être longue mais victorieuse. Lors de la première guerre d'in dépendance, les troupes des Habsbourg avaient réussi à conserver la haute main sur Venise et Milan. Cette fois, pour la seconde, l'armée piémontaise devait les vaincre avec l'aide des Français.

En 1861, quand Victor-Emmanuel II fut proclamé roi d'Italie, les Camondo avaient toutes les raisons de fêter l'événement avec un orgueil d'expatriés. Car ils avaient été de ces grands argentiers qui avaient financé l'unité italienne. Quatre ans après, Abraham et toute sa famille, des Vénitiens dans l'âme dont le dévouement à la maison de Savoie était demeuré intact, se faisaient naturaliser italiens. Pour exprimer son enthousiasme avec l'éclat que la situation exigeait, il se rendit dans l'Italie en liesse. Un retour aux sources en quelque sorte. À ceci près qu'il s'y distingua essentiellement par ses qualités philanthropiques. Nombre d'institutions charitables de la péninsule auraient pu graver une plaque à son nom. Le collège international et l'orphelinat de Turin, l'Isti-

tuto nazionale italiano et l'Istituto nazionale per
le figlie dei militari, en particulier, conservèrent
un souvenir ému de sa générosité. Dans le même
esprit, quand il rentra à Istanbul, l'École italienne
fut la première à s'en féliciter. La boucle était
bouclée.

Il était friand d'honneurs. Les plus hautes autorités ottomanes lui avaient déjà octroyé médailles
et décorations, un titre de citoyen honoraire et
l'autorisation exceptionnelle de posséder des
biens immobiliers. D'aucuns attribuaient ces
faveurs au fait que son nom était couché dans le
testament d'Ali Pacha, l'un des grands architectes
du mouvement de réformes. Il y était même distingué et loué pour son action, jugée supérieure à
celle de bon nombre de Turcs qui œuvraient offi-
ciellement pour la plus grande gloire de l'Empire.

Comme tant de juifs de Cour, Abraham Camondo n'avait de cesse de se distinguer de tous.
De la masse, des juifs, des siens et même de l'élite
à laquelle il appartenait. Ce n'était pas une dilection pour la marginalité, mais bien l'expression
d'un irrépressible sentiment de supériorité. Dans
ce léger coup de menton si naturel aux Camondo,
on retrouvait la marque de siècles d'orgueil séfarade.

Ses deux petits-fils Abraham Bohor et Nissim
allaient être décorés de l'ordre de Medjidié de 2ᵉ
classe avec plaques enrichies de diamants. Quelque chose comme grand officier de la Légion
d'honneur, en plus oriental. Le grand vizir Fuad-
Pacha devait même les faire venir à la Sublime
Porte pour leur remettre leurs insignes :

« Considérant les bons services que vous avez

rendus au gouvernement impérial, Sa Majesté le Sultan a jugé à propos de vous en récompenser... »

Abraham Camondo était lui-même commandeur du Medjidié et du Nichan-i-Iftihar, décorations ottomanes qui s'ajoutaient à son titre autrichien de chevalier de l'ordre de François-Joseph. Mais cela ne suffisait pas. Pour lui et surtout pour les siens, il voulait plus encore. Puisque le roi d'Italie ne manquerait pas, lui non plus, comme tout souverain, de lui marquer sa gratitude, le grand banquier juif de l'Empire ottoman imagina volontiers les siens en aristocrates italiens.

Après tout, pourquoi pas ? En Autriche et en Allemagne, des juifs de Cour avaient bien été faits barons. Ce « Rothschild de l'Orient » les valait bien. De plus, il ne doutait pas que le royaume allait à nouveau recourir à ses services. Le déficit du budget de l'État était considérable. Une énorme campagne de travaux publics avait été lancée, le réseau des chemins de fer ayant triplé en quelques années. Or, rien n'était plus indispensable et plus onéreux pour unifier le territoire. La réussite de la toute jeune unité italienne passait par le train.

En l'an de grâce 1867, au lendemain du rattachement historique de Venise au royaume d'Italie, le patriarche, le « Signor Camondo Abramo Salomone », devint donc le comte de Camondo par décret de Victor-Emmanuel II. Trois ans après, son petit-fils Nissim obtenait également le droit de porter ce titre des plus prestigieux qui, dans les deux cas, était transmissible par primogéniture mâle. Il importait que ce fût ce titre de ce rang-là et nul autre, car il éveillait en lui des résonances particulières. Dans la vieille Espagne, il indiquait qu'on appartenait au premier niveau de la noblesse, devant chevaliers et hidalgos.

Le règlement d'armoiries avait été conçu avec toute la méticulosité requise, conformément au code du blason. Il était rédigé dans la langue propre à l'héraldique qui demeurera toujours ésotérique aux non-initiés :

« Parti : au 1er de gueules, à six besants d'or, posés 3.2.1. ; au 2e de sinople à une foi d'argent, habillée de gueules, sortant à dextre et à sénestre d'un nuage d'argent ; au chef, brochant sur le parti, d'argent chargé d'une fleur de lys fleuronnée accostée de deux étoiles, le tout d'azur. »

Les armoiries de Nissim de Camondo ne se différenciaient de celles de son grand-père que parce qu'elles étaient de surcroît « chargées d'une bordure componée d'argent et d'azur ». Toujours la volonté de se distinguer, jusqu'au bout. Jusque dans le détail, perceptible de quelques-uns seulement.

Ainsi, à quelques semaines d'intervalle, un roi et un sultan, deux souverains de deux peuples si différents et si prestigieux, distinguaient une grande famille juive, que ces honneurs devaient rendre plus grande encore. Désormais, dans sa propre mythologie, le comte de Camondo prenait rang dans une lignée de séfarades dominée par les hautes figures du duc de Naxos et des Cyclades, du duc de Mytilène, du chevalier Salomon de Médina...

Il avait passé la main. À quatre-vingt-neuf ans, il se survivait. Mais il était toujours là. Un jour,

ses deux petits-fils décidèrent de transférer la
banque familiale à Paris. Ils n'en conservaient pas
moins des intérêts, des biens, des antennes et des
hommes à eux dans l'Empire. Mais on sentait
bien qu'ils tournaient la page puisqu'ils partaient
s'installer en Europe.

Et le noble vieillard ? comme l'appelaient les
gazettes israélites en marquant leur déférence devant tout ce qu'il avait représenté. Il quitta sa ville
natale et mit ses pas dans les leurs, oubliant qu'il
ne parlait même pas français. Désormais, rien ne
lui importait plus que de finir ses jours auprès de
ses deux petits-fils et ses deux arrière-petits-fils. Il
n'avait plus qu'eux. Le reste ne comptait guère.
Quel regard pouvait bien porter sur le reste un
homme qui était né sous le règne de Selim III et
s'apprêtait à mourir sous celui de Napoléon III ?
Quant à son immense fortune, il en avait suffisamment épuisé les mystères pour savoir que, si
riche que l'on soit, on ne fait jamais que trois repas par jour.

En 1869, à la veille du grand saut, il abandonnait ses morts pour rejoindre les vivants. Derrière
lui, au cimetière de Haskeuy, Abraham laissait le
mausolée familial, si symbolique de la puissance
des siens.

En quittant le Levant pour le Ponant, le comte
de Camondo rejoignait une civilisation dont il
s'était voulu l'ambassadeur. Pour ses héritiers,
et pour les héritiers de ses héritiers, il s'avançait
vers ce qu'ils croyaient être un avenir radieux.

3

Des Levantins dans la France
de l'Affaire

Ils croyaient s'installer dans la France du Second Empire, ils se sont vite retrouvés dans celle
de la IIIe République. Qu'importe, c'était la
France. Ils n'allaient tout de même pas cesser de
l'aimer au motif qu'elle leur paraissait un peu
moins aimable.

Du plus âgé au plus jeune, tous ces Camondo,
anciens sujets des Habsbourg, nés à Constantinople, entendaient bien conserver leur nationalité
italienne et leur qualité de juif tout en adoptant
le mode de vie de la meilleure société parisienne.
On ne pouvait être plus cosmopolite dans l'âme,
dans le meilleur sens du terme, celui de ces personnalités brillantes et polyglottes qui étaient partout à l'aise, sous toutes les latitudes, car elles
transportaient leur monde avec elles et n'évoluaient que parmi leurs semblables.

La fête impériale marquait le triomphe de l'esprit international. Les étrangers étaient rois. On
se demandait même si l'empereur était bien
français.

La France que les Camondo découvraient était
pour le moins agitée. Pour un banquier et pour

un juif, elle n'en représentait pas moins un pays de cocagne. Et pas seulement parce qu'un banquier sur quatre y était israélite. Les juifs y vivaient un âge d'or. Les financiers les plus entreprenants y connaissaient une prospérité sans précédent. D'un point de vue comme de l'autre, la période avait été faste et paisible.

La France de la fin du XIXe siècle n'en demeurait pas moins fille de la Révolution. Par-delà la création d'institutions telles que le sanhédrin et le Consistoire, au début du siècle, elle résonnait encore des paroles prononcées par le comte de Clermont-Tonnerre à la tribune de l'Assemblée constituante le 23 décembre 1789 :

« Il faut refuser tout aux Juifs comme Nation, et accorder tout aux Juifs comme individus... Il faut qu'ils ne fassent dans l'État ni un corps politique, ni un ordre ; il faut qu'ils soient individuellement citoyens. »

La France était la première des nations modernes à avoir émancipé ses juifs. À les avoir sacrés compatriotes à part entière en leur accordant la totalité des droits civils et politiques. Mais elle ne s'était pas arrêtée là dans son entreprise.

Grâce à l'avocat Isaac Adolphe Crémieux, la Cour de cassation avait aboli le serment *more judaïco* en 1846. Dans toute procédure judiciaire, il obligeait témoins et prévenus de religion juive à prêter serment sur la Bible, revêtus de leur châle de prière, dans une synagogue. Depuis, en France, il n'y avait donc plus de loi écrite qui distinguât juifs et chrétiens en droit. Grâce au ministre de la Justice, Isaac Adolphe Crémieux, par la vertu d'un décret de 1870, les juifs d'Algérie n'étaient plus des indigènes mais des Français comme les autres.

Durant la vingtaine d'années qui séparait ces deux événements, les juifs de France n'avaient pas eu à souffrir d'un antisémitisme violent, ou même véhément. Il n'y eut ni crise, ni persécution, ni ostracisme comme à la même époque dans des pays où des mots tels que « pogrom » et « ghetto » recouvraient une réalité permanente. Au contraire...

Des gouvernements français ne s'étaient-ils pas donné des ministres tels que Isaac Adolphe Crémieux, Michel Goudchaux et Achille Fould ? Quelque cent mille Parisiens n'avaient-ils pas formé cortège pour accompagner la grande tragédienne Rachel à sa dernière demeure ? La presse, l'édition, le théâtre, les arts, pour ne rien dire du monde des affaires, ne brillaient-ils pas aussi grâce à des juifs ? Pour ceux qui voulaient bien les apercevoir, c'étaient plus que des signes, des symboles qui portaient à l'optimisme. Même si en 1869, l'année même de l'installation des Camondo en France, Henri Gougenot de Mousseaux publiait dans l'indifférence générale un ouvrage appelé à devenir, longtemps après celui d'Alphonse Toussenel, « le » livre de référence des antisémites modernes, *Le Juif, le judaïsme et la judaïsation des peuples chrétiens*.

Jusqu'à la Révolution, les juifs vivant en France s'étaient naturellement regroupés en fonction de leurs origines dans quatre régions. Les ashkénazes, de loin les plus nombreux, étaient concentrés en Alsace et, dans une moindre mesure, en Lorraine. Les séfarades héritiers des marranes portugais se trouvaient dans le Sud-Ouest, surtout à Bordeaux, où ils s'étaient fort bien intégrés. Lesdits « Juifs du Pape » habitaient dans le Comtat venaissin (Carpentras, L'Isle-sur-la-Sorgue, Cavaillon...) et Avignon. Enfin, 20 % environ de ces quatre groupes ainsi que des étrangers vivaient à Paris dans le quartier du Marais.

Au début de la IIIe République, cet ordre des choses, si paisible, si délicat, si sensible, fut violemment bousculé. L'annexion de l'Alsace-Lorraine par l'empire allemand à la suite de la guerre de 1870 incita nombre d'israélites à quitter la région pour se replier sur la capitale. Ils ne tardèrent pas à être rejoints par ceux qui fuyaient les pogroms en Russie. Simultanément, elle attira les plus avides de réussite. Et en ces temps de bourgeoisie triomphante, ils étaient de plus en plus nombreux, chez les juifs comme chez les autres. Rapidement, ils se concentrèrent à Paris.

Vue d'ailleurs, la capitale était la richesse, la jeunesse, la civilisation. Tout y paraissait encore possible à ceux qui osaient. Elle figurait le lieu de toutes les audaces sur tous les plans. Alors que les juifs d'Orient poussaient de plus en plus vers l'Occident, elle devint par sa densité la septième ville juive, après Varsovie, New York, Istanbul... En 1870, le Consistoire recensait 30 000 juifs à Paris, soit moins qu'à Salonique. Ils représentaient alors 2 % de la population parisienne.

Les Camondo ne « rentreraient » pas en Espagne, malgré le discours hautement patriotique d'Emilio Castelar y invitant les juifs dans l'hypothèse où le pouvoir accepterait d'abroger le décret d'expulsion.

Ils ne resteraient pas en Angleterre où plusieurs

membres de la famille Camondo s'étaient provisoirement réfugiés en 1871, quand les événements insurrectionnels de la Commune de Paris rendaient la France encore incertaine. Ils y avaient été abrités par leurs amis Sassoon. Le pays paraissait à nouveau accueillant aux juifs, malgré le corset des traditions. Leur expulsion par Édouard Ier en 1290 n'était plus qu'un mauvais souvenir. On préférait se rappeler que Cromwell les avait autorisés à revenir en 1656. Et puis la Chambre des communes, aréopage qui s'était voulu si longtemps exclusivement anglican, n'en avait-elle pas admis en son sein en 1858 ? Huit députés d'origine juive y firent alors leur entrée, dont trois Rothschild. Il est vrai que c'était tout récent et que cela n'intervenait que trente ans après l'admission des catholiques dans ces mêmes lieux. Mais ceux-ci n'avaient jamais vu un des leurs devenir Premier ministre alors qu'ils constituaient 20 % de la population, ce qui donne une idée des résistances soulevées par de telles initiatives.

Ils ne retourneraient pas en Italie malgré leur qualité d'Italiens. En 1873 encore, une méchante polémique agitait « leur » pays. Le député libéral de Vénétie, Francesco Pasqualigo, l'avait déclenchée par son intervention auprès du roi. Une rumeur l'avait désolé : un juif, Isaco Pesaro Maurogonato, allait être nommé ministre des Finances ! Il était certes un parlementaire et un administrateur éprouvé. Tout de même, cela lui paraissait inopportun dans un État catholique. Il jugeait impensable qu'un juif fût ministre du royaume d'Italie car on ne peut servir deux maîtres à la fois...

Et Vienne ? Trieste ? Jérusalem ?... Autant
d'éventualités écartées. De toute façon, il n'était
pas dans la mentalité des Camondo de revenir en
arrière. Cela eût été vécu comme une sorte
d'échec. Ils n'avaient pas quitté Istanbul pour re-
brousser chemin mais pour aller de l'avant. En
tant que juifs, en tant que capitalistes, en tant que
grands bourgeois, ces hommes qui aspiraient à vivre et à prospérer dans ce qu'ils tenaient pour le
décor de la meilleure société ne pouvaient décemment s'enraciner ailleurs qu'en France.

C'était à Paris qu'il fallait être et nulle part ailleurs. Peut-être pas tout à fait le centre du
monde, mais certainement le centre de leur
monde. Paris était leur nouvelle Jérusalem à
l'heure où le sionisme politique, encore dans les
limbes, n'était même pas une vue de l'esprit.

La communauté juive française était alors la
plus stable et la mieux intégrée d'Europe. Bourgeoise, elle était socialement homogène. Cela
n'empêchait pas des disparités, à commencer par
la première de toutes, la plus ancienne, celle qui
distinguait les ashkénazes des séfarades.

Les premiers passaient pour être moins riches,
plus anciens par leur mentalité, plus orthodoxes
dans leur pratique religieuse, moins à l'aise dans
l'usage du français ; les esprits les plus critiques à
leur endroit considéraient volontiers qu'ils rele-
vaient d'un judaïsme exotique. Les seconds, eux,
passaient, ou se faisaient passer, pour des aristocrates du judaïsme, parfaitement intégrés à la société, forts de leur incontestable réussite économique, représentant une élite émancipée ; bref,
des modernes en politique, libéraux en religion,

qui avaient laissé la mentalité de ghetto loin derrière eux.

Un clivage avait longtemps dressé ces deux mondes l'un contre l'autre, moins par l'affrontement verbal ou les luttes d'influence que par l'indifférence et l'orgueil. Mais la création du Consistoire israélite les avait indéniablement rapprochés. En resserrant leurs liens, elle avait cristallisé une indispensable solidarité.

Avant, les séfarades s'étaient souvent battus pour eux-mêmes et non pour l'ensemble de leurs coreligionnaires du royaume. Ils entendaient n'être pas confondus avec les autres. Certains tiraient un orgueil sans limites d'une conviction bien ancrée dans leurs familles depuis des générations. À savoir qu'ils étaient issus de la tribu de Juda envoyée en Espagne du temps de la captivité babylonienne. Autant dire des seigneurs qui ne pouvaient considérer les ashkénazes comme leurs semblables qu'à condition qu'ils fussent juifs de Cour. Et les autres ? À leurs yeux, ils représentaient la lie de la société et les séfarades ne voulaient rien avoir de commun avec eux.

En 1769, dans les *Lettres de quelques Juifs portugais, allemands et polonois à M. de Voltaire* publiées par l'abbé Guénée, un tel esprit de séparatisme était éclatant sous la plume d'Isaac de Pinto. Celui-ci reprochait moins à l'écrivain d'avoir exprimé son antijudaïsme que d'avoir mis tous les juifs dans le même sac. De n'avoir pas su distinguer les séfarades de ceux des autres nations. De n'avoir pas remarqué qu'ils ne portaient pas de barbe, se faisaient fort discrets dans leur habillement et n'avaient pas des mœurs vulgaires.

D'ignorer la vraie nature d'une mésalliance pour des gens censés appartenir au même peuple. De n'avoir pas compris que pour eux, c'était déchoir que d'épouser une juive allemande. De ne pas se rendre compte qu'un tel choix signifiait pour le coupable la mise au ban de la communauté hispano-portugaise, la perte de ses prérogatives, l'exclusion de la synagogue et l'interdiction d'être inhumé dans leur cimetière. Bref, il lui reprochait d'avoir porté préjudice à la nation portugaise de Bordeaux en entretenant toute cette confusion autour des juifs traités comme une entité.

Ce sentiment de supériorité des uns par rapport aux autres était une donnée essentielle de l'univers juif en France. Une réorganisation administrative pouvait-elle modifier l'état des choses ?

On ne réforme pas les esprits par décret.

En 1875, peu après l'arrivée des Camondo, les dissensions resurgissaient entre les deux composantes de la communauté. La consécration de la grande synagogue de la rue de la Victoire devait marquer leur symbiose à défaut de leur osmose. En fait, ce fut le contraire qui se produisit. Les uns ne supportaient plus de prier à la manière des autres. Au-delà de la liturgie, c'était une question d'atmosphère, d'esprit, d'âme. Le jour où les séfarades jugèrent intolérable de s'adresser au Tout-Puissant selon un rite tudesque, avec des chants et des airs qui leur étaient somme toute étrangers, ils décidèrent de voler de leurs propres ailes.

Pour s'émanciper de la tutelle consistoriale dominée par ceux de l'autre camp, ils firent un détour peu talmudique par le droit de l'immobilier et créèrent la « Société civile du Temple israélite suivant le rite espagnol portugais dit sephardi ». Édifiée rue Buffault (IXe) à l'emplacement d'une salle de danse qui venait de connaître un certain succès, la synagogue de huit cents places rassemblait dès son inauguration en 1877 des fidèles originaires du Bordelais, du Comtat venaissin et de l'Empire ottoman. Des Lunel, Pontremoli, Monteaux, Paz, Astruc, Crémieux, Léon, Lopez... Bien que le baron Gustave de Rothschild en fût comme de juste le plus gros donateur, Mme Heine née Furtado, Eugène Pereire et Nissim de Camondo, l'un des deux petits-fils d'Abraham, avaient souscrit des obligations en grand nombre. De surcroît, les Camondo avaient offert de somptueux ornements du culte, notamment un manteau brodé pour y placer le rouleau de la Torah ainsi qu'une couronne et un candélabre en argent.

Manifestement, cela n'avait pas suffi. Des fonds faisaient défaut. C'est alors qu'avait surgi un personnage haut en couleur, dont l'activisme vaut d'être rapporté non seulement parce qu'il défraya la chronique, mais encore pour ce qu'il avait de symbolique. On ne pouvait le liquider en le traitant de fantaisiste et de provocateur.

Il s'appelait Daniel Iffla mais, par décret impérial, avait fait rajouter « Osiris » à son patronyme. D'ailleurs, à la Bourse, il était connu de tous simplement comme Osiris. Rue La Bruyère, où il possédait cinq hôtels particuliers dont celui où il vivait, on lui donnait avec respect et sympathie du « M. Osiris ». Pour autant, le Dieu des forces végétales adoré des anciens Égyptiens n'était pas son cousin. Disons qu'il tenait une place de choix dans son panthéon personnel, aux côtés de Napoléon, en souvenir du siège de Toulon auquel son grand-père avait participé.

Ce natif de Bordeaux, financier que sa réussite en affaires avait rendu immensément riche, était le prototype du mécène moderne doublé d'un homme d'œuvres. Son obsession philanthropique procédait à la fois de la tradition juive de la *tsedaka* (charité), des valeurs républicaines et de l'irrépressible désir d'étaler sa réussite. Doté d'un tel état d'esprit, il fera tout de même ériger une statue en l'honneur de Jeanne d'Arc à Nancy, constituera une impressionnante collection de reliques napoléoniennes, léguera une fortune à l'Institut Pasteur, rachètera le domaine de la Tour Blanche à Bommes (Sauternes), et offrira la Malmaison à l'État à condition qu'on y poursuive le retour du mobilier d'origine et qu'un « Pavillon Osiris » y présente en permanence sa collection.

Toutes choses qui suffiraient à le faire passer pour un excentrique non dépourvu de charme. Mais c'est le juif qui, en lui, dérangeait. Non les antisémites, mais les autres juifs. Car même dans sa judéité, il était excentrique. Non seulement il avait épousé une chrétienne, Léonie Carlier, décédée un an après avoir lui avoir donné deux enfants, mais quand les autorités espagnoles avaient voulu le remercier d'avoir tant favorisé les investissements dans leurs chemins de fer, il s'était arrangé pour se faire décorer de l'ordre d'Isabelle la Catholique. Il ne ratait pas une occasion de s'opposer au Consistoire israélite, qui dut lui interdire formellement de se faire aménager un caveau monumental. En revanche, quand les rabbins lui refusèrent de marier l'une de ses nièces dans une synagogue, il contourna le problème en en faisant construire une juste pour l'occasion, tout simplement.

Aussi, quand Daniel Iffla, dit Osiris, se présenta en sa double qualité d'homme d'argent et de séfarade pour aider la synagogue de la rue Buffault à sortir de terre, il était précédé par une partie de sa légende. Pour le meilleur et pour le pire. Comme à son habitude, il ne fit pas dans la demi-mesure puisqu'il offrait de prendre à sa charge la construction du Temple. La proposition était naturellement assortie d'un certain nombre d'exigences : il imposait son architecte personnel, les entrepreneurs de son choix... Mais, le problème vint d'ailleurs. De là où on ne l'attendait pas. Des plaques à l'intérieur et à l'extérieur de la synagogue. C'est par ces morceaux de marbre que le scandale arriva.

Statutairement, les plus importants souscripteurs avaient le privilège de voir leur nom inscrit au titre de fondateurs sur une plaque placée à côté du tabernacle. Osiris avait également posé ses conditions. Quand l'heure fut venue pour le graveur d'accomplir son œuvre, « l'affaire » éclata au grand jour.

C'était peu dire que sa philanthropie était inspirée par une vanité excessive. Nombre d'articles de presse en témoignaient. Il s'y attribuait l'idée, le mérite et l'entière paternité du lieu alors qu'il avait apporté 200 000 des 800 000 francs que son édification avait coûté. « Ce Temple a été élevé et offert par M. Osiris Iffla... » On trouva un compromis en ajoutant : « ... avec le concours de ses coreligionnaires ». En revanche, pour la seconde plaque, ce fut beaucoup plus difficile. Non seulement il y avait fait graver le nom de sa femme qui n'était pas juive, mais ceux du philosophe Spinoza jadis exclu de sa communauté pour ses positions rationalistes, du poète Heinrich Heine qui avait renié ses origines pour se convertir au protestantisme, du compositeur Meyerbeer et de quelques-uns de ses propres amis parmi lesquels le financier Jules Mirès, banquier et agent de change qui lui fit faire ses débuts, ruiné après avoir purgé plusieurs peines de prison et récemment décédé.

En lettres d'or, à la droite du tabernacle ou audessus de la rosace ! Plusieurs membres fondateurs exigèrent alors que leurs noms fussent effacés pour n'avoir pas à cautionner une réunion aussi suspecte en un lieu consacré. Les avocats des deux parties s'affrontèrent. Mais, de procédure en procédure, il fallut l'intercession de Zadoc Kahn, le grand rabbin de Paris, pour mettre un terme à ce qui risquait de dégénérer, à la grande joie des antisémites qui attendaient leur heure.

On eût dit un improbable pas de danse. Le maître de ballet était inconnu. Toujours est-il que ces trois clivages évoluaient parallèlement : le premier opposait les ashkénazes aux séfarades, le deuxième la haute banque aux sociétés de crédit et le troisième, qui résumait les deux précédents, les Rothschild aux Pereire.

La rivalité entre le plus puissant des banquiers et l'un de ses anciens collaborateurs monté en graine faisait partie des distractions parisiennes. Au-delà de ses aspects purement financiers qui, eux, étaient sérieux, les deux clans se vouaient une détestation d'une intensité qui ne pouvait s'atténuer qu'avec la mort d'un des protagonistes. Ce n'était pas les Montaigu contre les Capulet, mais les Armagnacs contre les Bourguignons.

Tout opposait le baron James de Rothschild et les frères Pereire. Leur éducation, leur formation, leur tempérament, leur pratique des affaires, leur vision du monde. Également hommes d'argent, l'un passait pour cynique, les autres pour romantiques. Les banquiers parisiens y voyaient l'affrontement sourd de deux conceptions de leur métier. Rothschild, c'était l'univers du privé, du conservatisme et du secret. Pereire, le contraire. À leur manière, pour leur corporation alors triomphante, ils illustraient une querelle des Anciens et des Modernes.

Ils étaient juifs et c'était bien là leur seul point commun. À croire que c'était ce qui les gênait le plus, et qu'ils auraient préféré avoir tout à partager sauf ça. À un moment, ils ne s'entendirent plus que pour financer en commun la construction de la synagogue de Versailles.

Le baron James, c'était un monde. Le sien et celui de la dynastie francfortoise dont il était l'héritier avec ses frères et ses cousins de Londres, de Vienne et de Naples. Un monde et déjà un mythe. Il reposait sur la magie du patronyme. Sa puissance d'évocation attribuait à l'illustre famille une influence et une puissance parfois hors de proportion avec la réalité, quoique celle-ci fût déjà impressionnante. Le philosophe Thomas Hobbes l'a dit une fois pour toutes : « Le pouvoir, c'est d'être crédité de pouvoir. » Le clan ne démentait pas la rumeur, quand il ne s'en servait pas. Un jour, bien plus tard, lorsque l'un de ses membres se présentera comme candidat à la députation dans les Hautes-Pyrénées, il usera d'un unique slogan : « Mon nom, c'est mon programme. » On n'aurait su mieux dire.

Sous la Restauration, le baron James était devenu le premier des banquiers parisiens. Tant et si bien que, pour tous, il fut longtemps évident qu'il avait inspiré à Balzac son personnage du baron de Nucingen — alors qu'en réalité le romancier songeait à Berr-Léon Fould. Comme quoi, on ne prête qu'aux plus riches. Pour l'opinion publique, il était l'argent fait homme. Heinrich Heine, qui n'était pas avare d'observations aiguës sur ses anciens coreligionnaires, disait que lorsqu'on était dans l'entourage des Rothschild, on se sentait leur « famillionnaire ».

Le baron James n'entraîna sa banque dans l'aventure du capitalisme industriel qu'avec prudence et circonspection. Car les profits y étaient moins sûrs et moins rapides que dans le domaine d'excellence de la famille. Cette fois, il ne s'agissait pas uniquement de faire de l'argent avec de l'argent.

Émile et Isaac Pereire, c'était un autre monde. Comme beaucoup de juifs natifs de Bordeaux, ils étaient issus d'une famille ayant fui le Portugal. Après de modestes débuts d'employés aux écritures, ils montèrent à Paris pour travailler chez leur cousin Rodrigues. C'est là qu'ils se prirent d'enthousiasme sinon de passion pour le saint-simonisme, mettant leur plume, leur talent, leur puissance de travail et leur intelligence au service de la doctrine. S'ils lui restèrent longtemps attachés, il faut dire qu'ils l'avaient vite débarrassée de son fatras religieux pour n'en retenir que ce qu'elle apportait de neuf à l'humanité : une autre manière de penser l'organisation du travail, une analyse originale du mal social, la conviction que l'avenir était dans le développement des transports et dans l'expansion du crédit.

Leurs détracteurs prétendirent qu'ils en jouèrent aussi pour donner d'eux-mêmes l'image de capitalistes à visage humain. Un philosophe devenu chef de gouvernement ne prétendait-il pas que tout saint-simonien bien né recelait un poète très chimérique et un homme d'affaires très avisé ?

Pour James de Rothschild, qui les appréciait alors, ils étaient courtiers en papier commercial sur l'étranger. Ce sont eux qui l'avaient convaincu de les suivre dans leurs projets de création de chemins de fer. C'est sous leur influence que la banque se retrouva actionnaire de la ligne Paris-Saint-Germain inaugurée en 1827, et que James de Rothschild présida la Compagnie du Nord dirigée par Émile Pereire.

Le Second Empire fut le moment historique de l'apothéose et de la chute des Pereire. Ils se consacrèrent avec un succès sans précédent au lancement du Crédit mobilier, sous l'œil désapprobateur de la Banque de France. Il faut dire qu'ils entendaient détourner les épargnants des traditionnels emprunts d'État vers les emprunts obligataires du secteur privé. Dans un esprit typiquement saint-simonien, leur banque d'affaires devait prêter main-forte à la révolution industrielle et investir dans le monde des affaires. Le Crédit mobilier était donc destiné à gérer leurs multiples intérêts dans les chemins de fer en France, en Espagne, en Autriche, en Suisse, en Belgique, en Russie, ainsi que dans l'immobilier parisien, du quartier de l'Opéra à la plaine Monceau en passant par le rue de Rivoli. Leur ambition allait de pair avec une habileté mâtinée d'audace, et une dextérité certaine dans la manipulation de l'opinion publique. Leur expansion industrielle et leur ascension sociale avaient été d'une vertigineuse rapidité. Ils innovaient, créaient, inventaient, embauchaient. La révolution ferroviaire leur devait beaucoup. Il y avait là de quoi désarmer plus d'un antisémite, habitué à dénoncer dans tout capitaliste juif au pis un spéculateur, au mieux un intermédiaire.

Dès lors, après la création du Crédit mobilier, tout fut prétexte à affrontement entre les Rothschild et les Pereire. Le baron James admettait déjà difficilement qu'un collaborateur de qualité le quittât après qu'il l'eut formé. Mais que celui-ci, séfarade et saint-simonien de surcroît, pût se poser en rival lui paraissait inconcevable. Il prenait sa montée en puissance comme un affront personnel. Les ponts furent rompus avec éclat en 1855 quand les Pereire démissionnèrent du conseil d'administration des chemins de fer du Nord, présidé par Rothschild, et que celui-ci monta un syndicat de banquiers contre eux.

Chaque fois qu'il le pouvait, il se dressait contre les projets des deux frères. En France, bien sûr, mais aussi à l'étranger. Leur hostilité réciproque, de plus en plus brutale, ne connaissait pas de frontières. La moindre de leurs entreprises était freinée sinon abandonnée à la suite de ses interventions. Chaque jour, ils avaient l'occasion d'éprouver sa puissance. Les Erlanger, avec lesquels le baron ne voulait rien avoir à faire tant il les détestait, auraient pu les affranchir sur ce qui les attendait.

Rothschild et Pereire se livrèrent une guerre civile froide ponctuée par des surenchères permanentes en toutes choses. Quand les premiers inventèrent la station de sports d'hiver de Megève, les seconds lancèrent la villégiature d'Arcachon. Quand les premiers se firent construire un magnifique hôtel rue du Faubourg-Saint-Honoré, les seconds achetèrent celui d'à côté. Quand les premiers édifièrent le château de Ferrières, les seconds firent édifier tout à côté celui d'Armainvilliers dans un immense domaine acquis pour l'occasion. Quand les premiers se rendirent propriétaires dans le Bordelais du vignoble de Mouton, les seconds en firent autant non loin de là à Palmer. Ils avaient les moyens de leur orgueil et celui-ci paraissait inépuisable.

La spéculation immobilière, favorisée par la révolution haussmannienne, fut fatale aux Pereire. Mal maîtrisée, elle entraîna leur banque dans la spirale de l'échec. C'est d'ailleurs à ce moment-là que, forcés de se séparer d'un certain nombre de biens, ils conseillèrent aux Camondo de leur acheter des terrains en bordure du parc Monceau. L'effondrement personnel des deux frères, concrétisé par leurs démissions du Crédit mobilier et

de la Compagnie immobilière de Paris, précéda
de deux ans celui du Second Empire. Ils n'avaient
certes pas tout perdu, mais ils avaient échoué. Ils
conservaient encore de gros intérêts tant en
France qu'en Espagne. Mais leurs riches heures
étaient derrière eux. D'anciennes relations s'éloi-
gnaient sur leur passage, ils étaient lâchés. On disait qu'ils avaient de gros problèmes de trésorerie
et qu'ils devaient vendre une partie de leur patrimoine immobilier. Ça ne pardonne pas. Eux qui
n'avaient cessé de se battre pied à pied contre les
Rothschild, ils en étaient réduits à leur céder l'un
de leurs hôtels de la rue de Monceau. Tout un
symbole.

Le baron James mourut en 1868, Émile Pereire
sept ans après, précédant de peu son frère. Le
vainqueur n'était pas seulement celui qui avait
défait ses rivaux. C'était aussi celui qui s'était assuré qu'une authentique dynastie, reposant sur
des traditions morales, familiales et religieuses
très fortes, lui survivrait. L'argent n'avait pas été
le vrai mobile de cette guerre-là. Un autre, plus
souterrain, permettait d'évaluer véritablement la
fortune et l'infortune de ces deux grandes familles
israélites. Leur faculté de transmettre le flambeau
à leurs descendants. À cette guerre-là, les Rothschild étaient imbattables.

Les Camondo naviguaient entre ces deux mondes. Ils rencontraient régulièrement les Rothschild aussi bien que les Pereire dans les nombreux conseils d'administration dans lesquels ils
siégeaient, dans les institutions communautaires
juives qu'ils soutenaient, dans les spectaculaires

mondanités que les uns et les autres organisaient, et dans le cadre de leurs activités de collectionneurs d'art.

Tous étaient banquiers. Le mot même était mythique. Le Second Empire en avait fait l'incarnation de la réussite. Parmi les professions prometteuses, il n'en était pas de plus séduisantes, ni de plus propices aux esprits portés vers la grande aventure. Elle avait la particularité d'être ouverte à tous sans condition. N'importe qui pouvait s'établir banquier. Même longtemps après la chute de Napoléon III, on pouvait se dire heureux comme un banquier en France.

Dans les milieux juifs, depuis l'émancipation, c'était la consécration suprême pour ceux dont les ancêtres avaient longtemps été prêteurs sur gages, négociants, courtiers, commerçants ou fournisseurs. D'ailleurs, dans *Les Juifs, rois de l'époque* publié en 1845, Alphonse Toussenel utilisait le terme « banquier » comme synonyme d'« israélite » et jonglait indistinctement avec les deux mots. Dans son sillage, certaine presse s'employait à convaincre ses lecteurs que l'expression « banquier véreux » était pléonastique. Et que « financier opulent » était une litote.

Dans l'imagerie populaire, le banquier juif s'était substitué à l'usurier médiéval. En 1872, d'après le Consistoire, on en comptait 95 sur les quelque 400 qui exerçaient alors en France. Mais à parcourir certaines gazettes, à lire certains livres, à prêter l'oreille à certains discours, on sentait monter une rumeur accréditant l'idée que tous l'étaient et que cela devenait intolérable.

Tout cela ne pouvait mener qu'à une conjonction fatidique entre anticapitalisme et antisémitisme.

S'ils s'étaient senti l'âme shakespearienne, les Camondo auraient eu maintes fois l'occasion de soupirer, eux aussi, comme tant d'autres de leurs pairs :

« Pourquoi nos services sont-ils si désirés et nos fonctions sont-elles si conspuées ? »

Un triumvirat d'hommes de confiance, composé de Adjiman, Franco et Mizrahi, veillait sur les intérêts qu'ils avaient certes conservés dans l'Empire. Mais la maison de banque avait transféré l'essentiel de ses activités rue Lafayette, à Paris. Elle était sollicitée régulièrement par les gouvernements étrangers et les plus grands groupes financiers pour participer à nombre d'opérations d'envergure.

Très vite, on trouvera sa trace, soit comme actionnaire, soit comme opérateur, dans des sociétés telles que les Ciments Portland du Boulonnais, les Chemins de fer portugais, la Compagnie internationale du gaz, le Crédit foncier franco-canadien, la Société nationale pour le commerce, l'industrie et l'agriculture dans l'Empire ottoman, la Compagnie des eaux de Constantinople.

Dans une moindre mesure, les Camondo étaient également présents dans la Banque impériale ottomane, la Société franco-belge de Tianjin, le Santa Fe Railway, la Sucrerie et raffinerie d'Égypte, la Compagnie internationale d'Orient, l'Anaconda Copper, la Société norvégienne de l'azote, la Société du naphte de Bakou...

La famille aura aussi ses « danseuses ». Des

parts dans l'hôtel de Pastoret, place de la Concorde, au moment où il sera vendu à l'Automobile Club de France. Ou, tout près de là, rue Boissy-d'Anglas, dans l'hôtel Grimod de La Reynière loué à L'Épatant, l'un des cercles les plus huppés de la capitale. Ou encore dans le capital du *Gaulois*, le quotidien de la droite monarchiste, pour faire plaisir à Arthur Meyer, l'ami qui le dirigeait.

Pour l'essentiel, les Camondo se consacraient à la Compagnie nouvelle des ciments Portland de Boulonnais. Ils l'avaient fondée en 1881 avec un capital de 30 millions, en achetant des terrains dans le Pas-de-Calais. Elle avait pour objet la fabrication et la vente des chaux hydrauliques et des ciments naturels et artificiels, des chaux grasses, des briques et poteries, des plâtres crus et cuits.

Dans ses activités bancaires, la famille ne cessait de se rapprocher de Paribas dont elle avait fait son partenaire privilégié. La maison avait été fondée à Paris en 1872, à la suite de la fusion de deux autres établissements : d'une part la Banque de crédit et de dépôt des Pays-Bas, présidée à Amsterdam par le docteur Sarphati, dont la succursale parisienne devait prendre un essor considérable sous la houlette de Louis-Raphaël Bischoffsheim et de son neveu Henri Bamberger ; d'autre part la Banque de Paris, créée depuis peu à Paris par Adrien Delahante, Henri Cernuschi et Edmond Joubert.

Dès ses premières années, Paribas compta un Camondo parmi ses administrateurs, et il en fut ainsi jusqu'en 1911. Au début, la famille y transféra certaines de ses affaires, notamment ses relations avec la banque d'Espagne ou avec les maisons de Roumanie. Progressivement, au fur et à mesure que des Camondo disparaissaient, les survivants lui demandaient de prendre en charge de nouvelles activités jusqu'à en absorber la majeure partie.

Abraham, le patriarche des Camondo, était mort à quatre-vingt-treize ans, en 1873. À peine le temps de s'installer en France et c'était déjà trop tard. Il n'en avait guère profité si tant est qu'il en eût jamais le désir. Il mourut résigné, dans le murmure de ses prières à Dieu, psalmodiées du bout des lèvres. Il se jugeait âgé et rassasié de jours, pour reprendre une expression biblique.

Il eut droit à de doubles funérailles. Les premières eurent lieu dans l'un des hôtels de ses petits-fils, rue de Monceau. Des banquiers et des diplomates y côtoyaient des rabbins et de simples passants, puisque la bière était posée dans la cour et l'assistance groupée tout autour. Le temps d'un discours d'hommage à sa mémoire et le cortège prit la direction de la gare de Lyon.

Une dizaine de jours après, les secondes funérailles se déroulèrent, selon son vœu, dans sa ville natale. Des pauvres de la ville, toutes religions confondues, se partagèrent une aumône équivalant à 15 000 francs. Un chroniqueur de la vie juive dans l'Empire ottoman laissa de cette journée historique un compte rendu ébloui :

« On peut dire que Constantinople revêtit ce jour-là un manteau de deuil. Les cloches de toutes les églises de la capitale sonnaient le glas funèbre. La Bourse, tous les établissements financiers, tous les magasins de Galata, de Stamboul et des faubourgs de la Corne d'Or, tout était fermé. Décrire la foule qui suivit le corbillard serait chose impossible. Deux bataillons, un de fantassins, un autre de soldats de la marine, des musiques impériales, les corps diplomatique et consulaire de Constantinople, tout le personnel des établissements financiers, des députations de tout le clergé chrétien, orthodoxe et catholique, les chœurs des églises, les élèves des écoles, la plupart des ministres ottomans, les fonctionnaires musulmans de toutes les administrations du gouvernement, tous les Israélites de la capitale, toute la ville enfin assista à ces funérailles. Depuis l'arrivée des Juifs en Turquie, jamais durant ces six siècles de séjour sur la terre ottomane, jamais pareils honneurs ne furent rendus à un Israélite. »

Ceux qui y avaient assisté étaient unanimes. Dans leur souvenir, la solennité, l'émotion, l'affluence s'étaient conjuguées pour conférer à cet événement un caractère historique. À croire que ce jour-là, sous le mausolée des Camondo au cimetière de Haskeuy, on enterrait moins un homme qu'un monde.

En France, le vent allait tourner. Non pour les banquiers, mais pour les juifs. Pendant une dizaine d'années, la tension ne cessa de monter. Il y avait bien des signes avant-coureurs ici ou là. La publication de pamphlets de plus en plus violents. Des tentatives avortées de journaux antisémites Ou des critiques véhémentes contre le décret Crémieux auquel il était reproché d'avoir

attisé la rancœur des musulmans en privilégiant
à leurs dépens les Israélites d'Algérie.

En 1882, le krach retentissant de l'Union générale, une banque catholique, était rapidement attribué aux Rothschild par la rumeur publique.
Une fois de plus, l'action occulte de l'illustre
famille était sans commune mesure avec son importance réelle. Les tribunaux avaient pourtant
condamné le fondateur de l'Union générale pour
opérations frauduleuses. Mais non. Ce ne pouvait
être qu'un mauvais coup des Rothschild et de
leurs alliés naturels. Parce qu'ils étaient juifs,
donc cosmopolites, donc liés à des intérêts étrangers. Leur parentèle nombreuse et dispersée leur
permettait de disposer d'informations du monde
entier. Des concurrents si déloyaux avaient donc
tout intérêt à perdre un établissement si chrétien
par ses origines.

Quatre ans après cette secousse que l'on croyait
terrible, on comprit qu'elle n'était qu'un chevau-
léger d'un séisme d'une tout autre envergure. Il
prit d'abord la forme inattendue d'un livre en
deux tomes publié chez Marpon et Flammarion.
Intitulé *La France juive* et signé du journaliste
Édouard Drumont, il connut un retentissement
considérable. Au-delà de toute espérance. Quelque chose de l'ordre du phénomène social, qui dépassait de loin tout ce qui était paru et tout ce qui
allait paraître dans un registre où la concurrence
était pourtant vive.

Le pamphlétaire était doté d'un incontestable
talent de plume. On n'en dirait pas autant de sa
capacité d'analyse. À ce jeu de massacre, il importait avant tout de dénoncer nommément le

maximum de gens. Ses affirmations les plus pé-
remptoires ne résistaient pas à l'épreuve des faits.
Mais l'opinion avait plus besoin de vraisemblable
que de vrai. Dans sa recherche des coupables, elle
ne s'embarrassait guère de nuances. Ce délirant
bottin allait durablement servir de bréviaire à
plus d'un Français.

L'ambition déclarée d'Édouard Drumont avait
été de décrire la conquête juive comme Taine
l'avait fait de la conquête jacobine. Rien de
moins. Son explication de la marche du temps
était entièrement conditionnée par une vision oc-
cultiste de l'Histoire. Les véritables ressorts de
l'action et de la pensée étaient nécessairement ca-
chés. Dans sa logique, soutenue par un anticapitalisme sans faille et un vieil antijudaïsme chrétien, tout s'expliquait par le complot, la
conspiration, la domination. C'était même la
cause de la Révolution !

Il n'avait de cesse d'opposer la charité chrétienne à la solidarité juive. Rares étaient les israélites qui pouvaient avoir grâce à ses yeux. Peu
d'entre eux échappaient à son jet de bile. Sous le
gentleman, il sentait percer le coreligionnaire.

Ses compliments dissimulaient toujours une at-
taque biaisée. Il fallait plus se méfier de ses sar-
casmes que de ses insultes. Il ne louait les Pereire
que pour mieux rabaisser les Rothschild. Des premiers, évoqués comme étant « relativement de
braves gens », qui œuvraient pour le bien public
puisqu'ils lançaient des emprunts d'État, il flattait
la discrétion, l'effacement, la retenue. Ce qui lui
permettait aussitôt de dire son aversion pour l'ar-
rogance, l'ostentation et la fastueuse insolence de

parvenus des seconds, présentés comme de misérables usuriers qu'on n'aurait jamais dû laisser s'échapper du ghetto.

Seul l'irrépressible désir de flétrir la décadence aristocratique, la dégénérescence de la plus ancienne noblesse, l'absence de caractère de ses élites et la vacuité de ce milieu pouvait à la limite, très provisoirement, le pousser à ne pas dire du mal des juifs. Ce coup de sang se traduisait généralement par des formules qui se voulaient définitives : « Il y a plus d'énergie intellectuelle, de volonté, de ténacité dans les desseins chez le dernier juif de Galicie que dans tout le Jockey Club. » Mais cela ne durait guère et, avant la fin de la page, son naturel reprenait le dessus. La plus vieille France ne serait pas dans cet état si elle n'avait jugé utile de redorer son blason en contractant de douteuses alliances matrimoniales...

La passion des titres et des honneurs, qui sévissait dans certaine grande bourgeoisie israélite, excitait son ire. Il la désignait comme étant la noblesse de l'almanach de Golgotha. De celle qui ne devait ses distinctions qu'à des combines financières, et non au service du pays. À la fin, il ne la considérait plus que de guerre lasse :

« On sourit sans doute, quand on entend prononcer le nom du comte de Camondo ou du baron de Hirsch, mais on s'y accoutume presque. »

Les Camondo, en gros et en détail, appartenaient au guignol d'Édouard Drumont. Il les rangeait dans la catégorie dite des « Juifs notoires ». Ceux qui ne se cachaient pas de vénérer leur Dieu tout en cherchant à faire fortune. De ces banquiers qui ne déboursaient rien qui ne fût pour la

galerie. Il avait trouvé dans les échos des gazettes
de quoi nourrir sa vindicte. Un reportage dans les
écuries d'un Camondo lui suffisait à dénoncer son
faste insensé, ses seize chevaux au harnais toute
l'année et ses huit chevaux de selle, ses armoiries
brodées à la main sur les couvertures et le traitement d'ambassadeur réservé à son piqueur. Chez
tout autre, cela n'eût pas manqué d'élégance.
Chez lui, ce ne pouvait être que la volonté d'étaler
sa réussite grâce à une fortune acquise indûment.
Encore faut-il préciser le ton avec lequel Drumont
épinglait ses victimes :

« Au concours hippique, tous les prix sont pour
Israël. Camondo, ce gros Juif qui ressemble à un
chef d'eunuques abyssins qui aurait déteint, ce
Turcaret levantin dont Carolus-Duran exhibait,
au Cercle des Mirlitons, l'image cauteleuse et bla-
farde... »

À peine concédait-il qu'un Camondo pouvait
fort bien jouer du violoncelle, qu'aussitôt il se reprenait :

« Parfois, par les fenêtres ouvertes, on entend
dans la solitude les échos de quelque concert,
c'est un Juif quelconque qui soigne sa névrose. »

Quels Camondo surgissent donc de cette plume
trempée dans le fiel ? Des Levantins menant la vie
de château. Des souverains de la Tunisie grâce
aux chrétiens qu'ils y ont envoyés se faire tuer
pour leurs propres bénéfices. Des tripoteurs en
Bourse qui s'étaient défilés au moment d'assumer
les effets du krach personnel de leur gendre et
fondé de pouvoirs Léon Alfassa. Des descendants
de Jacob trahis par leur aspect noir et velu. Des
gens capables de louer tout un étage de l'hôtel

Continental pour voir défiler le cortège aux obsèques de Gambetta.

Dans *La France juive*, ces Stambouliotes faisaient partie de ses têtes de Turcs privilégiées.
Pourtant, ils ne vivaient en France que depuis
moins de vingt ans. En un sens, c'était une consécration. L'aversion d'Édouard Drumont à leur endroit sonnait comme un hommage. Restait à savoir s'ils ne se seraient pas volontiers passés d'une
telle preuve de reconnaissance.

« Camondo » désignait indistinctement Abraham Bohor ou Nissim, peut-être même leurs fils
Isaac, trente-cinq ans, et Moïse, vingt-six ans. Ils
étaient interchangeables. Le prénom n'était jamais précisé, comme s'il se fût agi d'une marque
déposée ou d'une raison sociale. C'était une
famille anonyme, à l'instar d'une société. Le polé-
miste lui appliquait le même traitement qu'aux
Rothschild, suprême honneur partagé par peu
d'autres. Ainsi, par l'entremise de l'antisémite le
plus répandu de leur temps, les Camondo accé-
daient eux aussi au rang de symbole.

À leur corps défendant, ils se retrouvaient l'enjeu de polémiques publiques. Depuis leur querelle
des Anciens et des Modernes à Constantinople, ils
en avaient perdu l'habitude. Le livre de Drumont
provoquait un tel raz de marée en librairie qu'il
ne pouvait que susciter des réactions, y compris
dans les milieux catholiques. Léo Taxil, qui avait
été antisémite-comme-tout-le-monde, prenait désormais la défense des juifs : « les noms des
Rothschild, des Pereire, des Cahen d'Anvers, des
Hirsch, des Ephrussi, des Camondo sont univer-
sellement estimés », écrivait-il en réponse, mais

elle trouvait moins d'écho que les dénonciations de son adversaire.

Il en fallait plus pour renverser la tendance. L'air du temps était de plus en plus vicié. On avait l'insulte facile, les duels se multipliaient et ce n'était pas toujours pour défendre l'honneur d'une dame.

Le succès d'Édouard Drumont semblait avoir ouvert une voie. Il avait libéré le langage. Le racisme avait droit de cité, jouant sur tous les registres, de l'ironie à la haine. Dans *Le Baron Jéhova*, un roman se moquant de l'irrésistible ascension du marchand d'habits Isidore Manheim, l'auteur, Sydney Vigneaux, se défendait d'être antisémite car c'eût été faire injure aux arabes. Même dans une littérature mieux inspirée, en tout cas d'une tout autre tenue, des personnages de juifs stéréotypés véhiculaient les mêmes préjugés que le pamphlet de Drumont, mais plus subtilement, plus sournoisement.

Antisémitisme et germanophobie allaient de pair. Quand il dénonçait ceux qui applaudissaient la Walkyrie à l'Opéra de Paris, Léon Daudet s'en prenait d'un même trait de plume, à travers les wagnériens, aux Allemands, aux juifs allemands et aux juifs, amalgamés comme autant d'envahisseurs.

On était loin, bien loin de Diderot, le seul à avoir loué les juifs justement pour ce qu'on leur reprochait désormais, leur cosmopolitisme, leur déracinement, toutes choses qui faisaient d'eux une passerelle idéale et un élément transnational indispensables à l'épanouissement de l'Europe.

L'esprit de l'époque n'était pas à ce retour aux

Lumières. Il était plus proche d'un Forain pour qui l'impudence était le principal trait de caractère des juifs. Le fameux caricaturiste, de même que Caran d'Ache et quelques autres, avait ses cibles de prédilection et ne les ménageait guère. Les Camondo en faisaient partie, le plus souvent représentés en habits de soirée, monocle et canne, le nez et la lippe fortement accusés, l'affairisme à fleur de peau. Au moins ces juifs-là ne se dissimulaient-ils pas sous une religion et un patronyme d'emprunt, un mérite aux yeux des comités de vigilance antisémite. Car rien n'excitait leur mépris comme les convertis.

On se rapportait les bons mots des dîners en ville comme autant de mots assassins. Forain, justement, n'était pas peu fier de celui qu'il venait de lancer sur la baronne Mulhfeld : « Voilà huit jours qu'elle connaît la Vierge et déjà elle l'appelle Marie ! » La méfiance vis-à-vis des conversions de souche récente, souvent trop mondaines pour n'être pas intéressées, n'était pas liée aux questions de foi. Les convertis étaient souvent tenus pour des traîtres, cheval de Troie sinon cinquième colonne d'Israël.

Cette réaction viscéralement hostile plongeait ses racines dans l'affaire Deutz. Converti au catholicisme, Simon Deutz, le propre fils du grand rabbin de France, était entré dans les bonnes grâces de Marie-Caroline de Bourbon-Sicile, duchesse de Berry. On le savait dans son intimité. On le présentait même comme son homme de confiance, une expression à laquelle la suite des événements donna un goût amer. À la chute des Bourbons, après avoir suivi Charles X dans son

exil, elle était rentrée en France. Avec les légiti-
mistes, elle voulut soulever la Provence puis la
Vendée contre Louis-Philippe. Or en 1832, alors
qu'elle se cachait, Deutz la livra à la police. Traître et vénal. Car il eut beau exciper de son patriotisme, et prétendre qu'il voulait éviter l'invasion
de la France par les alliés russes de la duchesse,
il avait tout de même touché 500 000 francs de
Louis-Adolphe Thiers, le ministre de l'Intérieur,
pour commettre son forfait. Le scandale eut un
fort retentissement. Le grand rabbin resta sourd
à ceux de son entourage, les plus politiques, qui
l'imploraient de désavouer son fils. Tout au contraire, il le fit revenir au judaïsme. Ainsi, pour
ceux qui demeuraient insensibles au plaidoyer
pro domo qu'il publia en librairie, Simon Deutz
passa à la postérité pour la figure la plus accom-
plie du traître. Si les juifs le rejetaient, les antisémites également, qui tenaient dans son retour à
ses origines la preuve de son absolue duplicité.

De tels récits enflammaient les imaginations.
Non seulement ils étaient encore dans les mémoires, mais l'actualité leur donnait une nouvelle jeunesse. Les folliculaires antisémites avaient de
quoi faire de la copie. Dans le prolongement de
l'affaire Deutz, ils rêvaient de sortir une affaire
Bauer.

Ce juif hongrois, qui avait exercé tous les métiers, s'était converti au catholicisme. À vingt-cinq
ans, il avait même prononcé ses vœux chez les
Carmes. Le père Marie-Bernard du Très Saint-Sa-
crement devint alors moine prêcheur puis prédi-
cateur mondain. On le disait un brillant orateur,
ses sermons étaient fameux. Dès le début du Se-

cond Empire, il avait été remarqué par l'impératrice. Eugénie en avait fait son aumônier et son
confesseur. Il était de la cour, d'autant que Rome
l'avait nommé protonotaire apostolotique. Ce fut
son apothéose. Il était là au faîte de son influence.
La chute de sa protectrice semblait avoir modifié
ses rapports avec Dieu. Sa profonde crise religieuse coïncida avec la guerre de 1870, l'écroule-
ment de l'Empire et l'avènement de la IIIᵉ République. Bouleversé, il renonça à ses vœux. C'est
ainsi que Mgr Bauer, que l'on avait connu dans
toute sa splendeur dans les sillages impériaux à
Saint-Cloud et à Compiègne, et dans les couloirs
romains où il bénéficiait des faveurs pontificales,
redevint Bernard Bauer, un homme du monde retiré de tout sauf du monde, qui devait finalement
convoler en justes noces avec une jeune actrice
du nom d'Élisabeth Lévy...
    Du pain bénit pour les antisémites.

    On aurait dit que la presse et la librairie prépa-
raient le terrain. Dans *Les Rois de la République*,
qui avait inspiré l'auteur de *La France juive*, Auguste Chirac colligeait un certain nombre de monographies de Rothschild à Pereire, en passant
par Bischoffsheim et Erlanger. Le pamphlet, qui
se voulait une histoire des juiveries, n'était que la
somme délirante de tout ce qui s'imprimait depuis quelque temps sur les juifs de France, inter-
nationalistes de l'or, instruments de ruine et autres oiseaux de proie syndiqués.
    Avec Chirac, mieux encore qu'avec Drumont,
les Camondo avaient droit à un chapitre complet,
suprême honneur. Dans son mauvais théâtre, ils

tenaient le rôle des Levantins, personnages à l'allure invraisemblable, affublés de prénoms rétifs à la chronique. Bref, des grotesques. Qu'on en juge par ces lignes, puisque le style est l'homme même :

« ... Celui qu'on voit partout, c'est le comte Nissim. Il est bien connu à la Bourse. Grand, brun, crâne allongé, c'est une sorte de Thersite ; il a le profil d'un jeune Arabe. Il l'est, dit-on, en affaires. Il tient le drapeau de la maison. Il est comte à la façon de tous ceux qui demandent à l'Italie, et très souvent au pape, un brevet de noblesse en échange de beaux écus sonnants. Ces sortes de brevets constituent, d'ailleurs, une émission qui en vaut bien une autre : grade monnaie de papier, petite monnaie de noblesse ; l'antithèse est réjouissante. Avec un nom tel que Nissim, "sidi, pacha" ou "bey" eussent été trop naturels ! Comte, c'est bien plus drôle ! et puis c'est levantin en diable car au Caire les Camondo eussent été fellahs tant leur origine est modeste. Le rêve de Nissim est l'élégance. Être pris pour un Parisien est pour lui un bonheur. Il y fait tous ses efforts. Bref, il en a l'air sinon l'esprit... Le côté le plus original de ce Parisien de Byzance est, incontestablement, la double préface qui a ouvert le livre de ses galanteries...

« Le Camondo qu'on ne voit nulle part, sinon à travers un grillage — celui de sa caisse — c'est Isaac. On le dit la forte tête de la tribu. C'est bien possible car rien ne grandit comme le mystère...

« Enfin celui qui se manifeste quelquefois, c'est le comte Abraham. Celui-ci a bien le type de son

nom. Il est un peu gros, ce qui le fait paraître petit. Le teint est rougeaud, le crâne un peu nu, la
barbe orientale. Ce qu'il regrette à Paris, c'est l'absence de sérails d'esclaves, aussi prend-il sa revanche sur les sérails libres... C'est lui qui est administrateur de la Banque de Paris et des Pays-
Bas. Et c'est même à cette Société que deux des
Camondo doivent leur titre d'officier de la Légion
d'honneur. Car ils ne sont pas seulement chevaliers, ces comtes des mille et une nuits !...

« ... Les Camondo sont les syndicats incarnés,
aussi n'est-ce point tant dans les sociétés ostensi-
blement constituées qu'on les trouve, que dans
ces associations mystérieuses, non prévues par le
code et qui sont les instruments des hausses facti-
ces ou des baisses vertigineuses dont s'étonne
parfois le monde de la Bourse. Et encore si ces
réservoirs de capitaux concouraient à des entreprises vraiment utiles ! Mais non ! Ils sont dirigés,
la plupart du temps, contre les intérêts français et
ils agissent, de toute leur force, en faveur d'une
véritable internationale noire, dont on a vu le
triomphe lors du krach de l'Union générale. »

Tout s'expliquait. C'était lumineux. Nul besoin
d'aller chercher plus loin les coupables. Leurs
noms étaient imprimés noir sur blanc et largement diffusés. Ainsi, la boucle était bouclée. C'est
alors qu'éclata « le scandale » comme s'il n'y en
eût jamais qu'un en cette fin de siècle en France.

Pour financer la construction du canal intero-
céanique de Panama dont il avait obtenu la con-
cession, le diplomate Ferdinand de Lesseps avait
lancé des emprunts publics. Or une grande partie

de l'argent ainsi collecté auprès de quelque 800 000 souscripteurs avait été détourné de sa vocation initiale, servant le plus souvent à payer des campagnes de presse assurant la propagande du projet.

Au départ, une banale histoire de corruption parlementaire. Sauf que celle-ci devait ruiner quelques milliers de petits épargnants. Qu'elle devint le plus grand scandale financier de la IIIe République. Que des personnalités très connues étaient éclaboussées. Et que parmi les responsables se trouvaient quelques hommes d'affaires d'origine juive. Il y avait surtout le baron Jacques de Reinach. Un personnage de roman que ce financier de haut vol. Tant et si bien qu'on le retrouva sous la plume de Maurice Barrès dans *Les Déracinés*. Il y incarne le banquier juif actif et influent, Francfortois récemment naturalisé, pur produit de la république parlementaire. D'ailleurs, le romancier de l'énergie nationale le surnomme « le plus grand déniaiseur de Paris ». C'était dans son hôtel de la plaine Monceau, au 20 rue Murillo, tout près de ceux des Camondo, que les jeunes ambitieux désireux d'entrer en politique étaient présentés aux parlementaires.

Il avait généreusement distribué des pots-de-vin à des ministres et des parlementaires, parmi lesquels Clemenceau. Dans un but : obtenir leur appui lors du vote d'une loi autorisant un emprunt à lots remboursables par tirage au sort. Cela n'empêcha pas la banqueroute et le charivari qui s'ensuivit.

Pendant quatre ans, la tension n'avait cessé de monter. Mais comme l'affaire mettait cruellement en lumière la collusion entre la haute finance, la presse et le pouvoir, elle fut étouffée tant bien que mal, jusqu'au jour où ce ne fut plus possible. *La Cocarde*, organe boulangiste, et *La Libre Parole*, le nouveau journal d'Édouard Drumont, en avaient fait leur cheval de bataille. Les coupables étaient nombreux et divers, mais ils remarquaient surtout les juifs.

Parmi d'autres, Isaac de Camondo possédait quatre parts de fondateur dans la Compagnie de Panama. C'était bien suffisant pour soupçonner la banque familiale de jouer double jeu, de négocier au plus fin avec toutes les parties, alors qu'elle se trouvait naturellement du côté de la Banque ottomane et du Crédit ottoman.

On parlait d'une centaine de corrompus. Ceux dont les gazettes reproduisaient les noms étaient désignés sous le terme infamant de « chéquards », qu'ils traîneront longtemps derrière eux avec un bruit de casserole. Qu'importe les noms et le nombre. Ils marquèrent suffisamment l'opinion pour que l'époque passe à la postérité comme l'âge d'or des barons voleurs.

En 1893, la Justice condamna à des peines d'emprisonnement, des amendes et la dégradation civique une poignée de hauts responsables parmi lesquels les Lesseps — père et fils — et l'ancien ministre Charles Baïhaut. Quant à Cornelius Herz et au baron de Reinach, qui avaient été au centre de la nébuleuse, ils parvenaient à se soustraire au châtiment des hommes, le premier en se réfugiant en Angleterre, le second dans la mort volontaire.

L'atmosphère était désormais viciée. Manipula-

teurs et fabricants d'opinion publique fourbis-
saient leurs armes. Les démagogues attendaient
leur heure. À croire que toute cette histoire n'était
qu'une répétition générale, un signe précurseur,
un chevau-léger d'une campagne bien plus terrible encore. Il suffisait de lire ce qui s'imprimait
ici ou là, d'écouter ce qui se disait. Les mises en
accusation s'enchaînaient avec une logique ef-
frayante. On mettait tout sur le dos des juifs, à
commencer par l'exode rural, provoqué par le
progrès, qui était une des conséquences de la révolution industrielle laquelle avait été initiée pour
leur plus grand profit par les capitalistes, pour
l'essentiel des banquiers et des financiers, caste
dominée par les juifs comme chacun sait...

Un dimanche soir, boulevard Haussmann, Geneviève Straus avait soudainement interrompu
une conversation animée :
« Mes amis, Joseph Reinach a une communication très importante à vous faire... »
Les nombreux habitués de ce salon parmi les
plus courus de la capitale s'étaient regroupés autour de lui. Il raconta ce qu'il venait d'apprendre.
Preuve allait être faite que « le traître » n'était pas
celui qu'on disait... Seul dans le groupe, Gustave
Schlumberger, de l'Institut, hasarda une objec-
tion en défense du ministre de la Guerre. Émile
Straus le remit à sa place. Les dés étaient jetés.
L'éminent byzantiniste ne remettrait plus jamais
les pieds dans ce salon. Ne reverrait plus son très
cher collègue Salomon Reinach, frère de Joseph.
Refuserait de serrer la main à ses amis

Rothschild, Cahen d'Anvers et Pereire. Renonçait à toute cette société.

Pour un homme comme Gustave Schlumberger, c'était un véritable sacrifice. Son goût de l'histoire ancienne ne contredisait pas celui de mondanités plus contemporaines. Il confessait n'avoir rien vu de plus brillant en fait de luxe et d'apparat que la haute société juive du Paris d'avant l'Affaire. On y vivait ce qu'il appelait « l'époque des œufs de vanneau » ; c'était alors le plat le plus cher et une dame de ce milieu-là se serait déshonorée si elle n'en avait pas offert à ses convives...

Désormais, on devait choisir son camp. C'était la pire des guerres, une guerre civile. Et la pire des guerres civiles, celle qui ne disait même pas son nom.

Après Panama, Dreyfus. Après le scandale, l'Affaire. L'une survint au lendemain de l'autre. Elle naquit sur des braises mal éteintes. Depuis, on en a tout dit. Car on avait tout vu au cours des douze années qui séparèrent l'arrestation de la réintégration dans l'armée du capitaine Alfred Dreyfus, trente-cinq ans, officier stagiaire à l'État-Major, citoyen-français-de-confession-israélite, selon une formule insuffisamment consacrée à son goût.

Sur une simple ressemblance d'écriture, il avait été accusé d'avoir livré des renseignements à l'attaché militaire allemand à Paris. Un bordereau confidentiel était au centre du dossier. Condamné à la dégradation militaire et à la déportation à perpétuité à l'île du Diable, il était le traître. Il l'était d'autant mieux que, depuis des années, les esprits étaient préparés à ce qu'un juif trahisse la

France. Barrès le disait haut et fort : que Dreyfus fût coupable, il le concluait de sa race. Peu importe que le procès eût été sommaire, bâclé, inéquitable.

Au déchaînement antisémite d'une grande partie de l'opinion publique excitée par la presse, répondit progressivement un mouvement souterrain puis conquérant, initié par la famille de Dreyfus auprès d'intellectuels tels que Bernard Lazare, Émile Zola ou Charles Péguy, lequel voyait dans cette réaction l'ultime sursaut de la mystique républicaine. La route fut longue, chaotique car semée d'embûches, décourageante. Au bout, il y avait la mise à nu de la plus déshonorante des erreurs judiciaires, organisée par l'un des corps les plus nobles de la nation, son armée.

Parti en traître, il revint en innocent. Ses partisans étaient un peu déçus. Ils l'imaginaient plus chaleureux, plus démonstratif dans sa gratitude. Malgré les épreuves, il était resté très officier français. L'armée avait été suffisamment meurtrie à son goût. Il ne fallait plus remuer le fer dans la plaie. De sa part, ce n'était point sagesse mais discrétion. Après tout, qu'importe si Dreyfus n'avait pas les épaules de son rôle, s'il ne ressemblait pas à sa statue. Une page était tournée. Malgré l'intensité des événements vécus pendant ces années-là. On pouvait dire désormais que si la France avait commis l'ignominie de condamner Dreyfus, elle avait aussi eu le courage de le réhabiliter. La France, dernière terre d'élection des Camondo, avait été successivement ces deux pays-là.

Moïse détestait l'affaire Dreyfus. Tout en lui

plaidait pour que les juifs adoptent le profil bas partout où ils vivaient. Il n'aimait pas les fauteurs d'intégration. Alfred Dreyfus n'en était pas, mais les dreyfusards certainement. La réaction de Moïse aux événements en témoignait, si tant est que nul en doutât encore : homme de convention, épris d'ordre et de respectabilité, il n'était pas du genre à se marginaliser. Ce n'était pas de lui qu'il fallait espérer un coup d'éclat. Ce scandale autour des juifs l'indisposait.

Dans les marges de l'Affaire, de nombreuses affaires avaient défrayé la chronique. Elles n'étaient peut-être que des incidentes. Des détails d'un tableau. Mais n'est-ce pas au détail qu'on juge l'œuvre ? Toutes ces affaires semblaient procéder de celle qui avait bouleversé l'opinion en 1892.

À l'issue d'un duel à l'épée opposant Édouard Drumont à un officier israélite, le témoin du premier provoqua sur-le-champ le témoin du second. C'est ainsi que le marquis de Morès, agitateur antisémite et duelliste éprouvé, croisa le fer avec le capitaine Armand Mayer, professeur à Polytechnique. Celui-ci savait pertinemment qu'il ne ferait pas le poids, en raison notamment d'une déformation au bras. Mais il n'aurait pas supporté que l'on tirât argument de sa défection. Surtout pas eux. Il ne serait pas dit qu'un juif, officier de surcroît, était un lâche. Cette figure honnie n'était-elle pas déjà le corollaire du traître dans la fantasmagorie des antisémites ?

Mayer succomba à ses blessures. Ses obsèques furent le théâtre d'une immense manifestation, impressionnante de dignité, qui ébranla les consciences de gauche comme de droite. Un instant, la haine civile semblait suspendue ; soudain, ces Français dont on disait qu'ils ne s'aimaient pas paraissaient réconciliables. Ne fût-ce que pour cet instant, son sacrifice n'avait pas été vain. Du moins le croyait-on. Cela n'empêcha pas l'affaire Dreyfus.

Il y avait un avant et un après l'Affaire. Rien ne devait plus être pareil entre les Français israélites et les Français. Pour ne rien dire des relations entre juifs et antisémites. Parmi ceux qu'elle avait durablement émus, il y en eut chez qui elle favorisa une prise de conscience. Soudain, ils entrevoyaient ce que recelait leur part d'ombre. Les origines remontaient à la surface. Ils étaient enfin eux-mêmes sans entraves.

Parmi eux, un journaliste du nom de Theodor Herzl. Il vivait à quelques dizaines de mètres des Camondo, au 8 rue de Monceau. Correspondant parisien de la *Neue Freie Presse*, le grand quotidien libéral de Vienne, il avait couvert les audiences du procès Dreyfus. La cérémonie de dégradation du capitaine l'avait ébranlé. Il n'oubliait pas la haine populaire qui lui avait fait cortège. Ni la haie de gardes qui tournait le dos sur son passage. L'injustice subie par ce juif en raison de ses origines rappelait brutalement à cet assimilé d'où venaient les siens, les vrais. Non ses nouveaux amis du salon Daudet, mais ses anciens cousins des ghettos danubiens.

Il fallait réagir. Au début, il voulut écrire un roman sur la Terre promise. Après tout, une quarantaine d'années auparavant, Harriet Beecher Stowe avait bien imaginé *La Case de l'oncle Tom* en réaction à un acte législatif proclamant comme un devoir la dénonciation des esclaves fugitifs. Et l'on savait l'impact qu'avait eu ce roman sur les consciences américaines.

Le journaliste n'avait de cesse de s'entretenir avec les deux plus importants philanthropes juifs de Paris, le baron de Hirsch et le baron de Rothschild. Avec ces juifs de l'argent, il se voulait un juif de l'esprit. Eux seuls pouvaient saisir l'ambition de son projet. Non pas un « État juif », mais un « État des Juifs », c'est-à-dire par eux et pour eux. Dans ses rêves les plus fous, il imaginait une sorte de république aristocratique, dont l'organisation aurait été calquée sur celle de Venise.

Au début, il tomba de haut. Même le baron de Hirsch, le mieux disposé des deux à son endroit, le laissa coi. Pourtant, il lui était apparu comme le seul de sa condition à être sincèrement désireux de faire quelque chose de grand pour les plus déshérités. Il devait sentir la noblesse de son projet. C'était un homme d'intuition, sa réussite en témoignait. Son immense fortune il ne la devait pas seulement au fait d'avoir épousé la fille du grand banquier qui l'employait. Avant d'autres, mieux que d'autres, il avait deviné les profits que ne manquerait pas d'engendrer l'aventure industrielle des chemins de fer, qu'il finança en Autriche-Hongrie, en Russie et dans les Balkans.

En recevant pour la première fois dans son somptueux hôtel, au 2 rue de l'Élysée, un Herzl encore plus arrogant et insolent qu'à l'accoutumée, Maurice de Hirsch l'avait remis à sa place en lui lâchant tout à trac :

« Tout le malheur vient de ce que les juifs vi-

sent trop haut. Nous avons trop d'intellectuels.
Mon intention est de mettre un frein à l'arrivisme
des juifs. Qu'ils ne fassent pas de trop grands progrès. Toute la haine qu'on leur porte vient de là. »

Avec son second interlocuteur, ce ne fut guère
mieux. Herzl en conclut que, face à des puissances telles que les Rothschild, il n'y avait qu'une
alternative : les entraîner ou les abattre. Décou
ragé, il ne cachait pas qu'il n'attendait strictement
rien de ses coreligionnaires si bien installés en
France.

Quelques années après, dans une lettre au
grand rabbin Zadoc Kahn, il se montrait beaucoup moins confiant dans leur avenir :

« Les israélites français ne seront pas épargnés,
eux non plus, par le retour de bâton. Celui-ci est
déjà arrivé ; et, croyez-moi, il n'est pas terminé.
En particulier, les grands juifs de l'argent ont encore bien des jours sombres devant eux. J'ai passé
quatre ans en France, au Palais-Bourbon, et je re-
garde aujourd'hui ces choses familières de loin
avec encore plus de détachement. Qu'il se pro-
duise un moment de faiblesse du gouvernement
et vous m'en direz des nouvelles de la rue
Laffitte... Peut-être est-ce la vocation, plus grandiose, du nouveau judaïsme, de surprendre le
monde en engageant la lutte contre les gens d'argent ? Peut-être cela apportera-t-il la réhabilitation de notre nom méprisé ? »

Quand il traçait ces lignes, Theodor Herzl était
depuis peu le président de l'Organisation sioniste
mondiale, constituée au congrès de Bâle en 1897.
Il avait rencontré le Sultan et le Kaiser, des banquiers et des ministres, des mécènes et des hom-

mes politiques. Dans un but : obtenir des appuis
financiers et diplomatiques pour fonder un foyer
national juif en Palestine.

Son propre cas aurait dû les intriguer. Il revenait de loin, lui, l'écrivain qui n'hésitait pas à
louer l'artiste en Drumont, lui, le commensal apprécié d'antisémites aussi virulents que les Daudet. Il n'avait cessé de s'excuser de sa qualité de
juif, jusqu'au jour où il devint sioniste.

Il leur en fallait plus. Il ne se découragea pas
totalement, mais on l'eût été à moins. La communauté qui vivait et subissait toutes les épreuves de
l'affaire Dreyfus ne marquait guère d'enthousiasme. La France des Camondo ne l'aidait pas.
Pas comme il l'eût espéré. Ce qui ne les empêchait pas de répéter rituellement à la fin des prières du premier repas de Pâque dans un mélange
d'allégresse et de solennité :

« L'an prochain à Jérusalem... »

Des Levantins, des Ottomans un peu à part, des
gens de l'Est lointain, des Orientaux fous d'Occident. Sûrement des juifs, mais certainement pas
des Italiens. Vingt ans après leur installation en
France, dix ans avant la fin du siècle, c'est encore
ainsi que les Camondo étaient perçus. Il ne leur
suffisait pas d'habiter dans le VIIIe arrondissement pour modifier le regard que les autres po-
saient sur eux. Un chroniqueur mondain s'en
était fait l'écho :

« Nissim Ier et Abraham y vécurent comme ils
le faisaient devant la Corne d'Or et il arrivait que
les promeneurs du parc Monceau les entrevissent
dans leur jardin, coiffés de leur fez, prenant le

frais les soirs d'été. C'est ainsi que les peignirent Léon Bonnat et Carolus-Duran. »

Pour autant, ils ne passaient pas pour des Turcs. Le Turc, c'était l'ambassadeur de la Sublime Porte à Paris, le flamboyant Khalil-Bey, diplomate mondain très occidental par sa culture, collectionneur audacieux, ruiné par sa passion des cartes, un temps propriétaire du fameux *Bain turc* d'Ingres, comme de juste dirait-on, tant il semblait que ce tableau avait été peint pour son seul plaisir.

Trop récents dans la place pour inspirer à Alphonse Daudet des personnages de son roman à clefs *Le Nabab*, les Camondo étaient toutefois assez installés pour fournir des motifs d'indignation à Drumont et à ses épigones. D'autant que Nissim ne cachait pas l'amitié qui le liait à Léon Gambetta.

Parmi ceux qui étaient les mieux disposés à leur endroit, certains paraissaient déconcertés par leur allure ou leurs origines. Ils préféraient les qualifier d'« israélites » plutôt que de « juifs ». Ils s'imaginaient que cette distinction était plus évocatrice de la noblesse des douze tribus que de la promiscuité des ghettos.

Leurs hautes aspirations sociales n'avaient en rien entamé l'attachement des Camondo au judaïsme. Les deux frères siégeaient dans les conseils du Consistoire, de l'Alliance israélite universelle, de la synagogue de la rue Buffault et de nombre d'autres institutions. Les moins connues n'étaient pas les moins remarquables.

Ainsi la Société des études juives dont ils étaient membres fondateurs aux côtés du baron de Rothschild, de David de Günzburg et de Samuel de Poliacoff. Son secrétaire général, Théodore Reinach, en assurait la tenue scientifique. Ses actes et conférences étaient consacrés à des sujets tels que « Le Juif au théâtre », « Le péché originel et la femme d'après le récit de la Genèse » ou « Le livre d'Esther et le palais d'Assuérus ». Un jour, les membres de cette société savante eurent même le plaisir d'écouter une communication sur les sectes juives de Galicie par un écrivain autrichien présenté comme un charmant conteur, francophone, excellent orateur du nom de Leopold de Sacher-Masoch...

Leurs hôtels mitoyens de la rue de Monceau témoignaient des liens que les Camondo conservaient avec la foi de leurs ancêtres. Un petit oratoire juif y avait été aménagé pour les cérémonies. Le shabbat était célébré tous les vendredis soir. Ils étaient d'autant plus attachés à la pérennité de ces traditions qu'ils étaient des déracinés. Le respect des rituels les reliait aux éléments les plus intangibles, donc les plus sacrés, de leur passé.

Pour modernes et réformateurs qu'ils fussent ils n'auraient jamais abondé dans le sens d'un Olry Terquem, libéral extrémiste qui poussait la volonté d'assimilation jusqu'à proposer le report de la plus importante fête juive du samedi au dimanche, afin qu'elle coïncidât avec le jour du Seigneur de la majorité des Français.

Ils avaient tenu à ce que leurs fils fassent leur *Bar-Mitzvah** selon les règles. Cela ne les avait pas

* Cérémonie marquant la majorité religieuse.

empêchés de confier leur éducation religieuse à un libéral éclairé. C'est ainsi que pendant des années, tous les dimanches matin, Élie-Aristide Astruc, un jeune rabbin contadin, se rendit rue de Monceau pour y enseigner l'hébreu aux petits Moïse et Isaac. En attendant qu'il eût achevé son cours, son fils Gabriel jouait dans la cour. Parfois, il risquait un regard dans le jardin où il pouvait assister, lui aussi, au fascinant spectacle de ces importants messieurs coiffés d'une drôle de calotte de laine ornée d'un gland, et devisant dans une langue bizarre.

Décidément, le port du fez marquait les Français. Nul n'avait fait observer que les Camondo portaient également des babouches pour leur promenade quotidienne au parc Monceau, ce qui eût été un comble. Mais c'était tout comme, puisque le malicieux marchand de tableaux Ambroise Vollard aimait à rappeler qu'ils y avaient renoncé pour des bottines...

On croyait avoir tout dit en disant d'eux qu'ils étaient des Orientaux. Même leur ami le journaliste Arthur Meyer ne pouvait évoquer leurs hautes figures sans préciser qu'elles étaient venues « tout droit du pays des légendes orientales » pour, selon lui, déposer d'entrée de jeu quarante millions à la Banque de France.

Oriental... C'est également ce que murmuraient les Anglais à propos de Benjamin Disraeli quand ils ne le comprenaient pas. « *You know, he is an Oriental...* » Ses aïeux ne venaient pourtant pas de ces lointains rivages. C'était en fait une manière un peu plus ethnique de désigner un original, un non-conformiste, un étranger-à-nos-mœurs.

L'Oriental, celui qui n'est pas d'ici. À la manière des Grecs qui considéraient comme barbares tous ceux qui n'étaient pas grecs.

L'illustre Disraeli était une légende de son vivant. Certains le disaient apparenté aux Camondo, ce qui était aussi probable qu'invérifiable. Tout en lui était romanesque, les origines vénitiennes qu'il attribuait à sa famille, son baptême anglican à douze ans, sa fascinante carrière politique, ses états de service comme député, chef du parti conservateur et Premier ministre, sa qualité de confident de la reine Victoria. Il la fit impératrice des Indes, elle le créa comte de Beaconsfield.

Cela n'avait pas désarmé pour autant les antisémites. Dans certains clubs, quand on demandait perfidement comment il s'appelait avant, il y en avait toujours pour répondre « Beaconsfeld » en insistant sur la dernière syllabe.

S'il l'avait voulu, Thackeray aurait pu en tirer, mieux qu'un personnage de sa *Foire aux vanités* ou du *Livre des snobs*, un Barry Lyndon séfarade à qui sa réussite n'aurait pas fait renier ses racines juives. Car, en dépit de sa fascination pour les traditions incarnées par l'Église et l'aristocratie, il n'en demeurait pas moins attaché à ses origines, inscrites de manière éclatante sinon provocatrice dans son propre nom. Il se considérait comme un élu de la race élue. Benjamin Disraeli n'aura manqué qu'une seule chose, le spectacle de sa mort, matérialisé par la notice nécrologique du *Times*. En quelques lignes de rappel, tout y était dit de cette invisible frontière que jamais un juif n'aurait été autorisé à franchir dans l'Angleterre du

XIXe siècle, malgré les titres, les honneurs et le jugement de l'Histoire :

« ... Lord Beaconsfield était d'origines étrangères, sinon obscures ; il était issu d'un peuple dispersé qui, depuis qu'il avait été chassé de sa propre partie, avait été persécuté et rejeté par l'intolérance chrétienne. Sa famille était ancienne et, dit-on, alliée à la haute aristocratie juive d'Espagne. Elle remontait à des marchands nobles de Venise issus d'une race anciennement transplantée d'Orient. Mais comme tous les autres privilèges, de telles prétentions nobiliaires tombaient sous le coup des incapacités des juifs et ne l'aidèrent en rien dans la conquête d'une position qui paraissait du domaine du rêve... »

Signe des temps. Benjamin Disraeli disparut en 1881, l'année même où l'on vit le prince de Galles assister à un mariage Rothschild à la Central Synagogue de Londres.

Les deux cousins Camondo avaient maintenu intacte la tradition de charité que leur vénéré grand-père leur avait demandé de respecter plus que toute autre. Sollicités en permanence, ils donnaient en permanence. Les appels venaient essentiellement des communautés de Turquie, de Palestine et des Balkans. Il n'était pas question de ne pas y répondre favorablement. Une grande famille juive se devait de pratiquer la charité sur la plus grande échelle. C'était un acte de foi autant qu'un symbole de sa réussite, dans un milieu où le baron James de Rothschild, hors concours il est vrai, employait trois personnes à plein temps uniquement pour les œuvres.

Un jour, c'étaient des rabbins d'Hébron leur demandant de financer un hôpital et un asile pour les pauvres. Un jour, c'étaient les responsables d'une société de bienfaisance de Jérusalem, qui imploraient leur aide afin de soulager la détresse des juifs les plus déshérités de la Ville sainte. Un autre jour, c'étaient des câbles urgents les pressant de bousculer les notables parisiens de l'Alliance israélite universelle afin que soient secourus les coreligionnaires massacrés par les Bulgares.

À plusieurs reprises, à l'occasion d'un pogrom ou d'un tremblement de terre (deux catastrophes naturelles aux yeux des juifs), les Camondo firent le nécessaire depuis Paris. Ils débloquèrent les fonds pour que quelques jours après, de là-bas à Angora, Andrinople ou Alep, on ne leur dise plus que des réfugiés israélites avaient fui les persécutions entassés dans des wagons à charbon. Qu'on les avait retrouvés, gelés et affamés, errant dans les rues. Que d'autres n'avaient même pas les moyens de passer décemment la Pâque.

Pour l'honneur de leur nom, les Camondo n'auraient pas supporté que nul prétendît avoir jamais fait appel à leur générosité en vain. *Fides et charitas*. Ils tenaient à leur devise autant que leur devise les tenait.

1889 fut une année noire pour la famille. La fuite du général Boulanger à Bruxelles et l'inauguration de la tour Eiffel n'y étaient pour rien. Coup sur coup, à quelques mois d'intervalle, ses deux chefs disparaissaient. Nissim d'abord, emporté à cinquante-neuf ans par une pneumonie.

Puis Abraham Bohor, décédé à soixante ans des suites d'une fluxion de poitrine.

Désormais, il ne restait plus que deux Camondo pour assurer la relève dans les affaires, et la pérennité du nom. Deux, c'est peu. Surtout quand l'un n'avait pas l'intention de fonder une famille, et que l'autre ne se voyait pas mourir banquier.

À Constantinople, il en eût été autrement. La fortune et la dynastie eussent probablement connu un autre destin. Mais ils avaient été happés encore jeunes par ce Paris fin de siècle. Cela leur avait donné d'autres ambitions, d'autres espérances, une autre vision du monde.

4

Un aristocrate juif dans son monde

1890 débutait à peine. Le compte à rebours qui séparait le monde d'un 1900 déjà mythique avait commencé. Les cousins Camondo, uniques survivants de leur dynastie, encore dans l'année de leur deuil, se débattaient dans d'autres dilemmes. De ceux qui ne surgissent qu'à la faveur de crises intérieures, de remises en question, de boulever sements existentiels. La perte qu'ils venaient d'éprouver les rapprochait dans le doute. Il leur fallait affronter le plus juif des paradoxes : comment le peuple du souvenir peut-il à ce point n'avoir pas conscience de l'histoire ?

Leurs pères leur avaient donné en héritage ce que leur propre père leur avait transmis. Cette idée, confuse mais bien ancrée, selon laquelle les juifs n'avaient peut-être pas la connaissance de leur passé, mais un fort sentiment de la continuité de ce passé. On appelait cela la chaîne de la tradition. La rompre était pire qu'un crime contre l'esprit. Cela revenait à assassiner rétrospectivement des générations de Camondo.

Il fallait poursuivre à tout prix. Le reste était subordonné à cet impératif. Il n'était pas religieux mais moral. Plus parisiens que leurs pères, les deux héritiers avaient parfaitement intégré l'idée que l'on peut très bien être juif sans pour autant observer tous les dix commandements.

Isaac, fils d'Abraham Bohor et de Régina Baruch, tous deux natifs de Constantinople, avait trente-neuf ans.

Moïse, fils de Nissim, natif de Constantinople, et d'Élise Fernandez, native de Salonique, en avait trente.

Cousins germains, Isaac et Moïse étaient considérés comme deux frères. Aux yeux du monde, ils étaient désormais les comtes de Camondo. Mais ils étaient seuls. Non qu'ils eussent pratiqué une discipline d'anachorète. Seuls comme on peut l'être dans un milieu dominé par l'obsession dynastique. Seuls parce que célibataires.

Isaac de Camondo avait la haute main sur les affaires de la famille car il était l'aîné. Pourtant, à la rubrique profession, son permis de chasse mentionnait simplement « propriétaire ». Il est vrai que c'était nettement plus chic que « banquier ». En fait, s'il avait pu, il y aurait plutôt inscrit « collectionneur » tant cela correspondait mieux à sa vraie nature. À croire qu'il n'était homme de finances que par obligation.

Le virus de la collection l'avait atteint assez tôt. Dès 1874, on le voyait réunir des œuvres d'art asiatique. Il ne tarda pas à en élargir le spectre puisque six ans après il procédait à son premier achat d'importance : la fameuse pendule des Trois Grâces, chef-d'œuvre en marbre blanc de

Falconet qu'il s'était procuré pour 100 000 francs.
Il n'en fallait guère plus pour effrayer son père.
Celui-ci lui donna un conseil judiciaire et l'envoya
faire le tour du monde pendant un an. Cela n'atté-
nua en rien un goût artistique jugé trop audacieux.

On aurait dit qu'il avait décidé de tout collectionner à condition que ce fût à chaque fois ce
qu'il y avait de mieux. Rien de secondaire, rien
de second ordre, qu'il s'agisse du XVIIIe siècle, des
estampes japonaises, des impressionnistes, du
Moyen Âge ou de la Renaissance. Il ne souffrait
pas la médiocrité en art. Comme beaucoup de
monde. Seulement il avait, lui, les moyens de ses
exigences.

C'était suspect, impardonnable même. Son argent l'embarrassait. À croire qu'il s'entourait
d'œuvres pour s'y fondre, alors que leur fabuleuse
réunion le désignait plus encore. Dans une de ses
vengeresses chroniques, Joris-Karl Huysmans
avouait ne pas comprendre qu'un Camondo ne
s'amende pas en faisant une donation. Ne fût-ce
que pour atténuer le permanent outrage que sa
scandaleuse fortune imposait à l'humanité. L'écrivain doutait qu'un tel potentat en fût capable.
Qu'il y eût même jamais songé.

Las ! Quelques années avant que le siècle ne
s'achevât, Isaac de Camondo souhaita, à l'instar
de la marquise Arconati-Visconti, que certains de
ses objets entrassent au Louvre. De son vivant. La
réception de ce royal cadeau fut l'occasion de vérifier son goût de collectionneur : bas-relief de
marbre provenant d'un retable du XVe siècle, saint
moine en bronze espagnol du XVIIe, buste de saint

Trond en bois de chêne flamand du XVIᵉ, saint
George s'apprêtant à percer le dragon de sa lance
en bois peint et doré du XVᵉ, crucifixion sur un
bas-relief en bronze attribué à Donatello... Dans
cette étourdissante réunion, le conservateur d'un
Département japonais encore balbutiant eut
même le choc de découvrir des estampes de Sha-
Rakou représentant des têtes d'acteurs fardés et
grimés, série que jusqu'alors nul n'avait réussi à
colliger avec des épreuves de cette qualité. Même
si on y devinait les conseils avisés de l'expert
Manzi, cet exceptionnel cabinet portait désormais
la signature de M. de Camondo et c'est cela qui
passerait à la postérité.

À Paris, il n'en fallait guère plus pour établir
durablement une réputation. D'autant que le présent qu'Isaac de Camondo avait fait au Louvre
était nimbé de mystère. Comme la collection
n'était pas exposée, il fallait obtenir une dérogation pour la contempler dans une pièce spéciale
où elle était gardée sous clef. Sylvain Bonma-
riage, le secrétaire personnel du ministre du Travail qui avait bénéficié de cet insigne privilège, se
répandit dans le monde sur la nature des merveil-
les qu'il avait pu ainsi entrevoir en secret, ce qui
accentua plus encore le prestige de l'illustre
mécène.

Quelques années après la mort de son père,
Isaac de Camondo avait déserté l'hôtel de la rue
de Monceau pour s'installer 4 rue Glück, au plus
près d'un bâtiment qui était à lui seul le nœud de
toutes ses passions, ce théâtre que Charles Garnier voulut le plus grand du monde, l'Opéra. De

ses fenêtres, il pouvait contempler l'entrée des artistes.

En collectionnant, il prenait de la hauteur. Car
plus il accumulait d'œuvres d'art, plus il achetait
d'appartements dans son immeuble.

À la charnière des deux siècles, sa silhouette devint familière dans tous les lieux où l'art se négo-
ciait. On le vit avec Cernuschi et Guimet fréquenter les japonistes de la galerie Samuel Bing.
Suivre les peintres français qui s'en inspiraient.
S'enthousiasmer pour Cézanne. Acheter au prix
record de 6 200 francs sa *Maison du pendu* à la
vente Chocquet quand une autre de ses toiles de
la même importance était partie pour 200 francs
cinq ans avant à la vente Tanguy. Faire des folies
raisonnables à la vente Goncourt pour des esquisses de Watteau et des folies déraisonnables pour
Le Masque de La Tour, pastel criblé de taches de
rouille auquel les experts ne donnaient pas dix
ans. Souper en habit au Café Anglais, boulevard
des Italiens, avec des collectionneurs nécessiteux.
Prendre une part active dans la création de la Société des amis du musée du Louvre afin de conserver en France les œuvres du patrimoine. Sub-
ventionner le tout nouveau Salon de la Société
nationale des Beaux-Arts. Supporter avec humour
les saillies antisémites de Degas pour ne pas perdre son amitié. Se délester de 30 000 francs pour
acquérir son *Défilé*. Acheter à Monet quatre *Cathédrales de Rouen* d'un coup. Ne pas rechigner
chaque fois que le marchand Paul Durand-Ruel
lui faisait payer le prix fort nonobstant leur vieille
amitié. Vivre dans le pavillon de musique de Lou-
veciennes avec sa maîtresse, Mme de Lancey,

comme jadis dans les mêmes lieux Louis XV avec Mme du Barry. Donner de nombreux coups de menton à la vente du baron Double. Rater plusieurs rendez-vous avec Marcel Proust pour finalement ne jamais le voir parce que l'un ne recevait que le matin et l'autre ne visitait que le soir...

Ambroise Vollard, qui l'avait convié dans sa fameuse cave pour y partager un cari de poulet avec ses peintres, notait qu'Isaac avait cru devoir s'intéresser « aussi » aux manifestations de l'art. On n'était pas plus méprisant. De même, le marchand estimait-il que son client avait usé pour la peinture du flair qui lui avait si bien réussi dans la finance. Qu'il achetait avec ses oreilles plutôt qu'avec ses yeux. Et qu'après tout, s'il défendait les impressionnistes, ce n'était point par dilection pour l'avant-garde mais pour ne pas passer pour un arriéré.

Isaac était un personnage d'une extrême complexité. Le torturé perçait sous le dilettante. Dans chacune de ses décisions, on le sentait constamment déchiré. Plus que tout autre, il paraissait agir sous le regard de la société. Non son superficiel qu'en-dira-t-on mais son jugement profond.

Quel que fût son amour pour la France, il ne se sentait pas français pour autant. Cependant, on aurait pu dire de lui ce qu'on disait d'autres mécènes cosmopolites, à savoir qu'ils enrichissaient le patrimoine de leur pays d'adoption afin de payer leur ticket d'entrée dans cette civilisation qui n'était pas la leur. Pour les mécènes juifs notamment, c'était s'acquitter d'une taxe pour se faire accepter. Comme une réponse de seigneur à l'antisémitisme qui s'épanouissait sous la plume des meilleurs auteurs, ou dans la conversation des plus grands artistes.

Il se voulait italien contre vents et marées. Son titre l'attachait plus encore à la couronne, si tant est qu'il ait eu des velléités de séparation. Cela lui valut d'affronter des contradictions douloureuses.

Sa situation sociale exigeait qu'il eût, en sus du reste, la qualité de diplomate. Aussi était-ce tout naturellement qu'il était devenu consul général de l'Empire ottoman à Paris. Cela alla sans heurt jusqu'à ce qu'il fût personnellement mêlé à une procédure judiciaire en Turquie et en Italie, pour des questions successorales. Or MM. Danieli et Fisinato, ses avocats à Ancône, étaient également députés au Parlement. Pour gagner leur affaire, ils n'hésitèrent pas à se lancer dans des plaidoiries si nationalistes qu'elles en étaient outrageantes pour la Sublime Porte. Ne reculant devant aucun argument, ils accablaient la civilisation ottomane et les mœurs musulmanes, les présentant comme barbares, haineuses et xénophobes, et soulignant le caractère inique de la justice telle qu'elle s'exerçait à Constantinople. Pis encore : pour déclencher une campagne d'opinion, ils firent éditer leurs philippiques en brochure et les diffusèrent dans toute l'Italie. En en découvrant la teneur, Isaac de Camondo fut consterné. Dans une correspondance fournie avec ses avocats, il usait même d'un ton assez pathétique pour défendre ce à quoi il tenait le plus : « mon pays d'origine et surtout mon souverain ». L'Italie de Victor-Emmanuel II, bien sûr. Ne pas le faire lui eût paru une sorte de trahison. Une vulgaire affaire de succession mettait cruellement au jour sa double allégeance. Le sultan Abdul Hamid II, empereur des Ottomans, lui régla son cas de conscience en un instant en le relevant aussitôt de ses fonctions de consul.

On eût dit qu'il lui fallait toujours des crises pour résoudre ses dilemmes. Plus il avançait en âge, plus il se sentait irrésistiblement attiré vers les arts. On le disait doté d'un goût et d'un jugement très sûrs, éprouvés par les conseils des plus éminents spécialistes de chacun des domaines auxquels il s'intéressait. Il n'en demeurait pas moins insatisfait. Le collectionneur en lui s'épanouissait, pas le créateur. Or il avait besoin de cette activité-là, d'autant que, contrairement à la première, elle ne souffrait à ses yeux d'aucune ambiguïté. Elle n'avait pas partie liée avec l'argent. Créer pour Isaac, c'était se retrancher dans un monde intérieur. Loin, très loin, des interminables réunions de conseil à Paribas, à la Compagnie du gaz, aux Chemins de fer andalous, aux Ciments du Boulonnais. Ou dans les limbes du futur Crédit foncier ottoman.

Créer, ce n'était pas peindre ni écrire, mais composer. Très jeune, il s'était plu à inventer de la musique dans le feu des improvisations avant que son maître Gaston Salvayre n'y mît un peu d'ordre. Jusqu'à ce que, à vingt-cinq ans, l'audition de la *Tétralogie* à Bayreuth le bouleverse durablement. Sur le moment, cette révélation le laissa sans voix. Mais au lieu de le stimuler, elle le stérilisa. Persuadé qu'il ne ferait jamais mieux que Wagner, il préféra renoncer. Pendant des années, il se contenta donc de soutenir financièrement des créations telles que *Louise* de Charpentier, ou *Pelléas et Mélisande* de Debussy, de susciter des clubs tels que la Société des artistes et amis de l'Opéra et d'entretenir des danseuses telle sa protégée, Mathilde Salle.

En fait, et c'était son grand drame, Isaac de Camondo souffrait de passer pour un dilettante. Il était persuadé que sa fortune et sa situation sociale porteraient préjudice à la réception de ses œuvres. Certains de ses proches se demandaient s'il ne s'était pas mis à collectionner à défaut de composer. D'aucuns crurent même déceler dans ce fastueux dépit la vraie nature de son secret.

Rien n'y faisait, même les critiques les mieux intentionnés à son endroit. Il était convaincu que l'argent des Camondo jetait un discrédit sur son talent musical. Quoi qu'il fît, il se désolait de passer pour un amateur fortuné quand il eût voulu qu'on le traitât à l'égal de ces professionnels qui, comme lui, avaient étudié la fugue et le contrepoint pendant vingt ans. Or, on le présentait comme quelqu'un de plus ou moins doué, mais qui ne se distinguait des autres que parce qu'il avait les moyens de sa passion. Ce mépris des gazettes quand elles faisaient allusion au financier richissime « à ses heures, musicien distingué », son ami Albert Cahen d'Anvers, élève doué de César Franck, l'avait également subi. Certains critiques ne manquaient pas une occasion d'écrire que, malgré sa vocation, l'artiste avait étiré une carrière médiocre au-delà du raisonnable grâce à sa fortune.

La maison de banque, pour prospère qu'elle fût sous son mandat, l'ennuyait. Le haut personnel de la finance parisienne n'était pas des plus bril-

lants. Tous les administrateurs de Paribas
n'étaient pas, tel Horace Finaly, d'anciens condisciples de Proust capables de lire les auteurs grecs
dans le texte.

Ce ne fut qu'à cinquante-trois ans qu'il osa se
remettre à composer. Ou, du moins, à soumettre
ses compositions au verdict du public et de la critique. Cela donna *Bosphorescence* et surtout *Le
Clown*, sa grande œuvre, créée à l'Opéra-Garnier
puis reprise à l'Opéra-Comique. Mais si quelques
critiques voulurent bien évoquer la parenté flat-
teuse de Richard Strauss, d'autres ne purent s'empêcher de glisser de perfides allusions à la qualité
si particulière du compositeur. Et à ses largesses
pour les prestigieuses maisons qui avaient eu la
bonté d'accueillir son œuvre.

Quoi qu'il fît, Isaac restait un Camondo. Après
tout, Meyerbeer lui aussi avait été fils de banquier. Mais ça ne le consolait pas pour autant.
Peut-être aurait-il dû prendre un pseudonyme ?
Henri de Rothschild, auteur dramatique à ses heures, s'y était résolu. Mais nul n'en était dupe. Maints
chroniqueurs se plaisaient à rappeler à la moindre
occasion que derrière les succès d'un certain André
Pascal se profilait une puissance financière qui ne
devait rien à la fortune des planches.

À défaut de mourir en compositeur célébré et
reconnu, Isaac eût volontiers poursuivi la seconde
partie de son existence dans l'habit d'un mécène,
ami des arts et des lettres. Cela pouvait se faire
chez les Camondo puisque cela se faisait chez les
Rothschild. Adolphe, le dernier chef de la maison
de Naples, ne s'était-il pas retiré des affaires en
quittant l'Italie pour la France après la chute des

Bourbons ? Il était à mi-vie, lui aussi. Il entendait se consacrer à l'art et aux courses. Certes... Mais à la différence des Camondo, les Rothschild étaient nombreux, leur établissement suffisamment solide pour supporter ces retraits de capitaux et la famille assez forte pour n'être pas ébranlée par ce manquement à l'union sacrée.

Les Camondo, eux, n'étaient plus que deux. Isaac paraissait d'autant moins fondé à s'en plaindre qu'il n'avait pas bâti de famille. Pourtant, avant de mourir et jusque dans son testament, son père l'en avait imploré. Mais il n'avait jamais plié. À cette vie rangée, il préférait les danseuses de l'Opéra et sa maîtresse en titre, dont il avait eu deux enfants illégitimes.

Quand Isaac prit la relève, Moïse n'était encore que l'autre Camondo. Le plus jeune. C'était dans sa nature. Il se présentait comme un taiseux. Peut-être cachait-il bien son jeu, à moins qu'un excès de réserve ne le fît passer pour plus taciturne qu'il n'était ? Il aimait si peu se mettre en avant que certains fournisseurs lui donnaient encore du « M. Commando » sans que la maladresse fût relevée. Pareille aventure ne pouvait survenir qu'à quelqu'un de notoirement méconnu.

Moïse avait conscience d'être entré fortune faite dans le monde des affaires. L'orgueil des financiers d'autrefois lui faisait défaut. Il lui manquerait toujours l'opiniâtreté de celui qui n'obtient que ce qu'il conquiert de haute lutte.

C'était un héritier.

Rien dans sa personne n'attachait ou ne détachait le regard. Rien si ce n'était sa qualité de bor-

gne. Il avait perdu l'œil droit à la suite d'un accident de chasse. Ses portraits photographiques,
pris du même profil, témoignaient *a contrario* de
son handicap. Il portait un monocle comme un
homme du monde, et non des lunettes comme un
homme de cabinet. Cela lui était devenu aussi naturel que de monter à cheval.

Il lisait régulièrement *Le Figaro* et la *Revue de
Paris*, feuilletait les revues artistiques pour les ré-
sultats des ventes et *Le Gaulois* pour sa chronique
très gratin. Il semblait autant préoccupé de se
faire une situation mondaine que de fonder une
famille. À la manière dont il s'y prenait, on pouvait croire que l'une n'allait pas sans l'autre.

Elle s'appelait Irène, elle n'avait pas vingt ans,
c'était une juive du meilleur monde. Moïse n'avait
pas été la chercher loin : elle était la fille de l'un
de ses meilleurs amis. En en faisant la comtesse
de Camondo, il ne quittait pas son milieu mais
épousait un monde. Car la réussite sociale de sa
belle-famille avait été beaucoup plus rapide et
spectaculaire que celle de la sienne.

Les Cahen d'Anvers étaient parmi les plus puissantes personnalités de la haute finance parisienne. Avec les Bischoffsheim auxquels ils était
apparentés, ils avaient quitté le conseil de la Société générale pour fonder Paribas. On les avait
vus s'allier successivement avec les Rothschild,
puis avec les Pereire. Ils avaient créé la Société
minière et métallurgique de Penarroya, bonifié
des centaines de milliers d'hectares au Paraguay,
financé le développement de l'Argentine, investi
des capitaux considérables dans les chemins de

fer. Au-delà de l'immense fortune qu'ils représentaient, ils avaient déjà un nom. À Paris, c'était un précieux atout, fût-il conquis de fraîche date. En ce temps-là, l'*Annuaire de la noblesse de France* présentait encore les Camondo comme une famille de banquiers israélites « originaire de Roumanie », mais il était beaucoup plus exact sur les Cahen d'Anvers.

Joseph-Mayer, le père, n'avait transféré sa maison de banque à Paris qu'en 1848, juste avant de se faire naturaliser. Un jour, d'autorité, il adjoignit « d'Anvers » à son patronyme et le porta ainsi sans y être autorisé. Quand le décret parut enfin au *Journal officiel*, cela ne fit qu'entériner un ancien état de fait. Non que M. Cahen voulût à tout prix rappeler le passage des siens dans la ville de Rubens. En fait, il tenait autant à se distinguer de la masse de ses quelconques homonymes qu'à se rapprocher d'une sorte d'élite en faisant illusion sur une improbable particule. Il n'en avait pas vraiment le droit puisque, par un décret de 1808 contraignant les juifs à fixer leur patronyme, Napoléon Ier leur avait interdit d'adopter des noms de ville. Sauf cas exceptionnel. Mais, à l'usage, l'exception eut vite fait de devenir la règle.

Son ascension fut des plus rapides. Il lui fallut moins d'une génération pour asseoir sa notoriété. Mais jamais sa réussite n'entama en lui le désir irrépressible de se reconstruire une prestigieuse généalogie. Les bons jours, il n'hésitait pas à se prétendre descendant du roi David. On en trouvait même une trace dans son blason, à travers un lion d'or tenant une harpe entre ses pattes. Mais, après tout, les Lévis-Mirepoix se disaient bien cousins de la Vierge. Dans un cas comme dans l'autre, les documents faisaient curieusement défaut, ce qui n'avait d'ailleurs aucune importance. À la longue, la revendication avait force de preuve.

À ses obsèques, en 1881, le grand rabbin de Paris, Zadoc Kahn, raconta que, s'étant un jour découvert un ancêtre en la personne du vénéré Joseph del Medigo, il acheta tous ses livres et, dans sa bibliothèque, leur réserva une place de choix qui ressemblait fort à un sanctuaire. Pour se convaincre autant que pour convaincre le visiteur de la qualité de son ascendance. Las! Jusqu'à son dernier souffle et au-delà, elle aura suscité le doute. Le grand rabbin lui-même, en faisant distribuer la plaquette reproduisant le discours funèbre qu'il dédia à sa mémoire, crut bien faire en précisant « M. le Comte Meyer Joseph Cahen (d'Anvers) ».

S'il n'avait été déjà mort, cette parenthèse l'aurait tué. Dans le cortège qui l'accompagnait à sa dernière demeure, nul n'en doutait, car ils connaissaient tous le vieux travers du défunt : le baron de Rothschild et le prince de Beauvau, le baron Petit et le comte d'Estournel, Fould et Denfert-Rochereau, sans oublier ses gendre et petits-fils, Montefiore, venus tout exprès d'Angleterre, ni les gens de Nainville dont il était le châtelain. Les folliculaires antisémites, jamais à court d'un bon mot, racontaient même que du temps de son ascension, par coquetterie autant que par snobisme, il prenait l'habitude de signer sa correspondance d'affaires « C. d'Anvers », et qu'il cessa le jour où Oppenheim lui envoya une lettre en retour signée « O. de Cologne »...

Les mauvaises langues prétendaient également que le titre des Cahen d'Anvers était romain, sachant l'appellation méprisante et ambiguë, car elle évitait de préciser s'il était pontifical ou palatin. En vérité, les Cahen d'Anvers auraient pu constituer avec les Camondo un club des plus exclusifs. Celui-ci aurait regroupé les deux seuls comtes français de la couronne d'Italie, l'un par la grâce de Charles-Albert qu'il avait financé en 1848 en pleine traversée du désert, l'autre par son successeur Victor-Emmanuel II qui lui avait octroyé un titre le 15 septembre 1870. Mais non. Cela venait d'Italie, c'était donc suspect à l'égal de n'importe quel titre de complaisance ou de courtoisie.

Il faut dire que la passion nobiliaire de la société italienne était sans limites. Il y avait foule dans cette élite. Le Saint-Siège en était grandement responsable. Dans ses antichambres, certains avaient laissé faire sinon favorisé des trafics de brefs. Pour quelques authentiques, combien de frelatés. Tant de républiques, de rois, de papes, de familles régnantes avaient distribué de titres qu'il était urgent de mettre un peu d'ordre dans ces usurpations. Un Cabinet des titres du royaume, créé en 1889, s'y employa, quelques années avant que le ministère de l'Intérieur ne commence à réprimer les illégalités.

Il y avait eu tellement d'abus, y compris chez d'authentiques représentants de la vieille noblesse française qui éprouvaient le besoin d'en rajouter. À quel désir intérieur pouvait bien obéir un comte de Dampierre pour intriguer à Rome afin d'être fait duc de San Lorenzo ? Marcel Proust appelait cela « un titre à la Cahen d'Anvers », c'est dire ! Ceux-là devaient être malades à la pensée que Napoléon III avait voulu faire duc son cher ministre Achille Fould, et que celui-ci avait poliment décliné une aussi embarrassante proposition.

À ses obsèques, les quatre fils de Joseph Cahen d'Anvers conduisaient le deuil. La chronique mondaine avait surnommé Édouard, Raphaël et Louis : « le comte courant », « le comte à dormir debout » et « le comte à l'envers ».

Albert, le quatrième frère, était souvent exclu du jeu de massacre. C'était le non-conformiste, le marginal, l'artiste de la famille, l'ami des peintres et des écrivains, puisqu'il en fallait un chez eux comme chez les autres. À croire que l'absence d'un original par génération eût jeté la suspicion sur les gènes de la lignée. Compositeur de musique, il avait épousé Loulia Warschawska. Cette émigrée polonaise, que sa société avait surnommée « madame Perfection », partageait sa vie entre leur petit hôtel de Villars, rue de Grenelle, son chalet du lac de Gérardmer et l'hôtel de la rue de Monceau, habité par sa sœur, cette fameuse Marie Kann dont l'énigmatique beauté inspira tout aussi bien Guy de Maupassant que Paul Bourget.

Édouard, le chevalier de Malte, très répandu dans la haute société romaine où il s'était établi, avait pris la nationalité italienne. Le roi l'avait fait marquis de Torre-Alfina.

Raphaël et Louis tenaient les affaires de la famille à Paris. Auguste Chirac ne s'y était pas trompé qui, dans son pamphlet *Les Rois de la République*, leur faisait la plus grande place dans le chapitre consacré à leur famille. Il les présentait comme des arbitragistes internationaux que leur spécialité aurait enrichis au-delà du raisonnable.

Louis Cahen d'Anvers devint donc le beau-père de Moïse de Camondo. Son épouse Louise, née de Morpurgo, était issue d'une riche et prestigieuse famille séfarade qui avait fait de Trieste la capitale des assurances dans l'Europe centrale. Elle y avait la haute main sur les Assicurazioni Generali, mais également sur la Chambre de commerce et la principale compagnie de navigation. Toutes choses qui comptaient dans une cité qui avait tout de même été la seule grande ville maritime de l'empire des Habsbourg.

En 1880, le couple avait confié à l'architecte Destailleur la construction et l'aménagement d'un hôtel en rapport avec leur situation mondaine fort enviable, au 2 rue de Bassano. C'est là, à l'angle de la place des États-Unis, sur la colline de l'Étoile, qu'ils vivaient avec leurs cinq enfants, une domesticité nombreuse, une collection de vases de Chine bleus, des lambris provenant de l'ancien hôtel de Mayenne, des objets d'art des xviie et xviiie siècles et des tableaux. Les peintres Bonnat et Carolus-Duran furent commissionnés pour réaliser des portraits du comte et de la comtesse. Mais c'est à Renoir, rencontré à une réception chez les Charles Ephrussi, qu'il échut d'exécuter ceux de leurs filles.

Son portrait de la femme de l'éditeur Charpentier, saisie dans son intimité avec ses deux filles et leur chien, avait remporté un grand succès. Il lui ouvrait les portes de salons dont il acceptait les commandes tout en se gardant de ne jamais devenir un peintre mondain. Après avoir peint la vénérable Mme Eugène Fould et le petit Fernand Halphen, il se rendit donc chez les Cahen d'Anvers, qui vivaient alors avenue Montaigne, en attendant que soit achevée la construction de leur hôtel de la rue Bassano.

D'abord Élisabeth et Alice. *Rose et bleue* représentait les deux adolescentes, debout de face, dans leurs plus beaux atours, mais sans grâce et sans mystère. Elles avaient l'air d'être posées là. Puis *Mademoiselle Irène Cahen d'Anvers*, autre huile sur toile de 64 × 54 cm. En deux séances de pose, le peintre avait su restituer toute la délicatesse de son modèle. Saisie en buste de demi-profil, robe à jabot et volants de dentelle, les mains sereinement posées sur les genoux, sa belle chevelure rousse sagement étalée sur le dos, un petit nez retroussé dans le prolongement d'une lèvre supérieure joliment ourlée, cette petite fille qui n'avait pas dix ans était déjà entièrement contenue dans ses grands yeux clairs. Son regard, perdu dans le vague, hésitait entre l'ennui et la mélancolie. On voudrait y déchiffrer son secret. Peu d'œuvres ont réussi comme celle-ci à capter tout ce qui nous demeure inaccessible du monde intérieur d'un enfant.

Renoir et les Cahen d'Anvers se séparèrent dans de mauvaises conditions. Mécontents du travail de l'artiste, ils firent accrocher ses deux tableaux dans les communs de leur hôtel. On ne pouvait être plus méprisant. Leur attitude se traduisit également par le retard mis à le régler. D'autant qu'aucun prix n'avait été fixé par avance. Finalement, avec mauvaise grâce, ils lui firent remettre 1 500 francs. C'était plus qu'il n'avait encore jamais touché pour un portrait, mais nettement moins que ce qui se pratiquait ailleurs. L'incident paraissait d'autant plus regrettable que Cahen d'Anvers était, de tous les commanditaires israélites que Charles Ephrussi avait présentés à Renoir, le plus riche et le plus répandu. L'intermédiaire fut également fort embarrassé par cette affaire qui le plaçait dans une situation difficile, étant l'ami du peintre et l'amant de la comtesse Louise...

Fort déçu de tant de pingrerie, Renoir en eut, disait-on, des accès de mauvaise humeur antisémite, que seule put tempérer la présence du portrait d'Irène dans une exposition à la galerie Durand-Ruel deux ans après. Pour la petite fille au ruban bleu, ainsi que l'appelèrent dès lors les connaisseurs, ce fut le début d'une sorte de légende.

Robert et Charles, l'aîné et le cadet des cinq enfants Cahen d'Anvers, banquiers tous deux comme leur père et avec lui, épousèrent respectivement Sonia Washawsky et Suzanne Lévy. Quant à leurs trois sœurs, étant moins liées par les affaires de famille, elles connurent d'autres destins.

Proust, commensal assidu de leur mère, assurait non sans malice qu'Élisabeth s'était faite catholique à la suite d'une chute de cheval. Pour comprendre le rapport de cause à effet, il convient de préciser qu'elle y avait miraculeusement survécu. Toujours est-il que de cet accident datait son ardent désir de se convertir, et qu'elle épousa à l'église le comte de Forceville. Toutes choses qui n'allaient pas de soi chez les Cahen d'Anvers. En dépit des exigences de la mondanité, l'on y pratiquait discrètement un judaïsme bien tempéré. Leur troisième fille, Alice, s'engouffra dans la voie tracée par Élisabeth sans qu'il fût nécessaire d'en appeler à une dimension spirituelle. Elle épousa un général de l'armée britannique reconverti dans la politique, Sir Charles Vere Ferrers, avant qu'il ne devienne Lord Townsend of Kut. Irène enfin, l'aînée des trois sœurs, fut comme de juste la première à convoler. Elle obéit à son père et se laissa épouser par le comte Moïse de Camondo.

Elle avait dix-neuf ans, elle avait vu le jour dans la propriété familiale de La Jonchère près de Bougival, elle était ravissante, c'était à peine une femme.

Il avait trente et un ans, c'était déjà un monsieur, il avait passé sa jeunesse chez les Turcs, il était borgne, on le disait réservé, voire ennuyeux.

S'il l'adorait, la réciproque était moins vraie.

Leur union fut célébrée le 15 octobre 1891 par le nouveau grand rabbin de Paris, J. H. Dreyfuss. Un mariage dit de catégorie hors classe, à la grande synagogue de la rue de la Victoire, naturellement.

Tout était affaire de symboles. Plus encore que l'assiduité aux offices ou la pratique religieuse, le mariage entre semblables demeurait plus que jamais le critère ultime de l'identité. C'était le dernier lien qui rattachait le juif à ses origines, quand bien même la foi l'aurait déserté.

L'union des Camondo et des Cahen d'Anvers prit d'autant plus de relief qu'il s'agissait de deux

grandes familles de la haute finance et de l'aristocratie juives. Elle intervenait dans un contexte parisien très agité par des politiques d'alliance et
des stratégies matrimoniales. Elles avaient déjà
leur Saint-Simon mais attendaient encore leur
Metternich. Au moins avec les Rothschild, c'était
assez clair. En son temps, il y a peu encore, le baron James, comme d'autres de ses frères et cousins, s'était marié dans sa propre famille afin que
l'argent n'en sortît pas. Et qu'importe si l'élue, sa
jeune nièce, n'avait que dix-neuf ans. Le principe
avait fait ses preuves, la prospérité du clan en témoignait. Mais enfin, c'étaient les Rothschild.
Eux seuls pouvaient se permettre ce genre de
mœurs sans trop susciter de commentaires déso-
bligeants.

Le nouveau couple commença par s'installer.
Depuis son arrivée à Paris, alors qu'il n'avait pas
dix ans, Moïse n'avait vécu que dans les XVIe et
VIIIe arrondissements, entre la colline de l'Étoile
et la plaine Monceau. Avec ses parents, il avait
habité une maison de la rue de Presbourg, cette
voie circulaire desservant les magnifiques hôtels
qui avaient le privilège de tutoyer l'Arc de Triomphe. Puis ce fut l'hôtel Violet de la rue de Monceau, acheté par son père aux Pereire. Jusqu'à ce
qu'il prenne ses distances et emménage 11 avenue
d'Iéna, en face du prince Roland Bonaparte. Puis
il habita dans une artère longeant l'esplanade des
Invalides et que se partageaient le ministère des
Affaires étrangères, le vicomte d'Harcourt et le
duc Decazes. C'était l'hôtel du 23 rue de Constan-
tine, loué à la princesse de Sagan. Enfin, il prit

ses quartiers dans un hôtel loué à Mme Ida Seligmann, veuve Bernstein, au 19 de la rue Hamelin,
peu avant que Marcel Proust ne l'immortalise par
sa présence. Loué et non acheté. À croire qu'il eût
voulu donner raison au Balzac du *Cousin Pons* :

« Si le vieux Juif s'était décidé, contre les lois
israélites, à devenir propriétaire, croyez qu'il eut
bien ses raisons... »

La mère de Moïse n'avait que cinquante et un
ans. Elle vivait seule dans l'hôtel familial de la rue
de Monceau. Un jour ou l'autre, il en hériterait. Il
suffisait d'attendre. Irène en aurait-elle la patience ? Il n'était pas question de vivre dans un appartement, fût-il vaste, ou même dans une maison.
Ce ne pouvait être qu'un hôtel. Ils pouvaient certes en acquérir un de moindre cachet, mais cela
n'aurait pas convenu à leur rang.

Pour les gens de ce monde, l'adresse revêtait
une importance considérable. Certains se seraient
damnés pour qu'elle satisfît leurs plus hautes ambitions. Sans une adresse de qualité, un grand
nom l'était déjà moins. Tout était affaire de signes
et de symboles. Un anthropologue des bords de
Seine aurait pu étudier la vie quotidienne de ses
indigènes les plus huppés uniquement à travers
les aléas de leurs déménagements. Quand le
prince de Caraman-Chimay n'eut plus les moyens
d'entretenir l'hôtel de la Bazinière construit par
Mansart, dont il avait hérité au 17 quai Mala-
quais, il vécut avec les siens au rez-de-chaussée
et loua tout le premier étage à Alexandre et Flore
Singer, avant de se résigner finalement à le vendre à l'État.

Leur topographie de la capitale n'était pas celle des bourgeois. Le Paris habitable se limitait pour l'essentiel à trois quartiers : le faubourg Saint-Germain, le faubourg Saint-Honoré et la plaine Monceau. Dans son roman *L'Irréparable*, publié en 1901, Paul Bourget réunissait ces trois mondes sous le nom de Cosmopolis. C'était pure vue de l'esprit. Car on ne passait pas si aisément de l'un à l'autre. Les douanes de ces pays imaginaires étaient d'autant plus inflexibles qu'elles étaient invisibles. Émigrés et clandestins étaient exceptionnellement tolérés plus qu'ils n'étaient acceptés. Le génie d'un seul donna l'illusion que l'on pouvait passer du côté de chez Swann au côté de Guermantes.

Le faubourg Saint-Germain était le cœur parisien de l'aristocratie française. Depuis 1830, on l'appelait « le noble faubourg » ou « le grand faubourg » ou encore « le faubourg » comme s'il n'y en eût jamais qu'un. Entre l'hôtel national des Invalides, la Chambre des députés et les grands ministères, quelques voies à peine délimitaient son périmètre mythique : rue de l'Université, rue Saint-Dominique, rue de Lille, rue de Grenelle, rue de Varenne... Qui y vivait ? Les d'Harcourt, Castellane, Broglie, Clermont-Tonnerre, Vogüé, Cossé-Brissac, Guiche, La Rochefoucauld-Doudeauville, Montmorency, Noailles, Talleyrand-Périgord... À la fin du XIXe siècle, quelques-uns vendirent leurs hôtels pour s'installer dans le XVIe ou le VIIIe arrondissement.

L'appel de l'ouest était un signe des temps. Il mit à l'épreuve la fidélité légitimiste. Bientôt, on prit l'habitude de se rendre en grand équipage chez les Polignac, avenue Henri-Martin, chez le marquis de Breteuil ou le comte de Castellane, avenue du Bois, chez le marquis de Ganay, avenue de l'Alma.

Le faubourg Saint-Honoré présentait d'autres attraits. James de Rothschild avait fait des émules. Mais vu la configuration des lieux, il était bien le seul à pouvoir jouir d'un tel point de vue sur la place de la Concorde, son hôtel occupant l'angle formé entre la rue Saint-Florentin et la rue de Rivoli. Le baron vivait entre des murs où depuis 1767 s'étaient succédé le duc de La Vrillière, le duc de Fitz-James, le marquis d'Hervas, Talleyrand et enfin la princesse de Liéven.

Pour le reste, l'ancienne place Louis-XV était dévolue au ministère de la Marine et au Cercle de la rue Royale. À la fin du siècle, les rares autres particuliers à y vivre étaient, au 6, la marquise de Plessis-Bellière qui légua par testament son hôtel au pape Léon XIII afin qu'il y installât la nonciature et, au 10, l'hôtel offert par le marquis de Crillon à sa fille la duchesse Amélie de Polignac.

En fait, ceux qui avaient choisi ce quartier se concentraient pour l'essentiel dans la rue du Faubourg-Saint-Honoré. Non sur l'ensemble de ses deux kilomètres mais sur la portion alentour des 53-55, adresse du palais de l'Élysée, résidence du président depuis le début de la IIIe République. Qui vivait là alors ? Le comte de La Panouse (au 29), le comte Pilet-Will (au 31), Nathaniel de Rothschild (au 33), Pereire (au 35), Edmond de Rothschild (au 41), Goldschmidt (au 43), l'autre Pereire (au 45), les barons de Soubeyran (au 66),

Louis Stern (au 68), le duc de Camastra (au 85), le comte de Rémusat (au 118), le comte de Fels (au 135), Gustave Schlumberger (au 140)...

Enfin, la plaine Monceau, neuve et paisible, attirait tant les émigrés du noble faubourg que ceux du quartier Saint-Honoré. Les Pereire avaient donné le *la*. Ils ne s'étaient pas contentés de convaincre les juifs les plus fortunés. D'un instinct parfait, ils avaient anticipé un mouvement encore en gestation. Certains ralliements avaient valeur de symbole. Ainsi quand la duchesse d'Uzès abandonna sa résidence des Champs-Élysées pour installer les siens dans quatre hôtels contigus et communicants en bordure du parc Monceau.

Ces transhumances suscitaient des vocations de géographes. Mais, là encore, la science des origines l'emportait sur la simple chronique mondaine. Le peintre Jacques-Émile Blanche, qui le fréquentait assidûment, décrivait ce nouveau milieu comme étant « le cosmopolitisme judéo-gotha phynance à la clé ». En rapportant ce mot, Paul Morand donnera plus tard un cachet très particulier à cette fin de siècle parisienne.

À en croire ce dernier, les Camondo avaient alors, avec les Rothschild, les Pereire et les Fould, « trois quarts de siècle d'avance mondaine » sur les autres juifs. Comme si cette qualité, en favorisant leur intégration dans la meilleure société, devait les soustraire à l'antisémitisme du commun. L'écrivain en était convaincu puisqu'il les distinguait d'emblée de la plèbe des arbitragistes enrichis et des Levantins aux ressources douteuses. Nul doute qu'à ses yeux les salons juifs faisaient et défaisaient les gouvernements. Dans cette

France qu'il ressusciterait comme une nouvelle Sion, l'argent-roi des parvenus permettait le plus antinaturel des phénomènes : les baronnes de Rothschild avaient fait accepter au faubourg Saint-Germain l'alliance du faubourg Saint-Honoré...

Au ton dont certains usaient pour évoquer cette autre révolution, on sentait qu'un pays pouvait être mis à feu et à sang pour moins que cela.

Des trois, « le faubourg » était le seul qui fût véritablement quartier de noblesse. C'était un bastion monarchiste, catholique et antidreyfusard. En l'absence du roi, c'est là que siégeait la cour. Elle exerçait un incontestable pouvoir d'attraction pour tous ceux qui n'en étaient pas. Le secret embellissait le mythe. Mais parmi ces fins de race, combien étaient dignes de porter leur nom ? Dans son *Dictionnaire des idées reçues*, Flaubert avait dit l'essentiel en trois mots : « Noblesse. La mépriser et l'envier. »

Le Faubourg n'était pas seulement le monde, c'était un monde. Il avait l'intime conviction d'être la France éternelle. Outre l'indéniable prestige dont il jouissait, la magie du patronyme dont il usait et abusait, il se caractérisait par sa discrétion, sa distinction, sa pudibonderie, son austérité et une insondable médiocrité intellectuelle. Toutes choses qui, additionnées, produisaient une simplicité ostentatoire.

Une race de gens vivait là que Proust, dans une lettre, évoquait comme étant « silencieusement contents de se croire à peine revenus de la deuxième croisade, tout en Pierre l'Hermite et saint Bernard, épouvantés du moindre bruit qui n'est pas cent fois motivé... »

La duchesse de Gramont l'avait fait inviter pour la première fois dans le Faubourg. Encore qu'être admis en ces lieux si fermés par son biais ou par celui d'une princesse de Wagram ne constituait qu'une première étape. Étant nées Rothschild (« nez Rothschild », soulignaient d'une grimace les plus cruelles), elles étaient légèrement déclassées. Rien n'y faisait, ni la conversion, ni le nom, ni le titre, ni l'argent, ni les obsèques à Saint-Pierre-de-Chaillot. Malgré les pompes et circonstances, elles demeuraient aux yeux de ce monde-là les filles de leur père. Un juif. Celui-ci le lui rendait bien, n'évoquant plus les Gramont et les Wagram que comme la branche carolingienne de sa famille.

Au fur et à mesure des alliances, l'obsession généalogique gagnait du terrain. D'un côté comme de l'autre, on semblait ne s'être jamais autant préoccupé d'onomastique que depuis ces récents mélanges commandés par des intérêts bien compris. Les uns redoraient leur blason, les autres blasonnaient leur dot.

Au lendemain du Second Empire, les juifs étaient devenus à la mode. D'un même élan, le Faubourg découvrait israélites et homosexuels, trouvant un charme secret à ses marginaux, pour autant qu'ils restassent eux-mêmes. Avec les unions familiales, on entrait dans un tout autre registre.

Le phénomène avait connu son véritable essor dans les années 1880. La comtesse de Briey datait de là l'acte de décès de la bonne vieille société, laquelle n'avait pas su ou pas voulu résister à « la déroute des conservateurs et à la montée juive ». La crise des prix agricoles en était à ses débuts, mais elle avait déjà derrière elle quelques années sévères. Nombre de nobles étant par tradition de grands propriétaires terriens, elle provoqua l'effondrement de leurs ressources. Soudain, certains n'avaient plus les moyens de leur splendide isolement. Par nécessité, la caste la plus fermée de France s'entrouvrait un peu plus sans être trop regardante sur les lettres patentes.

L'époque était aux mariages américains et aux unions israélites. Certains les évoquaient avec effarement, comme s'il s'agissait de la rencontre historique entre la noblesse et la marchandise. Il ne fallait pas être grand clerc pour constater que de vieilles familles françaises devenaient un peu plus cosmopolites au fur et à mesure que des conseils d'administration prenaient une allure un peu plus aristocratique.

Ces mésalliances n'étaient pas nouvelles. Après tout, on pouvait les considérer comme l'évolution d'un vieux système. Jadis, dans les cours d'Europe centrale, aristocrates endettés et grands seigneurs nécessiteux empruntaient de l'argent aux juifs de Cour. En France, en revanche, les nobles désargentés épousaient les filles des bourgeois enrichis. Désormais, ils convolaient avec des israélites dotées pour l'éternité et même au-delà. Avec tout ce que cela pouvait supposer de renoncement consenti de part et d'autre.

Par épisodes, quelques incidents avaient émaillé l'existence de la communauté. Une affaire notamment était encore dans les mémoires. En

1843, le Consistoire était dirigé par un incompé-
tent notoire qui se fichait du judaïsme comme
d'une guigne. Le banquier Worms de Romilly
avait acheté son élection grâce à son entregent
dans le monde de la haute finance. Depuis vingt
ans qu'il était à sa tête, il se servait de l'institution
plus qu'il ne la servait. Il paraissait inamovible.
Le coup de grâce lui vint de sa propre famille.
Quand sa petite-fille, Mlle de Haber, se convertit
au catholicisme et épousa le vicomte de Grouchy
en l'église Saint-Philippe-du-Roule, le scandale
fut tel qu'il dut abandonner ses fonctions de président du Consistoire.

Un demi-siècle avait passé. Les mentalités
avaient évolué. Mais cette même réalité n'en demeurait pas moins scandaleuse. Elle l'était pour
des membres de l'aristocratie. Le baron de Günzburg, par exemple, banquier originaire de Saint-
Pétersbourg, qui voulait une éducation juive ap-
profondie pour ses enfants, la confiant aux meilleurs maîtres. Ou encore le baron Joseph Léonino, banquier d'origine génoise, qui exigea
l'externat quand son fils s'inscrivit à l'École des
Mines, afin qu'il puisse continuer à manger de la
nourriture cachère.

Scandaleuse, cette réalité l'était également pour
certaines grandes familles du Faubourg, celles
dont l'horloge s'était arrêtée en 1789. À leurs
yeux, la mésalliance commençait lorsqu'on ouvrait ses rangs à des barons d'Empire. Après une
telle chute, tout ne pouvait être que de l'ordre de
la décadence. Les juifs ne représentaient qu'un
degré de plus dans la descente aux affaires.

Selon les milieux, l'indignation était plus ou

moins feutrée. Dans les salons, on murmurait des
perfidies. Dans les livres, on les criait. Dans les
journaux, on les hurlait.

Ce pouvait être discret, mais ferme. Ainsi en
1890, quand Paul Bourget épousa à Saint-Fran-
çois-de-Sales une demoiselle Amélie David, fille
d'un riche armateur d'Anvers, quelques gazettes
spécialisées se répandirent en malveillances. Pour
complaire au célèbre romancier, *Le Figaro* s'employa à les démentir, assurant que l'élue était bien
française et catholique, et qu'elle n'avait rien à
voir avec « l'opulente famille » à laquelle certains
avaient cru pouvoir l'associer. Encore n'était-ce
que de la polémique à fleurets mouchetés, pour
gens de bonne compagnie.

La France juive d'Édouard Drumont, bientôt relayée par son journal *La Libre Parole*, donnait un
autre ton.

« Il y a quarante ans, l'aristocratie bondissait
d'indignation à la seule pensée de voir les Juifs se
mêler à elle », s'étranglait-il.

À la réflexion, il en voulait plus aux premiers
de s'être laissé envahir qu'aux seconds de les avoir
envahis. Il n'avait pas de mots assez durs pour flétrir la cupidité, la bassesse d'âme et le caractère
pusillanime de la noblesse. Plus que tout, il lui reprochait d'avoir bradé le précieux héritage dont la
France éternelle l'avait faite dépositaire, depuis
des siècles et pour des siècles encore.

Drumont et ses épigones l'accablaient de s'être
laissé détruire par ce qui la menaçait : l'affaiblis-
sement de sa puissance politique, l'ambition
bourgeoise et son avidité pour les titres... Ils ne
lui pardonnaient pas d'avoir remplacé ses vraies

valeurs par celles de la cohue démocratique, et l'honneur par le mérite. Comme si la noblesse en était morte et que l'aristocratie lui avait survécu, faisant sienne un jugement formulé dès le milieu du Second Empire par le marquis d'Havrincourt :

« En France maintenant on n'hérite de ce qu'ont été ses pères qu'à la condition d'être quelque chose par soi-même. »

Ce constat d'évidence, lié à l'inéluctable évolution de la société, excitait l'ire des milieux antisémites. Le folliculaire Urbain Gohier enfonçait le clou dans *La Terreur juive*. Adressant sa supplique aux députés et sénateurs, l'auteur s'autorisait de sa triple qualité de dreyfusard, d'internationaliste et de socialiste pour hausser le ton. Selon lui, loin de se combattre, nobles et israélites, ces deux clans apparemment antagonistes, s'épaulaient. Il en voulait pour preuve leur commune stratégie matrimoniale. Qu'était-elle sinon une sainte-alliance entre banquiers de Francfort et émigrés de Coblence ? C'était bien cela, le parti de l'étranger. Sa thèse tenait en une phrase :

« Je n'entends pas avoir vaincu l'armée de Condé pour lui substituer la tribu de Lévi. »

Georges Corneilhan, un pamphlétaire encore plus virulent, martelait dans *Juifs et opportunistes* que les israélites avaient dépouillé les nobles de leurs privilèges pour les remplacer. Et d'énumérer les emprunts d'État, l'impunité assurée aux banqueroutiers, concussionnaires et maltôtiers... Toutes choses qui, selon lui, exigeaient que l'on déclarât les juifs hors la loi et qu'on les chassât de France en ne les laissant emporter que ce qu'ils y avaient apporté : « leurs loques ».

Voilà ce qui se vendait couramment en librairie à la fin du siècle. La dénonciation de ces deux clans, associés comme s'ils ne formaient plus qu'un seul danger, y était de plus en plus répandue. Dans une prose d'une tout autre encre, le Maurice Barrès des *Déracinés* ne pensait pas autre chose de la noblesse :

« ... si l'on met à part quelques noms historiques qui gardent justement une force sur les imaginations, èlle ne subsiste à l'état d'apparence mondaine que par les expédients du rastaquouérisme. »

En épousant Irène Cahen d'Anvers, Moïse de Camondo avait aussi réagi contre cela et tout le reste, qui gagnait petit à petit les mentalités. Il ne voulait renoncer à rien de sa qualité de juif, ni sur le plan individuel ni sur le plan communautaire. Mais son milieu était progressivement dénaturé par une volonté forcenée d'intégration. Quand on lui demandait si elle se convertirait, une Geneviève Straus avait assez d'esprit et de caractère pour répondre :

« J'ai trop peu de religion pour en changer ! »

Mais combien d'autres étaient prêts à se christianiser dans le fol espoir de se franciser ? À revendiquer une mère en l'Église, en oubliant de se reconnaître une grand-mère en la Synagogue ? Armés de la logique d'un Heine, ils croyaient qu'en se convertissant ils achetaient le billet d'entrée leur permettant d'accéder à la civilisation européenne.

Un Camondo, qu'il s'agisse de Moïse ou d'Isaac, était à l'abri de ce genre de tentation puisqu'il refuserait toujours d'abandonner sa qualité d'Italien. James de Rothschild avait, lui aussi, toujours obstinément refusé de se faire naturaliser. Mais son fils Alphonse ne l'avait pas suivi dans cette voie, ce qui lui avait permis d'entrer au conseil de régence de la Banque de France.

De toute façon, le passeport n'avait aucune signification. Étant de la même société, tous ces gens étaient du même monde. Mais les frontières se révélaient souvent plus infranchissables que sur d'autres terrains.

L'évolution des Fould était significative à bien des égards. Leur ascension avait été à la fois politique, économique, culturelle et mondaine. Berr-Léon, le patriarche né en 1767, était issu d'une famille de petits marchands juifs messins. Banquier des plus prévoyants, il avait mis en place une politique matrimoniale judicieuse puisqu'il avait pris soin d'établir ses enfants auprès de banques amies.

Le Second Empire avait été leur apothéose. Achille avait été le grand homme de cette famille de banquiers juifs originaires de l'est de la France. Il avait épousé une Goldschmidt. Cela ne l'empêchait pas d'avoir le bouton dans les chasses les plus fermées. Au faîte de sa puissance, il avait été l'intime des princes d'Orléans, le cofondateur du Jockey Club, le député des Hautes-Pyrénées, le ministre des Finances de Napoléon III, ministre d'État et de la maison de l'Empereur. De fait, il était devenu le second personnage du pays. Sa notoriété avait quelque peu éclipsé celle de la banque familiale devenue « Heine et Cie ».

Pour les Fould, tout s'était joué en deux généra-

tions. Charlotte-Amélie, la fille d'Achille, avait
donné le signal en épousant le marquis de Breteuil.

Du temps de sa gloire, Achille Fould avait souvent été attaqué sur ses origines. La légendaire
discrétion des siens en affaires avait déteint sur le
reste. Il ne commentait pas. Toute sa vie, il avait
été regardé comme juif. Sa devise entourant ses
armoiries et telle qu'on pouvait la lire sur la porte
de sa voiture ne prêtait pas à malentendu : « Aide-
toi, Dieu t'aidera. » Aussi, le jour de ses funérailles, ce ne fut que scepticisme et incrédulité quand
on constata qu'il était inhumé selon le rite protes-
tant. Nul ne trouva trace ou preuve d'une quelconque conversion. Pourtant, il s'était bien fait
chrétien et avait élevé ses enfants dans cet esprit.
Mais son attitude était sans rapport avec celle
d'une Thérèse Lachman par exemple, cette
fameuse courtisane, dite « La Païva », qui se fit
successivement orthodoxe, catholique puis protestante au fil de ses mariages sonnants et trébu-
chants avec un tailleur russe, un marquis portugais et un comte prussien.

À bien des égards, la saga des Fould était pas-
sionnante à observer. Son patriarche avait eu le
génie d'asseoir la cohésion familiale autour de sa
personne en répartissant les tâches : à Benoît les
affaires, à Achille la politique, à Louis l'art. Or, le
déclin de leur maison de banque alla de pair avec
la réussite sociale de la famille. Plus ils s'anoblis-
saient, se déjudaïsaient et s'assimilaient, moins ils
s'imposaient par le succès de leurs affaires. En
abandonnant progressivement leur qualité de juif,
ils perdaient leur ciment. Il n'y avait plus que la
philanthropie pour les relier encore à la chaîne de

la tradition. La famille volait en éclats, et avec elle ses solidarités, pour laisser la place à des individus. Balzac, qui avait été fasciné par le destin des Fould, était mort trop tôt pour constater ce qu'il était advenu de la lignée.

Sur ce plan-là, l'itinénaire des Fould offrait un parallèle frappant avec celui des Pereire. En observant leur tableau généalogique, on constatait que, du temps de leur grandeur, ils étaient restés entre eux. Non seulement entre juifs, mais entre séfarades, entre Portugais, entre cousins. Les parents et alliés des Pereire étaient des Rodrigues, Henriques, Castro, Fonseca. Une page fut tournée quand une petite-fille d'Émile épousa un comte de Lariboisière, puis une autre, un baron de Neufville...

Le petit monde évoluant dans la Cosmopolis chère à Paul Bourget ne cessait de se surveiller. Le moindre frémissement était enregistré. Un infime détail était de nature à bouleverser l'ordre des choses. Une attitude gênante, une parole blessante, un geste superflu étaient aussitôt répercutés et déformés de la plaine Monceau au faubourg Saint-Germain, et retour. Le mot de Saint-Simon avait rarement été aussi vrai :

« On ne juge jamais des choses par ce qu'elles sont, mais par les personnes qu'elles regardent. »

Leur société était la vraie patrie de ces gens-là. Ils tiraient de vastes conclusions de la remarque d'un chroniqueur sur ce qui distinguait les Pereire demeurés fidèles à leurs origines de ceux qui s'étaient faits catholiques ou protestants. À savoir que les premiers avaient élu domicile autour du

parc Monceau, tandis que les seconds lui préféraient les parages immédiats du palais de l'Élysée.
La profession de foi n'était pas là où on l'aurait
imaginée.

Il se trouva même une dame pour tenir à jour
la liste des mariages dits mixtes dans le grand
monde. Elle s'en faisait la scrupuleuse greffière.
C'était la comtesse de Fitz-James, elle-même née
Rosalie de Gutman. La consultait-on pour cela ?
Fort probablement. Mais il n'était pas nécessaire
de forcer les vantaux de son secrétaire en acajou
pour connaître les premiers noms de ce répertoire : princesse de Monaco, née Alice Heine ·
princesse de Wagram, née Rothschild ; duchesse
Ney d'Elchingen, née Paule Furtado ; princesse
Edmond de Polignac, née Winnaretta Singer ; duchesse Agénor de Gramont, née Marguerite de
Rothschild... Toute une société moitié-moitié que
ses détracteurs surnommaient le « semi-Gotha ».

Le Faubourg guettait Saint-Honoré au moindre
faux pas. On eût dit que la porte de la forteresse
avait été forcée. Une fois admis, les intrus étaient
attendus au tournant. Il n'était pas de milieu plus
replié sur lui-même. On l'eût dit renfermé jusqu'à
l'asphyxie. Dans la vieille noblesse française, les
plus rétifs à l'air du temps observaient les tribulations mondaines de l'aristocratie juive avec une
méticulosité de dentellière. Derrière les fastes et
les manières de cour, ils s'employaient à déceler
le reflet d'un atavisme, la mentalité de ghetto,
l'instinct grégaire, la solidarité supposée. Les plus
tortueux croyaient même pointer dans les attitudes duplices l'héritage de siècles de pratiques

marranes, cette double face imposée : juif au-dedans, chrétien au-dehors.

Ranger, classer, étiqueter... Ils auraient voulu élever la taxinomie au rang des beaux-arts qu'ils ne s'y seraient pas pris autrement.

Dans l'année qui succéda à leur mariage naquit le premier enfant des Camondo, Nissim, auquel ils donnèrent deux ans après une petite sœur, Béatrice. On aurait dit que l'identification avait été décrétée dès le choix des prénoms. L'un évoquait l'Orient séfarade, l'autre l'Europe chrétienne.

Lui, c'était son père. Elle, c'était sa mère.

Dans l'esprit de Moïse, son premier enfant ne pouvait être qu'un garçon et celui-ci ne pouvait que porter le nom de son propre père. Prénommer son fils Nissim, c'était le marquer pour la vie. Lui assigner dès la naissance un devoir de mémoire et une obligation de fierté. Le distinguer d'emblée non seulement de ses compatriotes, mais de ses coreligionnaires, car ce prénom était rare chez les israélites français. Il était le pluriel de l'hébreu *nes* qui signifie « miracle ».

Moïse, qui n'aurait jamais renoncé au sien, avait suffisamment observé les vanités de son monde pour savoir l'importance symbolique d'un prénom à consonance plus hébraïque que biblique. Par l'esprit, il se sentait plus proche d'un Anglais tel que Sir Salomon de Médina, descendant de marrane et responsable du ravitaillement pendant les campagnes de Marlborough, que d'un Français comme Benoît Fould qui n'avait eu de cesse de piétiner ses origines juives.

Il savait qu'à quinze ans à peine, aussitôt après avoir déserté les cours du Conservatoire pour la fosse de l'Opéra-Comique, Jacob Offenbach, le fils du chantre de la synagogue, s'était empressé de franciser son prénom en Jacques. Certains Rothschild, et non des moindres, avaient eux-mêmes éprouvé une aussi impérieuse nécessité. Amschel, le fils aîné du fondateur de la dynastie, avait eu hâte de devenir Anselme. Dès qu'il s'installa à Paris, Jacob s'empressa de l'imiter en se métamorphosant en James puisque l'air du temps était à l'anglomanie.

Aux yeux des uns et des autres, l'enjeu de ce glissement d'état civil était tel qu'il devenait une priorité dès qu'ils se mettaient en tête de conquérir le monde. À croire qu'en jetant aux orties cet hébraïsme un peu trop ostentatoire ils se défaisaient en pleine course des ultimes liens qui les rattachaient encore au ghetto.

Une telle logique était étrangère à Moïse de Camondo. Le respect de la tradition l'emportait sur toute autre considération. Son père, le père de son père et leurs pères encore s'étaient transmis au fil des siècles des récits témoignant de ce qu'un juif pouvait endurer pour conserver son identité, la part immortelle de lui-même. Pendant l'Inquisition, des marranes avaient été brûlés vifs, d'autres avaient vu leurs bras disloqués et leurs jambes désarticulées pour avoir été désignés par leur prénom et n'y avoir pas renoncé sous la torture. C'était un signe aussi lourd de conséquences que le refus de manger du porc. Ou le fait de porter du linge propre le samedi.

C'était se présenter devant la mort la tête haute.

Cette transmission du prénom du grand-père par ordre de primogéniture s'imposait doublement au comte Moïse de Camondo en sa double qualité de séfarade et d'aristocrate — si tant est qu'il n'y ait pas eu de contradiction dans l'accouplement de ces deux termes. Après tout, lui et les siens formaient bien une élite détenant pouvoir et privilèges dont certains étaient héréditaires. Contrairement à la noblesse, leur histoire n'était pas liée à l'Histoire de France mais à celle de l'Empire ottoman, de la république de Venise, de l'Espagne...

Les Camondo étaient fiers de leurs blason et armoiries, même s'ils savaient combien c'était dérisoire pour prouver l'ancienneté de leur famille.

Finalement, qu'est-ce qui les distinguait des grands bourgeois fortunés ? Qu'est-ce qui leur permettait d'échapper au fameux jugement de La Bruyère, pour qui le bourgeois est noble par imitation et peuple par caractère ? Un titre, une particule, un mode de vie, la fréquentation d'une société, une haute idée de soi et des siens... Et l'impérieuse nécessité, l'irrépressible volonté, l'insondable désir de se différencier de leurs coreligionnaires. Comme si, en appartenant à une « grande famille », ils inventaient une autre manière d'être juifs. Car pour rien au monde ils n'auraient voulu être les égaux de leurs frères. Ce trait de caractère, si typique des juifs de Cour de la vieille Europe centrale, avait en son temps exaspéré un Wilhelm von Humboldt. Démocrate, il s'était battu au début du siècle pour l'émancipation des israélites. Humaniste, il voulait le meilleur pour l'ensemble de leur peuple et non pour une poignée de privilégiés. C'est ce qui lui avait fait dire un jour, avec un sens aigu du paradoxe et de la provocation :

« En fait, je n'aime réellement les Juifs qu'en masse ; en détail, j'aime mieux les éviter. »

Nobles et israélites étaient également fascinés par le mythe des origines. Celles des premiers ne remontaient qu'aux alentours de l'an 1000, date à laquelle se manifesta une conscience généalogique sous différentes formes (château, patronyme, armoiries, droit d'aînesse...). Celles des seconds prenaient leur source dans une sorte de nuit des temps qui en faisait la véritable noblesse immémoriale. Tous étaient convaincus de venir de très loin. L'esprit de la bourgeoisie leur paraissait vulgaire dans son apologie du mérite individuel. Comment pouvait-on être fier de ne dater que de soi-même ?

Les uns et les autres étaient également obsédés par l'idée de perpétuer une lignée à défaut d'une dynastie — même si, chez les hommes de banque, cette préoccupation obéissait aussi à d'autres critères. Leur clef, c'était le temps. Cela leur donnait un sens inné de la durée.

En 1872, quand Bismarck obtint de Guillaume Ier qu'il anoblisse son homme de confiance, le puissant banquier Gerson Bleichröder devint le baron von Bleichröder. Mais ce qui l'avait comblé, c'était surtout d'être le premier juif non converti à accéder à la noblesse héréditaire. Un juif resté juif. L'honneur était perçu comme d'autant plus exceptionnel que Bleichröder avait des descendants directs. La transmission était vécue comme une obsession, doublement par ceux qui avaient la double qualité de juif et d'aristocrate. Le baron von Bleichröder en était d'autant plus conscient que le roi de Prusse n'avait conféré la noblesse qu'à cent trente et une personnes et qui pour la plupart étaient des protestants déjà liés à des familles nobles.

Israélites et aristocrates avaient en commun un esprit de clan sinon de caste, une familiarité avec le passé, l'obsession de la mémoire, le sentiment de la différence dans la supériorité. Tourmentés par le devoir de transmission, ils se sentaient responsables de leurs ancêtres. Ils partageaient le même culte des traditions, et un refus de laisser leur identité se diluer. Une telle attitude les isolait pareillement des valeurs montantes de la bourgeoisie. Moïse de Camondo aurait très bien pu faire sienne la devise de la maison d'Orange : « Je maintiendrai. »

Il avait vite compris que l'essentiel n'était pas dans l'affectation mise à prononcer « otingre » pour Hottinguer, ou « cass'lan » pour Castellane, mais dans la mémoire. Elle paraissait reposer tout entière sur l'archéologie du nom. Moïse aurait beaucoup donné pour trouver d'anciennes traces des Camondo. Il devait vénérer en secret ces prélats romains qui voyaient dans les juifs de leur ville les seuls Romains de souche authentiques puisqu'ils étaient déjà là sous Jules César !

Le titre, nul n'en était dupe, même si tous tenaient à cette illusion sociale. Il était peut-être ornement, apparat et hochet de vanité, mais il les plaçait d'emblée à part, c'est-à-dire au-dessus.

Chacun savait à quoi s'en tenir avec les honneurs. Même avec les Rothschild, les plus anciens parmi eux, puisqu'ils avaient été anoblis par l'empereur d'Autriche en 1817 et avaient reçu leur titre de baron héréditaire cinq ans après.

Certains empruntaient des détours inouïs dans le fol espoir de les imiter. Ainsi l'un des protagonistes du scandale de Panama. Le banquier Jacob Adolphe Reinach, natif de Francfort, avait commencé par abandonner son prénom israélite. Puis, ayant largement financé les besoins de trésorerie de villes telles que Milan et Parme, il obtint de Victor-Emmanuel II le titre de baron héréditaire, transmissible à sa descendance mâle par l'ordre de primogéniture. Un an après, le libéralisme du roi de Prusse aidant, il était autorisé à rajouter la particule *von* devant son patronyme. C'est ainsi que Jacob Adolphe Reinach devint le baron Jacques de Reinach. On en retrouverait l'écho avant la fin du siècle sous la plume du Barrès des *Déracinés* :

« ... leur titre de baron, comme c'est la coutume, ils l'ont pris chez le fripier, exactement ils l'ont acheté en Prusse et en Italie... »

Il est vrai que, d'une manière ou d'une autre, l'anoblissement des israélites ne couronnait pas de hautes qualités morales ou une quelconque action d'éclat sur un champ de bataille, mais un geste particulièrement généreux. L'élévation aux plus hautes dignités récompensait le service rendu, l'argent avancé, le financement octroyé. À ce jeu, banquiers et juifs de Cour étaient les mieux placés pour l'emporter.

Il faut dire que la métamorphose n'avait rien

d'exceptionnel. Elle ne frappait les imaginations que parce que le personnage défrayait la chronique. Se serait-il tenu coi que l'usage l'aurait largement entérinée. Les exemples ne manquaient pas dans un passé récent.

Au début du siècle encore, en Prusse, le banquier Salomon Moïse Lévy était devenu le baron Friedrich von Delmar pour services rendus à l'État. Fidèle sujet de Sa Majesté, il avait brillamment réussi dans les affaires et la politique. Mais il mourut sans postérité. Aurait-il eu des enfants, qui, une génération plus tard, aurait su exactement d'où ils venaient, avec des pistes aussi brouillées ?

Il était de notoriété publique que Maximilien de Kœnigswarter, banquier et conseiller municipal, s'était vu conférer le titre héréditaire de baron par Napoléon III, le 30 mai 1870, soit *in extremis*. Ce fut même la dernière famille anoblie en France, et d'aucuns y virent un symbole. Mais un baron d'Eichtal par exemple ? Seuls les Parisiens les plus au fait de ces choses-là savaient qu'il descendait du banquier munichois Aron-Elias Seligmann, juif converti au catholicisme, que le roi de Bavière avait distingué en 1814 pour services rendus pendant les guerres napoléoniennes.

Finalement, les Anglais sentaient ces choses-là bien mieux que beaucoup d'autres Européens. En inventant la *gentry*, noblesse non titrée, pour la distinguer de la *nobility*, noblesse titrée, ils avaient résolu le problème.

Vu du Faubourg, c'était assez simple. Il y avait les titres et dignités héréditaires des grandes familles de la noblesse française qui étaient tout, et puis il y avait le reste qui n'était rien. On y tenait l'Empire pour un accident. Quant aux titres étrangers, qu'ils fussent prussiens, italiens ou pontificaux, ils étaient considérés avec un égal dédain. Ils étaient peut-être gratuits, mais les frais de chancellerie, eux, étaient considérables... La Restauration et la monarchie de Juillet n'étaient pas si loin. Louis XVIII avait eu la main facile pour régulariser des titres de courtoisie et légitimer des titres mondains.

La particule, elle non plus, ne trompait personne. Mais même les plus subtils tombaient dans le piège. Au faîte de leur puissance, ils n'imaginaient pas qu'un aristocrate juif puisse porter un titre qui ne fût précédé d'une particule. Or s'il était régulier, elle l'était moins. De toute façon, elle n'avait une portée symbolique que pour les béotiens. Les autres savaient qu'elle n'était pas un signe de nblesse. Ainsi, une particule d'agrément jetait-elle le doute sur un titre réel, quand les principaux concernés s'imaginaient qu'elle en aurait au contraire renforcé la portée.

Les Camondo s'étaient annexé une particule au temps où ils avaient obtenu leur titre. L'une n'allait pas sans l'autre. Mais ils s'étaient arrêtés là. Car, dans leur élan, ils auraient tout aussi bien pu singer l'aristocratie jusque dans ses identités à courants d'air et adjoindre à leur patronyme le nom d'une ville natale ou d'un lieu de villégiature, à défaut d'un fief. Certains l'avaient fait, Worms de Romilly, Berr de Turique, Bloch de Vaugrand, Aronson de Saint-André, Deutsch de La Meurthe et bien sûr Cahen d'Anvers pour ne citer qu'eux. Ces ornementations d'état civil leur donnaient une allure aristocratique sans que leur qualité d'israélite en fût niée pour autant. Au début, cela pouvait sembler assez grotesque. Mais très vite, avec le temps et l'argent, il n'y paraissait plus.

Dans une société dominée par les apparences, le respect s'obtenait aussi par cette sorte d'intimidation que provoquait le spectacle de la puissance : hôtels et châteaux, bals et collections, toilettes et bijoux... Vint un temps où l'on n'osa plus dire d'une princesse de Lucinge que son grand-père, le baron d'Erlanger, avait bénéficié de la bienveillance de l'empereur d'Autriche. Ou que, en scellant une alliance matrimoniale, les Chevigné donnaient leur éclat aux Bischoffsheim, lesquels, en retour, leur accordaient les moyens de leur éclat. Ou que sans la fortune des Rothschild, le duc de Gramont n'aurait pu faire édifier son château de Vallière, à Morfontaine. Ou que les Faucigny-Lucinge, dont la fortune avait été sérieusement ébréchée par le krach de l'Union générale, purent récupérer leur cher domaine de Coat-an-Noz, dans la région de Guingamp, grâce à Cahen d'Anvers qui ne l'avait racheté que pour l'inclure dans la dot de sa fille Raphaëlle...

Si on le disait encore, ce n'était plus qu'à mi-voix.

Grâce aux accommodements de l'état civil, toutes les susceptibilités étaient ménagées. Mais pas celle d'un Benoît Fould, par exemple, malade de porter un nom qu'il jugeait maudit en raison de sa consonance. Pour que les gazettes cessent de le présenter comme « ce juif très capable » et ne l'évoquent plus que comme « le frère du ministre », il lui avait fallu attendre qu'Achille réussisse au-delà de toute espérance.

Finalement, ce qui les séparait vraiment les uns des autres, c'était encore la mystique de la race. Chez les nobles, tout vient du père : sang, nom, titre, fortune... ; la noblesse utérine (quelle horrible expression !) n'a cours que dans certaines coutumes. Tandis que juif, on l'est par la mère.

À vouloir être les deux, Moïse de Camondo risquait de n'être ni l'un ni l'autre. Une moitié serait toujours suspecte aux yeux de l'autre. Comment ne pas dissoudre son âme dans une telle société ? Autant pratiquer une sorte de grand écart entre tradition et modernité. Car un aristocrate juif était trop plongé dans le monde des affaires et de la haute finance pour que son culte du passé fût exclusif des préoccupations du futur. En aucun cas il ne subirait de jugements tels que ceux que l'abbé Mugnier, confesseur très gratin, exprimait sur les gens du Faubourg :

« La noblesse française n'inspire vraiment confiance que lorsqu'elle interprète le passé. Mais quand elle prétend s'immiscer dans le monde moderne, elle rend un son qui n'est pas net. Elle ressemble au riche qui visite un pauvre et lui fait la charité. »

C'était aussi cela qui séparait ces deux mondes. Le vieux spectre de l'antijudaïsme chrétien était certes toujours bien vivace, mais il y avait plus. Si les juifs faisaient peur aux membres les plus conservateurs de la vieille noblesse française, c'est qu'ils représentaient le progrès, le monde moderne, l'avenir. À la veille d'un nouveau siècle nimbé d'incertitudes, des déracinés ne rassuraient pas des enracinés.

Les Camondo et Cahen d'Anvers savaient ce que le juif en eux risquait à vouloir être trop aristocrate. D'autres y avaient perdu leur âme. Au soir de leur existence, ils ne savaient même plus qui ils étaient. Se reconnaissaient-ils seulement dans le miroir ?

En face d'eux, parmi eux et pas seulement chez les antisémites, il y en avait toujours pour les flétrir. Leur rappeler les limites. Le journaliste et écrivain Bernard Lazare, un anarchiste qui fut le premier des dreyfusards, ne leur mâchait pas ses mots. Dans ses conférences, ses notes personnelles, ses articles, il n'hésitait pas à dénoncer la décomposition des juifs de la haute finance. À l'en croire, ils avaient substitué à leur morale séculaire un credo de parvenu : celui de l'argent, de la réussite à tout prix et de l'intégration par le haut. Ce n'était pas innocemment que, dans ses philippiques, il établissait un rapport permanent entre noblesse et judaïsme, car il savait l'obsession généalogique de ce milieu qu'il méprisait plus que tout :

« La fierté d'être paria et surtout ce paria qu'est le Juif, et dont on fait le maître du monde... Quelle volupté de créer une noblesse de son infamie, une royauté de son avilissement... Jamais le Juif n'a été si ombrageux ni si colère, ni si susceptible ; c'est depuis qu'il est citoyen. Autrefois, il était un peuple à part ; il savait rire des autres et de lui-même. Jamais noble frais ne raillera la noblesse ; jamais citoyen nouveau ne se gaussera de lui-même. »

Parias ou parvenus. Les juifs de ce milieu paraissaient enfermés dans ce dilemme. Comment surmonter sa condition de paria mieux qu'en parvenant au sommet de la pyramide sociale ? Pour Moïse de Camondo, un juif très fortuné ne pouvait espérer de réussite plus éclatante qu'en accédant à la qualité d'aristocrate. Mais le devient-on seulement ?

L'observation de ce milieu lui en apprit les us et coutumes. Ses parents ne les lui avaient pas transmis, et pour cause. Outre les valeurs du judaïsme, notamment un sens aigu de la *tsedaka* (charité) qu'il devait à son grand-père vénéré, Moïse semblait au départ voué au seul culte du travail. Non le profit pour le profit, mais le travail en soi, considéré comme la plus haute des valeurs morales.

Une telle conception de la vie en société le plaçait en retrait. Elle était aux antipodes des ambitions d'Irène. Bien vite, ils semblaient s'être partagé les rôles. À lui les bureaux, à elle les salons.

Elle était mieux placée que lui pour devenir une personnalité, un de ces *characters* dont on dit qu'il fane l'époque qui l'a précédé. La jeune comtesse, fille de Louis Cahen d'Anvers et de Louise de Morpurgo, évoluerait avec naturel parmi ces viveurs, ces nonchalants, ces dilettantes qui se targuaient d'avoir le dégoût très sûr. L'enrichissement leur paraissait vulgaire. Plutôt que de travailler, ils aspiraient à être des seigneurs de l'esprit et du détachement.

Dans ce monde-là, on fumait des cigares ba-
gués au nom du propriétaire ; on envoyait son
linge et ses vêtements chez un blanchisseur à
Londres ; on se rendait de l'Alma à Longchamp à
cheval en empruntant la contre-allée réservée aux
cavaliers ; on avait à l'esprit un souci constant de
l'étiquette ; on maintenait une frontière entre parents et enfants afin de ne pas verser dans le relâ-
chement bourgeois ; on veillait dans les réceptions à ce qu'il y ait au moins un valet de pied
pour trois invités et qu'il mesurât 1,80 m au minimum ; on ne confondait pas appartement de société et appartement de parade, confort et représentation ; on ne se rendait à l'opéra qu'à la
condition de disposer d'une loge entre colonnes ;
et l'on considérait la promenade vespérale au bois
de Boulogne et le tour du lac comme les seuls
rituels quotidiens auxquels il eût été sacrilège de
déroger.

Autant de signaux minuscules qui permettaient
d'affirmer son rang en tenant sa place dans le
monde. Quitte à oublier parfois que la noblesse
consiste d'abord à donner à la société plus qu'on
n'en reçoit.

Moïse se tenait encore trop bien. Trop sérieux
par nature et par fonction, il n'avait pas cette
légère touche de désinvolture qui sied aux *gentlemen* bien nés. Il manquait de fantaisie, de frivolité, en un mot de folie. Contrairement aux descendants des grandes familles, il ne jugeait pas
que tout lui était dû. Pas encore. Quand il considérait un grand nom, le mérite l'emportait encore
sur l'illustration. Il y aurait toujours une distinction entre ceux qui ont appris les bonnes maniè-

res et ceux qui sont nés avec. On eût dit que
Moïse de Camondo s'employait encore à ce qu'on
ne lui adressât jamais la célèbre apostrophe de
Figaro à un noble :

« Vous vous êtes donné la peine de naître et
rien de plus ! »

Héritier d'une dynastie bancaire, il avait les ap-
parats de l'aristocrate sans l'être. Les choses
avaient évolué. En ce sens, il était bien le reflet de
son époque.

De sa jeune épouse, Moïse n'attendait pas seulement qu'elle fût une mère mais une femme du
monde. Il n'espérait peut-être pas qu'elle tînt un
rôle aussi considérable que sa grand-mère paternelle, Clara, née Bischoffsheim, laquelle nouait et
dénouait des relations pour son mari. Elle avait
réussi au-delà de tous éloges puisque, au cœur du
Second Empire, le puissant ministre de l'Instruc-
tion publique et des Cultes, Hippolyte Fortoul,
était l'un de ses plus fidèles commensaux. Certains s'en souvinrent, non quand il fit placer l'effi-
gie du Christ dans les classes des collèges, mais
quand il autorisa les écoliers israélites à assister
aux cours le samedi tout en conservant les bras
croisés — afin de ne pas leur faire violer le com-
mandement du shabbat.

À l'instar de la comtesse Louise Cahen d'Anvers, sa propre mère, Irène devait être la parure
de sa maison. Comme toute grande dame tenant
salon, elle était tenue d'incarner la grâce, de diri-
ger le chœur sans en faire partie, d'exercer son
autorité avec tact, de réduire les antipathies, de
veiller discrètement à la qualité des mets. Nulle

faute de goût dans tout ce qu'elle entreprendrait Ce ne serait pas chez elle que des fournisseurs seraient conviés à dîner, fussent-ils de grands joailliers. En revanche, le valet de pied requis pour dissuader quiconque de fumer avant le café ne ferait jamais défaut. Elle susciterait la conversation sans jamais la dominer. Ne lancerait des mots étincelants que pour ranimer le colloque. N'interromprait les apartés embarrassants et les discussions bruyantes qu'avec délicatesse. Donnerait à chacun l'illusion qu'il était le préféré. En bref, il lui fallait en toutes choses avoir de l'esprit, et savoir le faire oublier. Une telle légèreté devait s'annoncer dès le carton d'invitation. Certains n'avaient pas leur pareil pour résumer l'âme des lieux : « La Comtesse de Fels, vendredi 12, un peu de thé, un peu de conversation. » Et tout était dit.

Les Cahen d'Anvers évoluaient dans la mondanité parisienne avec plus de naturel que les Camondo. Les premiers s'y inscrivaient comme s'ils en avaient toujours été, quand on sentait encore les seconds plus récents dans la place. Les uns étaient déjà ce que les autres auraient pu être si un vieil atavisme levantin ne s'était pas manifesté de temps à autre.

Le cadre y était pour beaucoup. Leur hôtel parisien tout d'abord. Il était le théâtre des réceptions les plus commentées. *Le Gaulois*, quotidien de la droite monarchiste, tenait la chronique des événements courants du faubourg Saint-Germain à la plaine Monceau en passant par le faubourg Saint-Honoré. Une soirée qui n'avait pas eu les honneurs de son compte rendu n'avait tout simplement pas eu lieu Généralement, il se divisait en deux parties : d'une part la relation d'un événement saillant, d'autre part la liste des invités. Ainsi, le 20 mars 1895...

« Le bal d'avant-hier chez la comtesse Louis Cahen d'Anvers en son ravissant hôtel de la rue Bassano a été des plus brillants. Le roi de Serbie l'honorait de sa présence. Le jeune souverain, accompagné de son père le roi Milan et du ministre de Serbie à Paris, a fait son entrée à onze heures et demie et s'est aussitôt mêlé aux nombreux invités. Chacun a admiré l'entrain et la grâce de l'auguste danseur. Le cotillon que le roi a dansé avec la jeune comtesse de Camondo a été des plus animés ; grande distribution de rubans, d'écharpes, d'éventails et surtout de fleurs.

Sa Majesté a soupé dans une salle à manger du premier étage à une table à part, à laquelle onze de ses invités ont pris place, tandis qu'au rez-de-chaussée, autour de vingt tables de dix couverts chacune, se sont réunis tous les autres convives. Le Roi a recommencé la danse après le souper ; il ne s'est retiré qu'après quatre heures du matin, ayant charmé tout le monde par son amabilité et sa bonne grâce. »

À la suite de quoi figurait la liste non exhaustive des invités. Sa publication renouvelait les affres shakespeariennes : en être ou ne pas en être...

« Remarqué dans l'assistance : duchesse de Rohan, comtesse de Toulouse, prince et princesse Ferdinand de Lucinge, princesse della Rocca, M. et Mme Jules Ephrussi, baronne Léonino, marquise de Val Carlos, duchesse Decazes, comtesse de Lariboisière, comtesse du Taillis, baronne de Précourt, Mmes Blumenthal, Saint-Paul de Sinçay, Froment-Meurice, de Kœnigswarter, vicomte Louis d'Andigné, vicomte et vicomtesse de Galard, baron et baronne Edmond de Rothschild, Lady Bodley, M. et Mme Léon Fould, comtesse Potocka, comtesse Pilet-Will, M. et Mme de Yturbe, comte Hubert de La Rochefoucauld, MM. Bonnat et Carolus-Duran, baron de Tucker etc., etc. Les honneurs étaient faits par la maîtresse de maison en toilette de satin crème, avec profusion de perles et de bijoux, et ses trois filles, la comtesse de Camondo et Mlles Cahen d'Anvers. Cette fête aura, paraît-il, des lendemains après Pâques. »

Nulle part ailleurs mieux que dans ces bals, on n'aurait pu trouver au cœur du Paris de cette fin de siècle un plus brillant éloge du cosmopolitisme. Il en était la somptueuse illustration. Toute notion de durée semblait être en suspens, comme si elle avait été abolie par cette exceptionnelle réunion de puissance, de richesse et de beauté. On comprend que certains y soient venus rechercher le temps perdu. Encore leur hôtel parisien ne présentait-il qu'un aspect de la vie sociale des Cahen d'Anvers. L'autre s'exprimait avec plus de majesté encore dans leur château de Champs-sur-Marne.

Ils l'avaient acquis l'année même du mariage d'Irène. Situé à une vingtaine de kilomètres à peine au nord-est de la capitale, l'endroit avait un passé. Leur choix avait d'ailleurs défrayé la chronique. En un temps où leurs amis construisaient, ils avaient acheté un château ayant appartenu à d'autres. Ils habitaient dans des murs où d'autres familles les avaient précédés. C'était mal vu.

Depuis le Moyen Âge, différents édifices s'y étaient succédé. Mais c'est un financier de Louis XIV qui lui donna au début du XVIIIe siècle sa physionomie définitive. Il passa entre les mains de la princesse de Conti et des ducs de La Vallière et s'enorgueillit des séjours de la marquise de Pompadour entre 1757 et 1760. Il connut diverses fortunes au siècle suivant, passant du duc de Levis au marchand de biens Jacques-Maurice Grosjean puis à Ernest Santerre dont l'aïeul commandait la Garde nationale pendant la Révolution, avant de devenir, dans un état de délabrement avancé, la propriété du comte Louis Cahen d'Anvers. Bâti par un financier deux siècles avant, il revenait de nouveau à un financier. Ainsi, la boucle était bouclée.

Celui-ci eut alors hâte de lui redonner tout son lustre et de ressusciter tant le bâtiment conçu par Bullet de Chamblain que le jardin à la française imaginé par Desgots, élève et neveu de Le Nôtre. Il s'agissait de restaurer l'un et l'autre dans leur classicisme. Des broderies aux tilleuls en passant par le groupe des Chevaux du soleil et le Vase de la guerre si versaillais dans leur inspiration, il fallait renouer avec l'esprit des origines, celui du XVIIIe triomphant. On exhuma les plans et dessins pour les confier au paysagiste Duchêne et à l'architecte Destailleur, à charge pour eux de réinventer fidèlement les fastes d'antan.

À l'intérieur, de salon rouge en fumoir, de salon bleu en boudoir, de salon de musique en chambre d'honneur, ce n'était que paravents en laque de

Coromandel, tapisseries d'Aubusson, rafraîchissoirs de marbre à fontaines de plomb doré, marqueterie en bois de palissandre, encoignures et « duchesses brisées » fin Louis XV, bureau Mazarin, assiettes de la Compagnie des Indes, portraits du roi par Mignard, lustre rocaille orné de petites fleurs en porcelaine de Saxe, rampe d'escalier en fer forgé aux médaillons frappés du monogramme LCA (Louis Cahen d'Anvers), boiseries de pilastres à chapiteaux composites... Le salon chinois, avec ses cinquante-huit panneaux peints par Christophe Huet, et la chambre Pompadour en étaient les « clous ».

Pendant quatre ans, le bâtiment et le parc firent l'objet d'importants travaux de restauration avant que l'hôtesse, les rehaussant de son propre éclat, y donnât à nouveau des bals et des fêtes dignes de la grande époque de Champs. Le train de maison était impressionnant puisqu'on comptait quelque soixante jardiniers, douze gardes-chasse, une vingtaine de domestiques et autant d'ouvriers. Il fallait bien cela pour entretenir un domaine aussi exigeant que le château dont il était l'écrin, et pour y recevoir les plus proches amis de la comtesse Louise, notamment l'impératrice Eugénie ou, plus souvent encore, le roi Alphonse XIII d'Espagne qui venait chasser au moins une fois l'an.

Désormais, le monde des Cahen d'Anvers était aussi celui de Moïse. Eu égard à leur importance dans la mondanité parisienne et à leur nombreuse parentèle européenne, il s'intégrait à eux plus qu'Irène n'avait à le faire avec les Camondo.

Pour complaire à son épouse, on eût dit qu'il avait décidé de conquérir un à un les atours d'un grand seigneur de son temps.

La qualité de diplomate lui faisait défaut. Le titre, sinon la fonction, ses privilèges, franchises et prééminences, étaient indispensables à son assise sociale. Isaac de Camondo était consul général de l'Empire ottoman, le baron Gustave de Rothschild consul général d'Autriche-Hongrie, Eugène Pereire consul général de Perse, le baron Erlanger consul général de Grèce. Il n'y avait pas jusqu'au baron Eugène Oppenheim qui avait réussi à se faire nommer consul général de la République sud-africaine ! Il n'était pas question de ne pas être d'un aussi brillant aréopage, fût-il plus bancaire que diplomatique. En cherchant bien, on finirait par trouver une nation digne et fière en quête d'un représentant de son rang.

C'est ainsi que, le 1er mai 1895, le président Félix Faure et son ministre des Affaires étrangères, Gabriel Hanotaux, autorisèrent le comte Moïse de Camondo à être consul général de Serbie à Paris à la demande d'Alexandre Ier, roi des Serbes, et de la reine Draga.

L'exequatur n'en disait pas plus sur ce qui attendait le nouveau consul. Aussitôt affranchi, il ne s'embarrassa pas de tâches secondaires. Il se déchargea de l'intendance sur son secrétaire personnel, l'indispensable Léon Tédeschi. Il est vrai que le tout-venant concernait des activités aussi excitantes que la délivrance de passeports ou la collecte d'informations sur le trafic porcin entre Marseille et Salonique, pour ne rien dire des achats, effectués pour le compte de l'armée royale, de « boutons de soldats », de sabots pour les chevaux et de jumelles à verres isométropes destinés à l'état-major.

Au vrai, on attendait d'abord du consul qu'il fût un fournisseur en gros, demi-gros, et au détail. Ensuite qu'il se fît agent de renseignements dans les coulisses des sociétés et les antichambres des ministères. Enfin qu'il rendît aux Français de menus services : envoyer une lettre de recommandation pour des entrepreneurs en route pour Belgrade, procurer la partition de l'hymne national serbe à un chef de musique paniqué, ou reproduire les armes de la Serbie pour satisfaire des héraldistes pointilleux.

Le mandat de Moïse dura huit ans. L'Exposition universelle de 1900, durant laquelle il fut commissaire général de la Serbie, en fut le couronnement. Jusqu'au jour où, sans s'y attendre, il ressentit les effets de manœuvres belgradoises. Quand une lettre de la légation de Serbie à Paris l'informa sèchement que, en cas d'absence ou d'empêchement, il serait remplacé par un commerçant du nom de Jivko Barlowatz, il prit très mal une mesure qu'il jugeait ambiguë. Il eut à peine le temps de protester que le roi ratifiait déjà la démission qu'il n'avait pas encore présentée, non sans le remercier de tout ce qu'il avait fait pour le royaume. Avant d'avoir compris ce qui lui arrivait, il se trouva en situation de remettre à son successeur, dans ses bureaux consulaires de la rue de la Chaussée-d'Antin, l'écusson, le drapeau, les archives ainsi que les sceaux et cachets. Splendeurs et misères du corps diplomatique quand il s'adjoint des amateurs.

Ainsi qu'il convenait à un homme de son rang, Moïse de Camondo se présentait volontiers dans les annuaires comme un turfiste, un *sportsman* et un *clubman*. Le cheval était le dénominateur commun.

Il lui eût été impossible de n'être pas un homme de cheval, étant naturellement entendu que le cheval n'était pas un animal, mais un monde et un langage. Ceux qui en étaient vivaient sous l'empire de ce moraliste pour qui tout discours sur le cheval devient un discours sur l'homme.

L'Empire avait perpétué cette tradition aristocratique entre toutes. Le prince impérial n'avait pas un an quand ses parents, tous deux excellents cavaliers, l'avaient sanglé sur un poney. Encore enfant, il avait reçu à Compiègne le bouton de veneur. Les gravures et les estampes avaient colporté l'image d'un prince fou de cheval et de chasse à courre, faisant l'exercice dans la cour des Tuileries sous l'œil de son écuyer.

En cette fin de siècle, on était un homme de cheval comme on était un homme de goût. C'était un mode de vie, un état d'esprit et un brevet d'élégance. La grande société était naturellement sensible à cette mystique en vertu de laquelle quand on est à cheval, on se sent un peu moins républicain.

Les équipages faisaient partie du train de maison. Victorias et phaétons, calèches et *mail-coach*, daumont et demi-daumont, tout cela participait d'une même liturgie. L'attelage du comte Boni de Castellane, fièrement conduit par des cochers au maintien impeccable, faisait l'admiration de tous chaque jour quand on le voyait quitter son Palais rose pour descendre l'avenue du Bois jusqu'au lac.

La chasse était dans le prolongement naturel de l'univers équestre, lequel était indissociable du monde des hôtels et châteaux. Mais il ne suffisait pas d'en exprimer les velléités, encore fallait-il être admis dans l'un des quelque deux cents équipages dénombrés à la fin du siècle. Certains se raient damnés pour jouir d'un tel privilège. Il avait une portée symbolique qui dépassait les limites traditionnelles de l'influence. Considérée comme la plus aristocratique des activités, la chasse à courre était une éthique. La partager impliquait plus de devoirs que de droits.

Le milieu de la vénerie était une caste, indifférente au temps et à la durée tels qu'ils avaient cours chez leurs contemporains. Il s'agissait de se retrouver entre semblables pour un cérémonial, et de sacrifier à des rituels que d'aucuns tenaient volontiers pour sacrés. Ceux qui n'imaginaient qu'une promenade mondaine repartaient déçus. Il fallait avoir de la tenue, ne pas paraître vantard, observer les valeurs de la chevalerie au premier rang desquelles la loyauté, le courage, la persévérance et la courtoisie.

Dans ce milieu comme dans d'autres tout aussi fermés où frayait l'aristocratie, les israélites n'étaient pas les bienvenus. En fait, ils n'y étaient guère admis. La majorité des membres de la Société de vénerie étaient des nobles, pour beaucoup issus de la noblesse d'épée. Elle se laissa infiltrer petit à petit par la haute bourgeoisie à la condition que celle-ci fût très ancienne.

Certes, on se souvenait qu'Achille Fould avait eu l'immense faveur, partagée avec les écuyers de l'Empereur composant sa maison civile et militaire ainsi qu'un certain nombre d'altesses, de se voir donner le bouton par Napoléon III. Mais enfin, c'était Achille Fould... Quand il suivait l'équipage « La vénerie impériale » sous la direction du marquis de L'Aigle en forêt de Fontainebleau ou de Compiègne, il voyait bien qu'il n'était pas seulement le seul juif : il était avant tout le seul à n'être pas comme eux.

Malgré cet ostracisme, ou à cause de lui, des aristocrates juifs les plus fortunés possédaient leurs propres chasses. À la ville des stigmates de vieilles blessures témoignaient de ce qu'on fréquentait les pays giboyeux le dimanche. Chacun savait pourquoi le baron Maurice de Hirsch ne pouvait tenir une plume de sa main droite. Mais, parfois, l'accident de chasse prenait un tour plus tragique. Le baron Alphonse de Rothschild y laissa un œil, au château de Ferrières en décembre 1892. Les gazettes antisémites en déduisirent que l'atavisme de ghetto ne prédisposait pas à la pratique de sports aristocratiques.

Moïse de Camondo connut pareille infortune dans de semblables circonstances. De face, il présentait un côté ombre et un côté soleil, noir et blanc. Il y gagna un surnom dans certains cercles sportifs : le « Passy-Bourse », allusion ô combien délicate aux feux arrière de couleurs différentes de certains autobus.

Les Camondo et les Cahen d'Anvers n'auraient

jamais été admis dans nombre d'illustres équipages. Le baron de Hirsch non plus, pour ne citer que lui. Car bien qu'ayant pris ses distances avec toute pratique religieuse, il mettait un point d'honneur à ne jamais chasser le jour du Grand Pardon ; et quand, exceptionnellement, il élisait la corne de bélier des rabbins plutôt que la trompe des sonneurs, il le faisait savoir.

Leur candidature aurait été immédiatement rejetée au rallye Vallière, si Jockey club dans sa composition. Ou par l'équipage de Bonnelles-Rambouillet pour chasser le cerf avec la duchesse d'Uzès. Ou même au rallye Les Aydes à chasser le chevreuil en forêt de Blois. Celui-ci avait pourtant la particularité de s'être donné pour maîtres d'équipage le duc Decazes et Georges Calmann-Lévy. Encore faut-il préciser que ce dernier, directeur général de l'illustre maison d'édition dont il portait le nom, ne se faisait plus appeler que Georges Calmann, qu'il s'était converti au catholicisme, qu'il était très lié à la comtesse de Lariboisière, qu'il traitait fastueusement son entourage dans son château en Touraine ou son hôtel de l'avenue Montaigne, qu'il était un orléaniste convaincu et que le duc de Guise, chef de la maison de France et prétendant au trône, était son ami. Toutes choses qui en faisaient une notable exception dans un milieu arc-bouté sur la règle.

Après être restés un temps dans l'équipage de Villers-Cotterêts, les Camondo rejoignirent celui de Lyons-Halatte, pour chasser le cerf dans l'Eure puis dans l'Oise. On disait que, de tous les maîtres d'équipage, le comte Bertrand de Valon était le seul à accorder volontiers le bouton aux israélites de la meilleure société. Autrement dit à les autoriser à faire partie de son équipage, à en porter la tenue durant les laisser-courre.

Valon, qui avait épousé la fille d'un maître des Forges, avait dirigé les équipages des Rothschild. Puis en 1884, associé à Charles de Morny et au comte de Meffray, il avait repris à Joachim Lefèvre la forêt d'Halatte et ses chiens, quelque quatre-vingts bâtards à manteau noir et anglais. « Par monts et vallons », installé dans l'ancienne vénerie de Chamant près de Senlis, était servi par trois hommes à cheval et à pied. Il prenait en moyenne trente-cinq cerfs par an.

Moïse de Camondo, qui ne dédaignait pas pour autant la chasse à tir, avait deux manières de chasser à courre La première, entre hommes. Il retrouvait ses amis Chabrié, Duffié, Merlin et surtout Jacques Kulp. Ce dernier, qui avait été le compagnon de ses frasques préconjugales, était issu d'une famille de marchands drapiers de Francfort, alliés aux Kœnigswarter. Ils se croisaient dans leurs affaires puisqu'il était commissaire des comptes de la Banque internationale de Paris et administrateur de la Compagnie française des câbles télégraphiques.

Rituellement, ils se retrouvaient au train de 8 h 35 à la gare du Nord. Rendus à Chantilly une heure plus tard, ils s'acheminaient dans des guimbardes de location à une heure de là, chez la mère Guibert, à Fleurines. Au menu : œufs à la coque et ragoût de mouton. À midi, ils étaient à cheval dans la cour de l'auberge. Puis ils partaient faire le bois. Le soir venu, ils remettaient ça dans l'autre sens. Et il en était ainsi chaque fois. Le rite ne fut bousculé que par une innovation : un break de chasse à roues jaunes, destiné à remplacer les guimbardes plus ou moins bien attelées, que Moïse avait fait venir de Sainte-Assise où il chassait à tir. Pour fêter l'événement, Kulp et ses amis lui offrirent une paire de rouans et des harnais jaunes. Ainsi, leur équipage faisait vraiment sensation, d'autant que, de l'avis de tous, Camondo conduisait « en artiste ».

L'autre manière de chasser ne pouvait être que plus mondaine puisque les épouses en étaient, en grand apparat, éclatantes au milieu d'une théorie de sonneurs, piqueux, valets et suiveurs. Une aquarelle de Condamy et Kulp, représentant l'équipage d'Halatte au Poteau du Dindon, un carrefour en forêt où était fixé le rendez-vous, montre toute cette société en tenue bleu de roi, parements et gilets rouges, galons, bas et bottes de vénerie, les hommes portant le tricorne et la trompe à la Dauphine. Et naturellement au bouton, accessoire si important qu'il en devient essentiel, une tête de cerf, banderole et devise or et argent « Par monts et vallons ». Moïse et Irène de Camondo, entourés du baron Léonino, des Stern et des Bischoffsheim, y côtoyaient le comte de Leusse et le comte de Tanlay.

Désormais, c'était aussi leur monde.

Ils le retrouvaient dans les salons ou les bals pour ce qui la touchait, dans les conseils d'administration et à la Bourse pour ce qui le concernait. Outre la chasse parfois, ils avaient tout de même des sorties en commun. L'Opéra bien sûr, mais aussi les lieux de villégiature. Ils ne man-

quaient pas, et certaines familles semblaient
s'épuiser à marquer leur présence dans tous les
endroits où il convenait d'être vu.

Les plus aguerris à cette folle course prenaient
leurs eaux à Contrexéville, se transportaient durant les trois mois d'été à Trouville justement surnommé « Paris-Océan », se retrouvaient en hiver
sur la Côte d'Azur. Sinon sur les mers. Un temps,
ce fut le cas de Moïse de Camondo. Il avait eu la
drôle d'idée de s'associer à compte et demi avec
Louis Cahen d'Anvers, son beau-père et ami, afin
d'acquérir en Angleterre pour la somme de
6250 livres un yacht à vapeur, le *Fair-Geraldine*.
Quinze hommes d'équipage, commandés par le
capitaine Ohier, veillaient en permanence sur ce
bateau attaché au port du Havre et destiné à la
navigation de plaisance dans la Manche et l'Atlan-
tique. Leur commun caprice ne dura pas trois
ans, période au terme de laquelle ils le reven-
dirent.

Le duc de Morny avait certes lancé Deauville,
mais il était frappant de constater que plusieurs
stations thermales, hivernales et balnéaires devaient leur essor à de grands capitalistes juifs. Ils
y avaient cru en mettant d'énormes moyens
quand d'autres doutaient encore du retour sur in-
vestissement. C'était le cas des Pereire à Arcachon, de Bischoffsheim à Bordighera tout près de
la frontière, de Salomon Alphen à Vittel, de Cornelius Herz à Bussang, d'Isidore Bloch à Dieppe,
des Rothschild à Megève, pour ne rien dire du
rôle de ces derniers dans l'organisation des dis-
pendieux concours d'aviation, trophées de tirs,

matchs de polo et courses de chevaux sur la côte normande.

Quand ce n'était dans ces lieux fermés, où l'on ne se retrouvait qu'entre gens du même monde, c'était au club. Moïse de Camondo était un clubiste. Ou plutôt, pour céder à l'anglomanie ambiante, un *clubman*. Autrement dit, plus prosaïquement, un cercleux. Car ces endroits feutrés réservés aux hommes étaient aussi des concentrés d'influence. Mme Émile de Girardin, qui ne les aimait guère, n'avait peut-être pas eu tort de considérer que cette « singerie anglaise » avait achevé la ruine des meilleurs salons.

S'il l'avait pu, Camondo aurait été volontiers membre de tous les cercles huppés de la capitale. Encore eût-il fallu s'y faire admettre. Parfois, le nom, la fortune, la situation mondaine n'y suffisaient pas. Dans certains cas, il fallait ce « plus » qui fait toute la différence. Quelque chose comme l'illustration d'une famille à travers les siècles. Là plus qu'ailleurs, au stade de la candidature implicite, il prenait la mesure de ce qui le séparerait toujours de l'authentique milieu gratin.

Le Cercle agricole dit « les pommes de terre », il n'en était pas question. Il rassemblait exclusivement des grands propriétaires terriens triés sur le volet. Contrairement aux apparences, c'était le plus aristocratique d'entre tous. Et le Cercle de l'Union ? Il avait certes été le tout premier des grands, mais rassemblait surtout des diplomates et des étrangers. Et le Tir aux pigeons ? Pourquoi pas. Et le Cercle du bois de Boulogne ? Pareillement. Sa participation au Cercle de la rue Royale

avait dû être remarquée puisque Édouard Drumont la signalait dans ses pamphlets. Société
hippique, Cercle de l'Union artistique et quelques
autres. Il en était également. Dans le Bottin mondain, en face de son nom, de telles mentions ac-
compagnaient naturellement le sigle HP pour
« hôtel particulier ». Quant à l'Automobile Club
de France lancé par le marquis de Dion, bien sûr,
cela allait de soi. Moïse en avait même été l'un
des membres fondateurs.

Restait le plus prestigieux d'entre tous à ses
yeux, le plus inaccessible, la Société d'encourage-
ment de la race chevaline dite Jockey Club. C'était
par excellence le lieu de réunion des hommes de
chevaux puisqu'elle avait en jouissance le bail
d'un terrain où fut édifié le champ de courses de
Longchamp. Le Jockey n'était pas le plus ancien
cercle de la capitale. Il n'était même pas très
vieux puisqu'il avait été fondé en 1834. Si l'on y
jouait beaucoup, on y faisait et défaisait les répu-
tations, ce qui, pour nombre de membres, était
au moins aussi important. Les conversations révélaient une passion très intense pour la chasse,
la généalogie, les alliances et l'invention de sur-
noms, mais il n'y avait pas que cela. Il y avait
aussi le reste qui était nettement plus politique,
dans toutes les acceptions du terme. Sinon, son
histoire ne serait pas si tôt devenue une légende.

D'abord installé rue du Helder, non loin de
l'Opéra, en lieu et place d'un défunt club à l'enseigne du « Bouge », il avait ensuite pris ses quartiers un peu plus loin, rue de Gramont, et enfin
dans un hôtel particulier de la rue Scribe. Au début, les fils du roi Louis-Philippe y avaient côtoyé

le prince de la Moskowa et le neveu du banquier Laffitte. Ainsi, parmi les premiers membres, on relevait une majorité de représentants de la noblesse de l'Ancien Régime et de titrés de l'Empire, mais aussi un grand nombre d'officiers supérieurs, de grands financiers et même un comte italien. Pour autant, ce n'était pas un club nobiliaire mais un cercle aristocratique pour lequel la question de la religion n'intervenait pas.

Cela offrait quelque espoir à Moïse de Camondo. Le Jockey détestait certes les parvenus mais il n'en était pas. Il avait parfaitement compris que ce n'était pas un endroit pour le départ mais pour l'arrivée. De plus, le cercle abhorrait les faux nobles et les titres trafiqués. Mais le sien ne l'était pas puisqu'il lui avait été accordé par un souverain régnant. Pourtant, c'eût été inenvisageable. Afin d'éviter toute humiliation inutile, il n'aurait pas été recalé mais ajourné. Car il y aurait eu quelque paradoxe à être israélite tout en étant du Jockey. Non pour lui, mais pour eux. Cela ne signifiait pas que le cercle était antisémite, mais que les membres de la haute société juive n'y étaient pas les bienvenus. Ce qui revenait au même. Le mélange n'eût pas convenu à l'esprit des lieux.

Pourtant, il y avait bien eu quelques exceptions. Mais on s'empressait de préciser qu'elles confirmaient une règle qu'il eût été inconvenant de rendre explicite. Achille Fould avait été du Jockey bien entendu, mais où n'était-il pas ? Il y remplissait même la fonction de grand argentier, ce qui lui avait permis de faire entrer plusieurs de ses parents. Une dizaine de Rothschild avaient été

également du Jockey. Ils avaient été admis non en
leur qualité de banquiers mais de propriétaires de
chevaux. Dans les annuaires des membres, on relevait encore au fil des décennies quelques noms
« à consonance » : Heine, Furtado, Goldschmidt...
Des hommes de finance pour la plupart, hormis
le docteur Jules Sichel, fameux ophtalmologue.
Mais enfin, c'étaient les premiers temps du
Jockey. Des juifs, il n'y en avait guère plus. On disait même que James de Rothschild faisait bar-
rage pour qu'il en fût ainsi.

En 1871, il était déjà beaucoup plus difficile
pour un israélite d'être de ce cénacle. Le Swann
de Proust, du moins celui qui lui inspira l'essentiel de son personnage, fut élu le 21 janvier après
avoir été blackboulé quatre fois en six ans. Encore les mauvaises langues prétendaient-elles
qu'en raison des événements politiques il avait
bénéficié du fait que personne n'était là pour lui
opposer « la » boule noire, puisqu'une seule suffisait à annuler cinq votes favorables, comme au
conclave ou au sénat de Venise.

Il s'appelait Charles Haas, ses parrains étaient
le comte Guignard de Saint-Priest et le comte Al-
béric de Bernis. Il n'était pas riche, mais ce n'était
pas la seule raison pour laquelle il était un des
très rares israélites loué par le noble faubourg.
Bien que son père fût un fondé de pouvoir des
Rothschild et que la banque fût son métier et son
milieu d'origine, il incarnait avant tout l'élégance,
l'aisance et la distinction. Volontiers mystérieux,
ce séducteur plus passionné de peinture italienne
que de spéculation à la Bourse était aimé des
femmes. Un an avant son entrée au cercle, il avait

reçu la médaille militaire. On put dire que cela avait compté, au moins autant que sa finesse, sa culture et son intelligence. Il fallait au moins cela pour faire oublier que son père, natif de Francfort, n'avait été naturalisé français qu'en 1837.

Il est vrai que la salle de lecture du Jockey n'était jamais passée pour la chambre d'écho des sentiments républicains. Des années après, alors que l'époque s'abîmait dans les remugles de l'affaire Dreyfus, les mentalités n'étaient déjà plus les mêmes. Elles paraissaient plus radicales, plus exclusives. Charles Haas y était bien isolé, lui qui se voulait dreyfusard tout en refusant que l'on attaquât l'armée. Un grand écart de plus en plus difficile à pratiquer. Les Rothschild n'étaient pas du genre à se laisser entraîner dans de tels exercices. Plutôt que de démissionner, ils préférèrent éviter durablement l'hôtel de la rue Scribe. À la suite d'une pétition interne largement approuvée, le club alla jusqu'à résilier ses deux abonnements au *Figaro* coupable de s'être engagé en faveur du « traître ». Il en fut ainsi durant trois ans, jusqu'en 1901.

On eût dit que l'avènement d'un nouveau siècle devait modifier les esprits. Comme si de tels bouleversements se décrétaient. On attendait tant du rayonnement de 1900 sur les années à venir. Le comte de Camondo aussi. À le voir se promener avenue de Bois, avec sa petite famille dans un attelage remarqué, si fier de sa puissance, nul n'aurait cru que cette nouvelle ère serait celle de sa décadence.

La fortune que lui avaient laissée son grand-père et son père il y a peu encore était si considérable que les coups du sort ne pouvaient venir de là. Nul expert n'avait besoin de la chiffrer pour être en mesure d'affirmer que, pendant les décennies à venir, des générations de Camondo auraient pu vivre royalement sans jamais travailler ni déroger à leur tradition philanthropique.

L'infortune de cet homme richissime lui viendra des siens et de leur affrontement avec leur pays d'adoption. Commencera alors la lente et inexorable désintégration d'une grande famille à qui l'Histoire refusera un destin dynastique.

5

Splendeurs et misères des Camondo

Moïse était désormais un quadragénaire qui faisait son âge. Il avait déjà un peu perdu de sa superbe. Son œil borgne masqué de noir par un monocle, une surdité qui allait en s'accentuant, un embonpoint trahissant de bonnes habitudes de table, une calvitie de plus en plus creusée, tout cela le vieillissait prématurément. Même ses boutons de gilets, qui le dandyfiaient juste assez, avaient perdu de leur éclat.

On disait qu'il avait longtemps travaillé avec exagération. Qu'il en avait délaissé son épouse. Qu'elle le trouvait trop *clubman*. Que son tempérament de despote en avait fait un tyran domestique comme on en voyait dans les pays de pachas et de sultans. Qu'elle se retrouvait acculée à une solitude confinant à l'isolement. Qu'il ne s'était découvert que récemment des loisirs de *gentleman*. Qu'il avait compris tardivement que, dans la société à laquelle il aspirait, le travail avait quelque chose de vulgaire. Qu'il manquait de fantaisie et de frivolité. Que cet excès de sérieux à l'ouvrage et de sévérité dans la vie quotidienne le rendait vraiment trop juif pour les aristocrates. Qu'il en devenait, par conséquent, assez infréquentable pour certains cercles mondains où l'on ne badinait pas avec la désinvolture puisqu'on y traitait avec gravité des choses légères, et avec légèreté des choses graves.

Envisageait-il d'évoluer vers une sorte de dilettantisme mondain aux allures de mécénat ? Ou se rêvait-il grand seigneur du Moyen Âge confiant à des artistes le soin d'illustrer son psautier ou de décorer son livre d'heures ? Après tout, il était courant que dans les grandes familles, à la troisième génération, l'héritier renonçât aux affaires pour les arts. Son cousin Isaac pratiquait les deux sans abandonner une activité au détriment de l'autre. Mais les exemples ne manquaient pas où un aïeul avait eu du génie, son fils du talent et son petit-fils ni l'un ni l'autre, se contentant de tirer profit de l'héritage en se donnant l'attitude avantageuse du mécène/collectionneur.

Moïse, petit-fils du fondateur de la dynastie, aurait pu éprouver ce qu'on n'allait pas tarder à appeler « le syndrome des Buddenbrook », par allusion au titre d'un roman de Thomas Mann qui venait de paraître en Allemagne. Sa description de la décadence d'une famille était fascinante en ce qu'elle montrait bien combien les processus de raffinement des individus et de désintégration de leur clan étaient liés.

De toute façon, c'était déjà trop tard.

Irène, plus éclatante que jamais, était ailleurs. Par l'esprit et par le corps. Elle multipliait les aventures et cela se savait. Moïse souffrait d'être publiquement cocufié, mais n'en pouvait mais. La rumeur disait qu'elle lui en faisait voir de toutes

les couleurs. Ne s'étaient-ils pas unis sur un malentendu consenti, lui par amour, elle par conve-
nance ?

Elle n'avait pas trente ans et on aurait dit
qu'elle rayonnait. Pourtant, elle n'était pas d'une
grande beauté. Mais elle avait du chic, cette qualité indéfinissable que l'on appelait une tournure.
Généreuse jusqu'à la prodigalité, cultivée et polyglotte, elle tempérait un caractère parfois abrupt
par la grâce avec laquelle elle faisait de l'esprit, et
par sa faculté à susciter les rires.

Un jour, ce fut plus qu'une aventure.

Il s'appelait le comte Charles Sampieri. C'était
un homme de cheval mais ce n'était que cela. Un
temps, il avait même entraîné les chevaux des
écuries Camondo. Irène, qui était une excellente
cavalière, s'adonna avec une passion exclusive à
ce qui était plus qu'un sport ou un passe-temps.
Il était très beau, jeune, italien et désargenté. De
folles légendes couraient sur son compte. On le
disait né à Naples de mère inconnue et de père
trop connu. En tout cas, il portait son nom, qui
n'était pas sans illustration de l'autre côté des Al-
pes. Mais on disait tant de choses des patronymes
et des titres italiens... Les caricaturistes, Sem au
premier chef, le représentaient le plus souvent
dans la pose avantageuse du séducteur latin, entouré de femmes non loin d'un champ de courses.
Irène en était éperdument amoureuse. Pour lui,
elle était prête à tout quitter. Ce qu'elle fit.

Son caractère, que l'on disait entier et excessif,
lui interdisait les accommodements qui étaient la
règle pour ses contemporains. L'essentiel des conversations de salons, les babillages dans les loges

de l'Opéra, les apartés aux chasses à courre n'étaient consacrés qu'à cela, les stratégies clandestines, les relations parallèles et les amours souterraines. N'était-ce pas la rançon à payer pour les mariages arrangés ? À croire que c'était le sel de la vie. Sa propre mère, la délicieuse comtesse Louise, avait dû l'en instruire, elle à qui l'on attribuait nombre de conquêtes plus ou moins discrètes, dont la plus prestigieuse et la plus durable n'était autre qu'Alphonse XIII, un habitué du château de Champs même après 1902, date à laquelle il monta sur le trône d'Espagne.

Comme tant d'autres, les Camondo auraient pu s'organiser pour se supporter. Vivre des vies parallèles sous le même toit mais dans des appartements séparés. Mener en privé des existences distinctes tout en sacrifiant à la respectabilité requise pour conserver leur rang en société. À supposer qu'Irène y eût consenti, Moïse était à la fois trop conservateur mais pas assez ancien pour jouer ce jeu-là.

Pourtant, autour d'eux les exemples ne manquaient pas. Certains étaient même de notoriété publique. Les trente années qui séparaient Edmond de Polignac de Winnie Singer ne les avaient pas empêchés de se marier, de mener de concert une brillante vie mondaine de mécènes appréciés, lui d'aimer les garçons, et elle les femmes.

Toujours est-il qu'en 1901 on ne divorçait pas. Paul Morand dira plus tard qu'en ce temps-là les divorcés étaient encore des lépreux. Cela ne se faisait pas. Pas plus chez les israélites que chez les autres, même si l'un d'entre eux, le sénateur radical Alfred Naquet, avait été responsable de la loi sur le divorce en 1884. Or, non seulement Irène exigeait cette séparation définitive, mais elle annonçait du même coup sa conversion au catholicisme et son remariage à l'Église avec l'homme qui avait été son amant. Ainsi, par son geste, elle giflait non seulement les Camondo, mais les Cahen d'Anvers.

Elle n'était certes pas la première de sa famille à tourner le dos aussi délibérément à la foi de ses ancêtres. Outre ses propres sœurs, ses cousines avaient épousé l'une le comte Gourgaud du Taillis, l'autre un prince de Faucigny-Lucinge. Mais elle, c'était différent eu égard à sa situation.

Comment une femme du meilleur monde, mère de famille de surcroît, pouvait-elle adopter un tel comportement de jeune fille sans éducation ? Comment était-il possible de ne plus savoir tenir son rang ? Comment pouvait-on à ce point perdre son sang-froid ? Quelques-uns, d'un ton blasé, rappelèrent que, traditionnellement, si les premières épousailles se faisaient toujours sous le signe de l'arrangement, les secondes se plaçaient souvent sous les cieux de la passion. Mais il en aurait fallu plus pour que la comtesse Irène de Camondo, née Cahen d'Anvers, ne fût pas exclue.

Dans leur société, le scandale fut considérable. Son père la déshérita, son mari obtint la garde de leurs deux enfants.

Bientôt, dans le *Ehret « Société high life »*, annuaire de la mondanité parisienne, on vit apparaître le comte Charles et la comtesse Irène Sampieri, domiciliés au 14, boulevard d'Inckermann à Neuilly. Cela suffisait à son bonheur, bientôt renforcé par la naissance de leur fille Claude, dite Pussy.

Moïse de Camondo était désespéré de cette issue si soudaine, l'année même où il s'apprêtait à célébrer leur dixième anniversaire de mariage. Au-delà de l'échec personnel que cela représentait, à ses yeux et au regard de son monde, il souffrait de cette séparation. Elle l'avait cassé. Les murs de son hôtel étaient désormais orphelins d'un tableau, le portrait d'une petite fille par Renoir.

Il en était de plus en plus taciturne. Les plus lyriques de ses amis pouvaient le décrire tel Shylock se lamentant tant après que Jessica se fut enfuie avec un chrétien. À ceci près que Moïse, lui, n'avait pas été abandonné par sa fille mais par sa femme. Celle qui portait son nom et aurait pu lui donner d'autres enfants. Mais non, et il n'y en aurait pas.

Le comte de Camondo n'aurait plus ni d'autre épouse ni d'autres enfants. À croire que celle-ci l'avait définitivement immunisé contre la gent féminine. C'est aussi que, dans l'image d'eux conservée par leur entourage, elle avait fait plus que le quitter, se séparer ou obtenir le divorce.

Elle s'était enfuie de lui.

Dans un premier temps, il se réfugia dans ses affaires et ses activités philanthropiques. Le service de sa banque et de sa communauté l'absorbait. Ses partenaires traditionnels de la finance et de l'industrie multipliaient les offres d'association un peu partout en Europe :

« Nous serions charmés de vous voir recourir a notre ministère, et vous assurons que nous vouerons nos meilleurs soins aux ordres que vous voudrez bien nous confier... »

Il était sans cesse sollicité par une kyrielle d'associations de bienfaisance et œuvres pieuses, pour ne rien dire des inventeurs de toute sorte à la recherche de fonds.

On le courtisait également pour son influence. Il avait l'intervention facile. Il rendait service et cela se savait. Ses obligés étaient légion. Il avait aidé plusieurs familles juives d'Istanbul à s'installer en Europe, les Modiano, les Fernandez. On aurait pu dire de lui ce que, toutes proportions gardées, Sainte-Beuve disait du salon de la princesse Mathilde, à savoir que sa maison était une sorte de ministère des grâces.

Il n'hésitait jamais à prendre personnellement la plume pour plaider l'admission d'un élève défavorisé à l'école de l'Alliance israélite universelle. Les lettres de recommandation émanant du comte Moïse de Camondo étaient généralement suivies d'effet. Ses armes, gravées en haut à gauche, impressionnaient les bourgeois, et sa signature, en bas à droite, les financiers.

Avec le groupe Rothschild et des banques viennoises, on le vit participer aux côtés du gouvernement autrichien à un consortium visant à financer une rente d'État. Avec les Empain, il étudia la possibilité de financer soixante kilomètres de métropolitain quand il n'y en avait que quinze de construits, et renonça à l'issue d'une étude estimant le coût à 120 millions de francs. Avec Pierre Decauville, il songea à favoriser un bureau techni-

que capable d'internationaliser son affaire de
freins autorégulateurs destinés aux automobiles,
locomotives et tramways. Avec d'autres encore,
moins solvables mais tout aussi audacieux, il hésita à se lancer dans l'achat d'usines de faïence.
La banque Camondo semblait être sur tous les
fronts, n'en négligeant aucun par principe, bien
que, depuis 1894, elle eût abandonné sa succursale stambouliote.

Sur l'autre versant de ses occupations journa-
lières, Moïse n'était pas moins actif. Il appartenait
au comité central de l'Alliance israélite universelle, qui multipliait ses activités dans le monde
par la création d'écoles et l'envoi de professeurs.
Il était également membre du bureau de l'Association consistoriale israélite de Paris, où il coti-
sait à raison de 1 000 francs par an, ce qui le
situait dans la moyenne. Il donnait autant que les
Pereire, plus que les Günzburg, mais moins que
les Bischoffsheim et les Deutsch de La Meurthe.
Avec 3 000 francs, Cahen d'Anvers était un des
plus gros cotisants, étant entendu que les
Rothschild étaient avec 5 000 francs par an,
comme d'habitude, hors concours. Si tant est que
tout cela ait eu une réelle signification puisque de
tels montants ne préjugeaient en rien des dons à
diverses synagogues, écoles talmudiques et nécessiteux.

Bientôt, une importante vague d'immigration
de juifs de l'Empire ottoman devait être canalisée
vers la France. La révolution militaire des Jeunes-
Turcs avait rendu leur situation incertaine. Il
fallait les accueillir. Moïse ne se fit pas prier pour
se rendre à la taverne Voltaire le jour de l'assem-

blée générale de la toute nouvelle « Association orientale de Paris ». Comment n'aurait-il pas adhéré à son objectif, qui était le relèvement moral et matériel des Ottomans ? Créée dans l'urgence, les événements allaient la rendre plus indispensable encore. L'insécurité croissante dans les Balkans et la volonté d'échapper à la conscription devaient provoquer un afflux de juifs levantins francophones.

Quand il ne se laissait pas absorber par ses différentes activités, Moïse se consacrait à ses enfants. Non qu'il voulût passer pour un père exemplaire. Mais il avait reporté sur eux tout l'amour dont Irène s'était détourné.

Elle ne cessa jamais de les voir, entretenant en permanence des liens étroits avec eux. Nissim, qui n'avait que neuf ans quand elle quitta la maison, l'adorait. On disait déjà de Béatrice, de deux ans sa cadette, qu'elle avait hérité du caractère de sa mère.

Moïse était de ces pères qui voulaient leurs enfants plus grands qu'eux-mêmes. On aurait pu y pointer la manifestation d'un orgueil mal dominé. Ou un symptôme supplémentaire de son ambition sociale. Ou tout simplement l'expression la plus sincère, la plus dépouillée et la plus émouvante de l'amour d'un homme à l'abandon pour ses enfants.

Quelques années après le départ d'Irène, ils vivaient encore tous trois rue Hamelin. Nissim suivait sa scolarité au lycée Janson-de-Sailly. Sur ses cahiers, il traçait d'une écriture penchée mais déjà ferme :

« Notre pays s'appelait autrefois la Gaule ; plus

grande que la France et protégée partout par des frontières naturelles, elle s'étendait jusqu'au Rhin. Son heureuse situation excitait déjà l'admiration des Anciens... »

Il était français, le premier de la première génération de Camondo née en France. En dépit de sa tendresse pour la France, son père mettait un point d'honneur à demeurer italien. Les raisons ne manquaient pas, dans lesquelles des notions telles que l'honneur et la fierté, la mémoire et le snobisme, la revendication d'un illustre mais confus passé vénitien et l'attachement à la couronne dont il se sentait le sujet, se mêlaient à un certain sens pratique. L'aristocrate ne voulait pas perdre son privilège.

En 1906, en effet, le gouvernement avait déclaré à la Chambre des députés qu'il ne serait pas créé de titres nouveaux, et que le port de titres étrangers ne serait pas autorisé. Mais porté en France par un étranger, il était admis, car il passait pour un accessoire du nom et autorisait une meilleure identification de la personne. Pour que cela fût incrit à l'état civil, il fallait que le pays d'origine fournisse des lettres patentes ou toute autre preuve. Mais si l'impétrant demandait également à être naturalisé, il perdait son titre, car il était rarissime que le président de la République accordât une dérogation. Dans cette perspective, Moïse de Camondo avait tout intérêt à rester étranger s'il voulait conserver sa marque distinctive d'aristocrate, qualité à laquelle il tenait plus que jamais tant elle condensait confusément ses aspirations les plus profondes.

À la distribution solennelle des prix du 26 juillet 1906, devant les professeurs au grand complet parmi lesquels le rabbin Debré* qui assurait le « catéchisme des juifs », Nissim obtint à peine une mention en histoire naturelle, un troisième accessit en allemand, une mention en récitation. Ses camarades Raymond Lévy et Jules Moch avaient raflé presque tous les prix.

Béatrice travaillait mieux. En se penchant sur ses cahiers de classe, Moïse pouvait déjà voir s'esquisser le caractère qui serait le sien à jamais. Et d'abord, très jeune, une passion qui, avec l'âge, tournera à l'obsession exclusive et dévorante : le cheval et son monde. Son maître de composition française en classe de seconde lui demande-t-il de rédiger une lettre à une amie sur le sujet de son choix ? Elle prend aussitôt prétexte de l'épistole pour se livrer à une vibrante défense et illustration de la chasse à courre à travers les mésaventures d'un bourgeois parisien invité à la campagne. Elle se moque de ceux qui suivent les chasses en auto, évoque « ce plaisir vraiment royal » de la chevauchée, et poursuit en usant d'un vocabulaire technique dans lequel elle se sent parfaitement à l'aise, alignant à bon escient des termes souvent cités par d'autres à contre-emploi tels que gué, curée ou hallali. Même dans ses devoirs de vacances, en calcul, elle s'arrange pour bien orienter ses problèmes :

« Un amateur de chasse a deux gardes payés chacun 1 200 francs, il paie annuellement aux riverains pour dégâts causés par son gibier 5 000 francs... Le cent de cartouches coûtant

* Père de Robert Debré et grand-père de Michel Debré.

20 francs, à combien revient chaque pièce tirée pendant la saison ? »

Sur la couverture de son cahier, dans les armoiries mêmes du papetier, elle avait en quelque sorte placé les siennes, un B et un C qui formaient une manière d'ex-libris. Elle semblait avoir eu très tôt une forte conscience de son rang dans la société, de ce que ses familles paternelle et maternelle appartenaient à une sorte d'élite de la fortune.

Manifestement, Moïse l'avait contaminée. Il l'emmenait souvent avec lui dans ses promenades dominicales, autour du lac ou en forêt, en berline ou en selle. Elle était plus sensible que son frère à cet esprit de cavalerie qu'elle avait aussitôt associé à une mystique de la chevalerie. À tout prendre, le père et la fille étaient plus proches des *jongkheer*, ces nobles hollandais qui avaient rang d'écuyers, que des junkers, Prussiens de la noblesse terrienne. D'une manière ou d'une autre, ils avaient une haute idée d'eux-mêmes.

Pour elle, il acheta une propriété à la famille Quincey. La « villa de Gontaut-Biron », aussitôt rebaptisée « Villa Béatrice », se situait à une cinquantaine de kilomètres de Paris, à Aumont, dans l'Oise. Avec quelques châtelains de la région tel son ami l'avocat Jean Dailly, Moïse y chassait à tir du gibier à l'exception des cerfs, biches et daims, sur des terres louées à cet effet au baron Robert de Rothschild. La maison proprement dite, où les enfants amenaient régulièrement des amis de leur âge, tenait plus de l'imposant manoir que du modeste château. Loin, très loin de toute façon, des somptueuses demeures édifiées dans

des parcs tout aussi spectaculaires par les
Rothschild à Ferrières, les Worms à Romilly-sur-
Aube, les Fould à Rocquencourt ou les Cahen
d'Anvers à Champs-sur-Marne. Nissim aurait du
mal à dire à ses camarades de jeux ce que le jeune
Eugène Pereire lâchait nonchalamment devant
ses condisciples quand il évoquait sa villégiature ·

« Chez nous, c'est quelque chose dans le genre
du Louvre... »

À cet instant de son parcours sur terre, Moïse
de Camondo entreprit de modifier son destin. Il
était à mi-vie. Il avait déjà perdu la moitié de lui-
même. Il n'imaginait pas qu'il pût perdre l'autre.

Son ambition prit une autre direction. Sans
abandonner ses affaires, il cessa progressivement
de considérer le travail comme une vertu et l'enrichissement comme une fin en soi. Ces principes
posés comme des absolus avaient peut-être fait
leur temps. Il n'allait tout de même pas, jusqu'à
la fin de sa vie, s'étourdir par des rapports de
commissaires aux comptes et des conseils d'administration, quand il ne demandait qu'à être émer-
veillé par les formes les plus raffinées de l'art et
de la culture français. L'aristocrate en lui recherchait des éblouissements à sa mesure.

Les vrais débuts de sa collection de meubles,
d'objets et de tableaux dataient de la fuite d'Irène.
Comme si la profusion avait la vertu de combler
son absence. N'était-ce pas la mission secrète qu'il
leur avait assignée ?

Le virus du XVIIIe siècle l'avait gagné et l'enva-
hissait sérieusement depuis quelque temps déjà
quand il perdit sa mère. C'était en 1910. En pre-

nant possession de l'hôtel Violet où il avait passé une grande partie de sa jeunesse, il sentit qu'il pouvait accéder à l'inaccessible utopie. Non dans le but d'y simplement succéder aux siens dans leurs murs mêmes, mais pour aller jusqu'au bout de son rêve d'aristocrate. Avec Disraeli, il pensait que la vie était trop courte pour être petite. Pour lui, mais surtout pour Nissim, l'héritier du nom et de la fortune, ce fils vénéré qu'il voulait plus grand que lui-même.

Quand Moïse de Camondo confia à son architecte le soin de démolir l'hôtel dont il venait d'hériter afin de le remplacer par une manière de Petit Trianon, la plaine Monceau s'interrogea. Tout à leur hâte de juger l'affaire en l'expédiant par trois anecdotes, deux mots d'esprit et une perfidie, les salons décrétèrent que tout cela lui était légèrement monté à la tête. Son engouement pour le XVIIIe se traduisait par un engagement total. Certains y décelaient peut-être la manifestation esthétique de la foi des nouveaux convertis. C'était pourtant bien plus profond.

Les plus avisés allaient bientôt pouvoir établir un parallèle avec le mystère Doucet. En 1907, le couturier-mécène avait fait aménager sa nouvelle maison du 19 rue Spontini, non loin du bois de Boulogne, en fonction de sa collection d'art du XVIIIe siècle, n'hésitant pas à sacrifier tout ce qui ne correspondait pas en le vendant à Drouot. Cela paraissait normal puisque c'était sa passion dévorante. Mais, cinq ans après, il annonçait brusquement qu'il se défaisait du tout, de l'hôtel et de son précieux contenu. Paris crut au coup de tête d'un

dilettante aux humeurs variables. Sa volte-face
déçut car on la prit pour un caprice. De fait, elle
jeta un doute sur sa sincérité vis-à-vis de cet art
pour lequel il avait fait des folies. D'autant que,
peu après, il s'installait un peu plus loin, dans un
hôtel de l'avenue du Bois dans lequel il fit entrer
Van Gogh et Cézanne, Lalique et Iribe. On eût dit
que le nouveau régime chassait l'ancien. Une
question de mode, d'adaptation à l'air du temps.
Apparemment, ce n'était que cela. La société
ignorait alors à quel mouvement intérieur obéissaient ces bouleversements.

Jacques Doucet aimait en secret une femme
mariée. Il avait cinquante-neuf ans, elle en avait
quarante-trois. Elle était la passion de sa vie.
Mme de R. avait résolu de divorcer pour lui. À
l'instant de le rejoindre, elle mourut dans des conditions tragiques et mystérieuses. Un accident de
chasse, le jour même où elle annonçait sa décision à son mari... L'hôtel de la rue Spontini devait
être son écrin.

À dix ans d'intervalle, dans des circonstances
très différentes, Moïse de Camondo et Jacques
Doucet s'exténuaient de chagrin dans le souvenir
d'une femme. Dans le fol espoir de pallier une absence, ces deux hommes à l'abandon réagirent de
manière opposée. L'un détruisit, l'autre construi-
sit. Pour combler un vide.

Au moment où Moïse bâtissait son nouveau
rêve, son cousin germain Isaac, l'autre Camondo,
défrayait la chronique du petit monde des mécènes parisiens. Les Amis du Louvre lui offraient à
l'unanimité de présider leur société. Mais, même
s'il n'avait jamais dissimulé combien il serait sen-

sible à cet honneur, il ne put accepter. À un ami qui lui demandait de motiver sa surprenante décision, il s'ouvrait en des termes qui révélaient ses contradictions :

« Le Président de la Société des amis du Louvre fait de droit partie du Conseil des musées nationaux. Or, en ma qualité d'étranger, je ne puis, paraît-il, entrer dans ledit conseil. Je ne veux pas diminuer la fonction de président des Amis du Louvre. Je n'accepterai celle-ci que si le gouvernement trouve le moyen de m'y donner accès... Je ne suis pas français au sens juridique du mot, c'est entendu. Je le deviendrai dans ce sens-là même, à mon heure. Mais puis-je faire mieux acte de Français qu'en donnant toutes mes collections (toutes) à la France pour le musée du Louvre ? Mes intentions sont connues de tous les intéressés. Que dis-je mes intentions ? Les actes sont formels qui assurent ainsi les destinées des œuvres d'art qui parent ma demeure. Tout est pour la France là-dedans, tout ! »

Aussi, Isaac de Camondo n'entendait prendre la responsabilité des Amis du Louvre qu'à la condition de conserver intégralement les pouvoirs dont bénéficièrent ses prédécesseurs. Dans cette histoire dont on craignait qu'elle ne dégénérât en scandale feutré, le moindre mot prenait valeur de symbole. L'affaire prit quelque ampleur eu égard à la qualité de son protagoniste. Dujardin-Beaumetz, le sous-secrétaire d'État chargé des Beaux-Arts, s'empara personnellement du dossier. Il saisit d'éminents juristes. Involontairement, Isaac de Camondo régla la question de la manière la plus expéditive.

C'était un matin d'avril 1911, dans l'hôtel du 82 Champs-Élysées, où il vivait depuis que l'impérialisme de la Société générale l'avait poussé à quitter son immeuble de la rue Glück. Le valet de chambre découvrit son cadavre dans son lit. Une embolie, à soixante ans. Rien ne laissait prévoir sa disparition. Isaac était plein de projets. Il s'apprêtait à acheter plusieurs Renoir à son vieil ami Paul Durand-Ruel, à produire des créations de Paul Dukas et de Édouard Lalo...

Des prières furent dites à son domicile par le rabbin Weill. Au cimetière de Montmartre, Moïse eut l'honneur et le triste privilège de conduire le deuil. Devant sa tombe, le vice-président de Paribas prononça un discours, et le directeur des Musées nationaux rendit un hommage. Quatre hommes, quatre symboles de ce que fut le défunt : un juif, un Camondo, un financier et un collectionneur

Passé les premiers moments de stupeur et de profonde tristesse, Moïse de Camondo dut affronter dans l'urgence des problèmes très pratiques. Non pour les affaires de banque car elles leur étaient communes depuis longtemps, mais pour les dispositions que son cousin avait prises vis-à-vis de ses fabuleuses collections.

Quelques années après son premier don de 1897 au Louvre, Isaac en avait fait deux autres. Pour l'essentiel, des figures en bois du XIVe siècle, des masques du VIIIe siècle, des dessins de Hokusai.. Le reste était encore à venir. Il le destinait également au Louvre Mais son testament précisait bien que ses collections ne devaient pas être dissociées, que tout était à prendre ou à laisser, en bloc, et que, dans le premier cas, l'ensemble devait être exposé pendant cinquante ans dans une salle spéciale portant son nom, l'allocation d'une somme de 100 000 francs réglant les frais d'installation.

Or, le musée avait pour règle de ne pas accepter les œuvres d'artistes vivants. Le règlement soulignait même que celles-ci ne pouvaient être admises dans cette enceinte consacrée moins de dix ans après la mort de leurs auteurs. Que ceux-ci fussent des impressionnistes n'arrangeait rien, car ils étaient encore loin d'être acceptés par l'opinion.

On trouva un compromis puisque les règlements sont faits pour être tournés. Après tout, cinq ans avant la mort d'Isaac de Camondo, Monet entra de son vivant au Louvre, Moreau-Nélaton ayant eu la bonne idée d'inclure neuf de ses œuvres dans sa donation à l'État. Et puis les musées nationaux n'allaient tout de même pas laisser passer une si exceptionnelle réunion de mobilier du XVIIIᵉ à cause de quelconques peintres contemporains. D'autant que l'ensemble avait tout de même été évalué, par leurs services, à près de 8 millions de francs...

C'est ainsi que *Le Fifre* de Manet, *L'Absinthe* et *Les Repasseuses* de Degas, des *Cathédrales* et des *Nymphéas* de Monet, *Les Joueurs de cartes* et la *Maison du pendu* de Cézanne, *Inondations à Port-Marly* de Sisley, *Les Fritillaires* de Van Gogh, l'*Atelier* de Corot et tant d'autres encore entrèrent au Louvre. Et tout cela parce que, d'outre-tombe, le comte Isaac de Camondo, aristocrate juif qui voulait bien devenir français, mais à son heure, avait forcé les portes du palais.

Il ne fallut pas moins de trois jours aux déménageurs pour descendre sa collection des Champs-Élysées aux Tuileries. Quelque 130 peintures, pastels, aquarelles et dessins, sans compter les 400 estampes japonaises.

Moïse de Camondo, qui était encore dans l'année de deuil de sa mère, devenait le légataire d'Isaac, lequel se trouvait sans descendance légitime. Son cousin lui avait laissé son hôtel, des meubles de collection et un très important portefeuille d'actions des sociétés dont il était soit l'administrateur, telle Paribas, soit le président, qu'il s'agisse de la Compagnie du gaz, des Chemins de fer andalous ou des Ciments du Boulonnais.

Moïse mit un point d'honneur à poursuivre l'œuvre d'Isaac dans les quelques domaines qui lui tenaient à cœur. Un soutien appuyé à des associations artistiques, tant les Amis de l'Opéra que les Amis du Louvre. Mais aussi des aides nettement plus substantielles à des proches qui avaient parfois eu du mal à tenir leur entreprise à bout de bras. Il y en avait deux notamment, dont Moïse était également l'intime.

Gabriel Astruc, le fils du rabbin qui les préparait à leur *bar-mitzva* le dimanche matin dans l'hôtel de la rue de Monceau, avait fait son chemin. Après avoir été lecteur aux éditions Ollendorff, soiriste, chroniqueur parlementaire et accrédité à l'Élysée pour le compte d'un grand journal, il se lança dans la vie musicale. Non content de publier des partitions, il organisa des concerts sous l'égide de la Société musicale. Quand il comprit qu'il manquait une grande salle moderne à Paris, il se mit en tête de la créer de toutes pièces. Son projet reposait sur un triptyque d'inspiration européenne : goût français, confort anglais, technique allemande. Rien n'était trop beau puisqu'il s'était adressé à Van de Velde pour le bâtiment. La décoration intérieure avait été confiée à Perret (qui fut également chargé, en fin de compte, de la construction), les sculptures et les fresques à Bourdelle, les peintures murales à Vuillard et celles de la coupole de la grande salle à Maurice Denis.

Par le passé, au nom de leur vieille amitié, Astruc avait souvent demandé à Isaac de lui rendre de signalés services. Il ne s'agissait pas nécessairement d'argent mais plutôt d'influences. Tous les matins, avant de gagner son bureau, il le visitait en son hôtel pour partager le petit déjeuner. Invariablement, il découvrait un maître de maison enveloppé dans une houppelande, cerné par des *Glycines* de Monet, assis au piano et griffonnant sur des partitions. Ainsi, il l'avait un jour pressé d'intervenir auprès du tout-puissant Bleichröder et de l'architecte britannique Mendelsohn, à Berlin, afin de leur recommander Wanda Landowska, une claveciniste polonaise de vingt-cinq ans, dans l'espoir qu'entre deux concerts elle puisse se produire en leur hôtel devant un parterre choisi.

Mais si Gabriel Astruc tenait Isaac de Camondo pour le commanditaire-né de la danse et du chant, un authentique seigneur de la musique et le protecteur inégalé de tous les arts, c'était aussi pour des raisons financières. L'ami banquier allait se révéler son meilleur soutien dans l'édification chaotique de ce grand projet, qui n'était autre que le futur Théâtre des Champs-Élysées, avenue Montaigne. Il ne se contenta pas de souscrire pour 50 000 francs. Non seulement il prolongea régulièrement son geste initial, mais il lui prodigua maints conseils techniques.

Isaac de Camondo mourut avant d'en voir l'achèvement. Il n'assista ni à la grandeur ni à la décadence de ce théâtre qui lui devait tant. Le destin lui évita d'assister au triste spectacle d'une grande œuvre engloutie quelques mois après avoir été présentée au public. Car, en 1913, quelques mois à peine séparèrent l'inauguration du dépôt de bilan. En un si bref laps de temps, Astruc avait pu montrer le *Benvenuto Cellini* de Berlioz, donner les *Jeux* de Debussy, produire *Le Sacre du printemps* de Stravinski et créer *Pénélope* de Fauré avant que le rideau ne retombe sur une ultime représentation de *Boris Godounov* offerte par le théâtre et sa troupe. Il ne restait plus à Gabriel Astruc qu'à s'étourdir dans la lecture de *Du côté de chez Swann*, qui venait de paraître, et dans un long échange de correspondances avec Marcel Proust.

Jusqu'au bout, son Théâtre des Champs-Élysées a eu le soutien moral, politique, sonnant et trébuchant des Camondo. En souvenir du rabbin Astruc et par fidélité à la mémoire d'Isaac, Moïse l'avait aidé à lutter pied à pied contre les échéances, les impayés, les frais financiers, la concurrence, les imprésarios, les campagnes sournoises, la Ville, les antisémites... Mais cela n'avait pas suffi. En désespoir de cause, Astruc avait essayé d'organiser une riposte en sollicitant des amis haut placés dans la presse. À la direction du *Gaulois*, Arthur Meyer l'avait reçu sans ménagement :

« Vous avez voulu aller trop vite. Vous autres, Israélites, vous avez le tort de monter les escaliers quatre à quatre. Vous les redescendrez de même ! »

Vous autres, Israélites... C'était dur à entendre mais Gabriel Astruc n'était pas en position de polémiquer.

Arthur Meyer était justement l'autre ami qu'Isaac et, à sa suite, Moïse avaient voulu aider dans ses entreprises. Mais le personnage était encore plus controversé. Non qu'on pût lui reprocher, comme à Astruc, d'être un gestionnaire confus qui pêchait par son manque de rigueur. Meyer souffrait, lui, d'une image déplorable. Celle d'un homme dénué de toute qualité humaine.

Son itinéraire n'était pas banal. Ce fils d'un tailleur juif du Havre passait pour un arriviste forcené. À ses débuts parisiens, sa carte de visite fanfaronnait : « Arthur Meyer, place Vendôme, secrétaire de Blanche d'Antigny. » En fait, il y vivait bien, mais dans une chambre de service. Quant à la dame en question, qui s'était appelée Marie Antigny comme tout le monde, c'était une ancienne comédienne devenue un vénérable débris de la fête impériale dont il espérait se servir comme d'un marchepied. Ce fut le début d'une irrésistible ascension qui le mena au faîte de l'influence politique et mondaine.

Que les polémistes antisémites en aient fait une de leurs têtes de Turcs favorites n'étonnait pas. Comme de juste, Léon Daudet le poursuivait de sa hargne ; il faut dire qu'il avait travaillé huit ans à ses côtés. Il le traitait régulièrement de petit Hébreu sordide, de félon fétide, de traître-né, de pleutre vaniteux et servile. Édouard Drumont, lui, le présentait comme un triste sire d'une invraisemblable faquinerie, dépourvu du moindre sens de l'honneur. Il est vrai qu'au cours d'un duel il avait osé saisir la pointe de l'épée de ce dernier pour mieux lui enfoncer la sienne dans la cuisse. Un Japonais se serait fait *seppuku* sur-le-champ pour moins que cela. Meyer n'avait pas fait ses humanités avec le code du bushido. En croisant le fer avec Drumont, il croyait avoir affaire à un gentilhomme, mais découvrait à ses dépens quelqu'un qui voulait simplement le tuer.

« Pour que cela s'oublie, il faudra au moins dix ans – ou alors une guerre », reconnut-il, lucide sur sa lâcheté.

Les gazettes évoquèrent soit un mouvement réflexe bien excusable, soit une sorte de déloyauté... Il est vrai qu'Arthur Meyer n'était pas seulement devenu riche et puissant. Paradoxe pour le moins piquant, il était du même bord qu'eux, celui de l'antidreyfusisme. Habitué à son cynisme sans limites, Paris ne lui tenait plus rigueur de ses vilenies, d'autant qu'il était doté d'une étonnante faculté de redressement. Les insultes glissaient sur lui. Ses lâchetés décourageaient les caricaturistes. Il était pourtant d'un aspect ingrat. Sa physionomie annonçait son âme. Mais ils avaient beau forcer le trait, cela ressemblait encore à un doux euphémisme.

Monarchiste solennel au point de prendre le deuil du comte de Chambord, Arthur Meyer était avant tout l'homme d'un journal. *Le Gaulois* s'était totalement identifié à son directeur, à moins que ce ne fût le contraire. Il l'avait racheté en 1879 à Edmond Tarbé des Sablons pour en faire avant la fin du siècle l'un des grands quotidiens de la capitale avec *Le Figaro*, *Le Temps* et *Le Journal des débats*. Pendant l'Affaire, il engagea son journal dans le combat antidreyfusard, ce qui lui permit de récupérer les lecteurs que *Le Figaro* et *Le Soleil* avaient déçus par leur défense du « traître ».

Après s'être converti et s'être fait baptiser non sans ostentation en l'église de la Madeleine, il était devenu un antisémite sans état d'âme. Bonapartiste puis boulangiste, ce conseiller des princes d'Orléans avait rallié les monarchistes à la cause.

Arthur Meyer avait certes publié quelques livres comme tout le monde. Mais *Le Gaulois* demeurait son chef-d'œuvre. Incontestablement, il était, dans son genre, une réussite — et pas seulement pour avoir, le premier, consacré une chronique hebdomadaire au cinéma. Très lu dans les hôtels parisiens et les châteaux de l'Ouest, commenté dans les cercles et les chasses, c'était l'organe officiel de toutes les aristocraties. Sa rubrique « Dans le monde » n'avait pas grand rapport avec la politique étrangère. Outre les informations nationales et internationales que tout honnête homme de droite était tenu de connaître, il brillait surtout par ses échos du gratin. Ses « Nouvelles cynégétiques » étaient très prisées :

« Par suite de la mort de la duchesse de Noailles douairière, l'équipage de Rallye-Vallière a cessé ses laisser-courre depuis huit jours et ne les reprendra qu'en février... »

Par *Le Gaulois*, une élite de la naissance et de l'argent se tenait au courant des scrutins de ballottage au Jockey, aussi bien que des générales, bals et soupers. La moindre réception avait droit à une mention à la rubrique « Reconnus ». Certains hôtes avaient l'habitude de publier dans le « carnet » le menu de leur dîner de la veille ainsi que les noms de leurs convives par ordre d'importance. Les rédacteurs, soiristes blanchis sous le harnais, veillaient à ce que le protocole fût respecté et que jamais un baron ne fût cité avant un comte. Le journal suivait ses lecteurs jusque dans leurs vacances à travers sa rubrique « Déplacements et villégiatures ».

C'était *Le Gaulois*. Moïse de Camondo, porteur des parts de son cousin Isaac, continua à l'aider. Il entretenait des relations d'amitié avec Arthur Meyer. L'ex-libris de ce dernier, sur la page de garde d'une magnifique *Vie d'artiste* d'Alexandre Dumas bien placée dans la bibliothèque de la rue de Monceau, en témoignait. De même qu'un flambeau-bouillotte en bronze ciselé dans le grand salon. Encore eût-il fallu savoir s'il les lui avait bien donnés par gratitude, et non cédés.

Alors qu'on le croyait parvenu au sommet de son influence et de sa puissance, Arthur Meyer s'était offert son couronnement le 8 octobre 1904.

À soixante ans, il épousait un grand nom de l'histoire de France, Mlle de Turenne, vingt-quatre ans. L'annonce de cette union provoqua un écœurement général. Dans les clubs et salons, on supputait la qualité des témoins. Pour la mariée, ce devait être comme de juste son grand-père, le duc de Fitz-James, et le comte de La Panouse. Le

marié, lui, avait claironné partout que le duc
d'Uzès et le duc de Luynes seraient à ses côtés.
Finalement, ils furent remplacés par le sénateur
Alfred Mézières et l'écrivain François Coppée.
Deux académiciens, tout de même.

Même Proust, qui ne trouvait pas cette union
très reluisante, jugeait tout cela vraiment trop
« décaduc » à son goût, c'est dire. De toute façon,
dans ses lettres, il n'avait jamais de mots assez
cruels pour moquer l'orgueil et la suffisance d'Arthur Meyer. Depuis son mariage, celui-ci était
comme enivré. Croisant Barrès, il lui avait lancé :

« Je pars pour Versailles, voulez-vous que je sa-
lue de votre part mon cousin Louis XIV ? »

Encore le Théâtre des Champs-Élysées et *Le
Gaulois* ne représentaient-ils que les aspects les
plus mondains de la générosité et du sens de
l'amitié du comte de Camondo. Il en était d'autres, moins spectaculaires. Mais quels qu'ils
fussent, ils n'étaient qu'un détail pour un homme
qui s'abandonnait de plus en plus passionnément
à ses voluptés de collectionneur.

En 1914, son petit Trianon de la plaine Monceau fut enfin achevé selon ses désirs. Chaque
meuble, chaque objet, chaque gravure avait sa
place assignée. D'autres, tout aussi exceptionnels,
s'annonçaient déjà. Au début de l'été, il acheta un
jour pour 900 000 francs de mobilier à l'antiquaire Jacques Seligmann : un écran, deux
grands canapés, une marquise et dix fauteuils en
tapisserie de Beauvais dans leur crasse provenant
de la collection Scott-Sackville.

Héritier de naissance, coup sur coup veuf de sa

mère et de son cousin, Moïse n'avait jamais été aussi riche. On ne pouvait même plus dire qu'il devait cette situation à sa qualité de chef de tribu. Les rangs s'étaient tellement clairsemés depuis leur installation en France, il y a quarante ans, qu'il se retrouvait pratiquement seul. Sans famille ou presque puisque Irène était partie.

Sa fille se marierait et s'en irait à son tour fonder un foyer. Il reportait ses derniers espoirs sur son fils. Il l'aimait au-delà du raisonnable. C'est à lui qu'il destinait sa maison de banque, une partie de sa fortune et surtout cette demeure unique en son genre.

En 1914, Nissim avait vingt-deux ans. Son père l'avait fait entrer au service des titres de Paribas pour y apprendre le métier. Il n'y resta que quelques mois. Il n'eut guère plus le loisir de vivre dans l'hôtel de la rue de Monceau. La guerre se profilait. Elle ne lui laissa pas le temps d'y être heureux.

Après l'attentat de Sarajevo, l'Histoire parut s'emballer. L'accélération des événements impressionnait à l'œil nu. Ultimatums, manifestations, déclarations... Mais dans le même temps, au cœur de l'été parisien, une annonce superbement incongrue tranchait sur la brutalité des temps : la collection d'Isaac de Camondo était installée au second étage du Louvre, dans sept salles à elle spécialement dévolues et portant le nom du généreux donateur.

Pour se conformer en tout point à ses vœux, les conservateurs ne se contentèrent pas de disposer ces pièces en enfilade afin que la collection gardât

son éclat primitif. Ils s'efforcèrent de reconstituer
la physionomie, à défaut de l'âme et de l'atmosphère, des anciens appartements d'Isaac. Pour
l'*establishment* artistique, le clou de cette réunion
était incontestablement le mobilier du salon de
Louis XV dit « la chambre du Roi ». Le reste
fascinait plus ou moins. Certains faisaient la fine
bouche devant l'inévitable bric-à-brac que constituait l'accrochage coude à coude d'estampes japonaises, de toiles de Cézanne et de Van Gogh,
d'aquarelles de Jongkind et de crayons de Fragonard. Bien qu'ils fussent placés dans des pièces
séparées, ils n'en appartenaient pas moins au
même ensemble. Comme si le spectre d'Isaac les
autorisait à s'interpeller d'une salle à l'autre, no-
nobstant les fonctionnaires de l'art plutôt méprisants sants pour certains de leurs contemporains.

Dans *L'Illustration*, le chroniqueur Gustave Babin s'en fit l'écho. Il jugeait que cette affaire ressemblait fort à une rançon :

« Tout de même, il est imprudent de la part
d'un amateur, fût-il éclairé, de vouloir ainsi, tout
de go et d'un bloc, transporter, installer d'autorité
dans un sanctuaire aussi auguste que le Louvre
la collection qu'il a formée pour son agrément, le
plaisir de ses après-dînées ; il est téméraire d'espérer qu'on puisse, avec cette facilité, créer un petit musée à sa marque dans un grand musée tout
rempli de pages consacrées par l'admiration des
siècles. Enfin, le fait est là : le musée Camondo
est logé au cœur même des collections nationales... »

À partir de là, une polémique aurait pu être
lancée, complaisamment relayée par certaine

presse. On se serait allégrement étripé autour des cadavres de Cézanne et de Bouguereau. On aurait enquêté sur l'étrange privilège accordé à ce M. de Camondo, et sur les conditions exactes de cette exception. En d'autres temps peut-être. Mais pas dans une Europe à la veille de s'embraser. Ce n'était plus de saison. Il y avait d'autres urgences. L'inauguration des salles Camondo eut lieu en catimini.

Le président de la République, Raymond Poincaré, et son président du Conseil, René Viviani, venaient de partir pour la Russie. L'Autriche allait adresser un ultimatum à la Serbie. La rançon à payer n'avait rien d'artistique.

Le 1er août, la mobilisation générale appelait Nissim à rejoindre son unité. Il s'y précipita doublement, en tant que français et en tant que juif.

Il fallait sauver la France de Bouvines, de Rocroi, de Valmy. C'était aussi la France qui avait rendu les honneurs au capitaine Dreyfus pour se faire pardonner de l'avoir injustement humilié. Il y a quelques mois, cette France-là voyait pour la première fois un israélite, le philosophe Henri Bergson, accéder sous la coupole de l'Académie française à la qualité d'immortel. Même si l'on se doutait bien que l'antisémitisme comme sentiment populaire serait toujours diffus dans la société française, on voulait croire que sa période héroïque et tragique était terminée. 189 000 juifs vivaient alors en France (Algérie comprise) sur 39 millions d'habitants.

Dans les rues de Paris, des Ottomans, des Russes et des Roumains défilaient pour marquer leur attachement à leur pays d'accueil. En tête du cortège, à côté d'un drapeau tricolore, on distinguait un calicot sur lequel était écrit en français et en hébreu :

« Juifs immigrés, faites votre devoir ! »

Comités et associations s'activèrent pour rassembler quelque cinq mille volontaires juifs étrangers et les intégrer à l'armée française. Léo Allalouf rassembla 600 Ottomans, Fausto Bambrini 400 Italiens, Jean Nevak autant de Tchèques... Parmi eux, le Suisse Edmond Fleg, quarante-deux ans, écrivain et père de deux enfants ; le Russe Joseph Kessel, pilote de dix-huit ans... Leur présence attestait qu'ils ne croyaient qu'aux histoires dont les témoins se faisaient égorger.

40 % des volontaires étrangers engagés pour la France étaient juifs. Le 21 août, on les vit assiéger l'hôtel des Invalides aussitôt transformé en tour de Babel. Commerçants ou médecins, riverains du Marais ou de Saint-Lazare, ils se faisaient recruter par la Légion étrangère. Les secrétaires d'état-major s'arrachaient les cheveux à retranscrire ces noms incompréhensibles.

Le premier volontaire enrôlé s'appelait Grégoire Liwschitz. C'était un avocat polonais de vingt-sept ans. Il habitait rue Amelot, près de la Bastille. Pour lui et pour tous ceux qui attendaient dans la file derrière lui, ce n'était pas une vue de l'esprit, ce mot fameux :

« Tout homme a deux patries, la sienne et la France. »

Les israélites français avaient eux aussi à prouver que lorsqu'on aime la France, on sait mourir pour elle. Plus que leur réussite professionnelle, leur engagement dans le conflit devait leur permettre de s'intégrer à la communauté nationale, ne fût-ce que pour faire taire les antiennes antisémites sur la lâcheté, la trahison et l'apatridie supposées des dreyfusards.

L'heure était à l'union sacrée. Elle coïncidait avec la réhabilitation des juifs, contrecoup aux années noires de l'Affaire. Il n'était pas étonnant de constater que, parmi les 40 000 soldats de confession israélite sous les drapeaux (dont 8 500 engagés volontaires), il y avait un grand nombre d'officiers et de sous-officiers et, parmi eux, une majorité d'Alsaciens. Ils étaient de la ligne de front.

Dans cette surenchère de patriotisme, nul n'aurait songé à se soustraire à ce que Barrès, plus lyrique que jamais, évoquait comme « la levée des âmes ». Dans les conversations, les bouches étaient pleines de mots tels que devoir, honneur, sacrifice.

Nissim de Camondo était lieutenant d'observation dans l'armée de l'air. Depuis des mois, il lisait plus volontiers le *Bulletin du service de la photo aérienne aux armées* que le *Burlington magazine*. C'était sa passion. Dans sa chambre, il conservait, entassés dans des cartons, des centaines de clichés et de négatifs de la France vue d'en haut.

Dès le 21 août 1914, il fut deux fois cité à l'ordre de l'Armée pour son attitude au combat :

« Étant de patrouille de découverte avec quatre cavaliers, reçu à coups de fusil au village de Mellet, l'a contourné, mis pied à terre sous le feu pour relever un hussard tombé avec son cheval et, au retour, a abordé résolument une patrouille allemande de onze cavaliers qu'il mit en fuite. Observateur en avion de haute valeur, ayant montré en diverses circonstances de remarquables qualités de courage et de sang-froid, notamment en prenant les photographies du secteur du C.A. devant Verdun, malgré les attaques quotidiennes de plusieurs avions ennemis en groupe puissamment armés. »

C'est peu dire que Moïse de Camondo était fier de son fils. Mais à chaque distinction, il tremblait un peu plus pour lui. La rumeur publique, relayée par la presse, se faisait quotidiennement l'écho d'actes de bravoure qui éclaircissaient un peu plus les rangs des combattants.

L'hécatombe n'épargnait personne. Au front, il n'y avait plus ni pauvres ni riches. La naissance ne signifiait plus rien. La seule noblesse acceptable était la noblesse de caractère. Celle qui s'affirmait par un courage naturel et irraisonné.

Moïse aurait suivi les nouvelles d'heure en heure s'il l'avait pu. Un jour, il apprenait la mort du duc de Chevreuse, fils du duc de Luynes, à vingt-six-ans dans un accident d'aéroplane à Chantilly. Un autre, celle d'Adolphe Reinach, fils de Joseph et membre de l'École française d'Athènes. Une fois même, à dix mètres de chez lui, en passant devant le 28 rue de Monceau et en découvrant un grand drap noir sur la porte cochère, Moïse comprit que le prince Murat avait perdu son fils Louis-Napoléon.

Tous morts pour la France.

Dans la communauté juive, un acte d'héroïsme avait particulièrement marqué les consciences. De légendaire, il devint mythique. C'était à se de-

mander s'il avait bien eu lieu. Que s'était-il exactement passé ? Dès la mobilisation générale,
Abraham Bloch, un rabbin de cinquante-cinq ans,
s'était porté volontaire pour être aumônier du 14e
corps d'armée. Dans les tranchées, il souriait
quand on lui donnait naïvement du « M'sieur le
curé ». Le 29 août 1914, pendant la contre-offen-
sive française sur Taintrux et Anozel, alors qu'il
s'activait avec des brancardiers, il fut atteint par
un obus à la cuisse et par une balle à la poitrine.
Il succomba à ses blessures. C'était un samedi.

Le père Jamin, aumônier et brancardier dans la
même section, rapporta cet épisode tragique dans
une lettre à un autre prêtre, lequel était en relation avec la famille Bloch à Lyon. Il y précisait
qu'en fait le rabbin avait été atteint alors qu'il apportait un crucifix à un gisant qui le lui réclamait.
Bien que son ambulance fût prise sous le tir
nourri du feu ennemi, il n'hésita pas. Malgré le
danger, il se précipita pour faire baiser la croix
au mourant.

On ne sut jamais si cette histoire était rigoureu-
sement authentique. Elle n'en fut pas moins aussitôt répercutée par la presse. Le peintre Lévy-
Dhurmer en fit un tableau, promis à une large
diffusion sous forme de carte postale. Tous les
milieux la diffusèrent. L'union sacrée avait trouvé
son image d'Épinal. Qu'importe si elle était plus
vraisemblable que véridique. Au chevet d'un mar-
tyr, elle scellait la réconciliation de Français qui,
il y a peu encore, ne s'aimaient pas.

Nissim de Camondo tenait scrupuleusement
son journal de campagne. Son petit calepin était

recouvert de notes factuelles rédigées dans un style télégraphique. Tous les mouvements du régiment y étaient consignés. Pas d'état d'âme ni de littérature. Pluie, Allemands, obus, canonnades, cantonnement, bivouac... Seuls éclairs d'humanité, les rencontres, les conversations et les permissions. Un bref instant, les amis et la famille lui firent oublier ses visions d'apocalypse sous un ciel de suie.

« 23 décembre 1915 : départ pour les tranchées.

18 janvier 1916 : visite de Charles de Noailles.

21 janvier : journée à Malassise et Aumont.

8 février : vais à Fosseux. Phonographe.

17 mars : arrivée papa et Béatrice.

14-15 mai : Paris.

22 mai : photos de Verdun. Prise de Douaumont.

29 juin : premier vol comme pilote et non plus comme observateur. Deux fois dix minutes sous la pluie.

30 juin : vol à nouveau. Enfin seul. Un quart d'heure.

28 juillet : départ pour Paris. Arrivée 11 h 30. Déjeuner avec maman.

29 juillet : retour de papa de Vichy.

31 juillet : retour à l'escadrille.

1er septembre : Champs.

9 septembre : Paris. Déjeuner et dîner chez Larue avec Ninette.

12 novembre : chasse à Aumont. »

Nissim avait besoin des siens. Jamais il n'avait cessé de voir sa mère qu'il adorait et qui le lui rendait bien. Ils étaient solidaires dans l'épreuve. Car elle s'était mobilisée, elle aussi. Comme assistante du professeur Gosset, chirurgien aux armées.

Nissim écrivait souvent à Moïse. Sachant son angoisse, il le laissait rarement sans nouvelles. À la moindre occasion, il égrenait les noms de ses camarades retrouvés, manière de dire à son père qu'il était malgré tout en pays de connaissance, aussi bien avec Paul Murat au 6e Cuirassiers, Bernard de Ganay et Charles de Luynes, que le fils du piqueux de leurs chasses à courre, porte-fanion à l'état-major au 5e Dragons, sans oublier les petits Kohn et Blumenthal au 32e Dragons, ni Henri Stern, Jacques Marx et René Seligman au 6e Dragons, ni Julien Reinach ou le docteur Chastel, médecin de l'escadron, ou encore Me Chastaing, l'avocat de Senlis, qui dirigeait la Justice militaire de la Division, ou les Deutsch de La Meurthe qu'il songea à aller saluer en passant par Romainville. Il adorait sa nouvelle vie et s'en serait contenté, n'eussent été l'éloignement et une crise d'appendicite qui menaçait chaque jour un peu plus. Sa correspondance, qui relevait de l'épistolat le plus tendre et affectueux, lui tenait lieu de véritable journal tant il y livrait ses impressions personnelles à défaut de ses pensées les plus intimes :

« Je ne peux pas me figurer que je suis à la guerre. Tout se passe comme en manœuvres. J'ai été rappelé à la réalité par l'exécution d'un espion tout près d'ici... L'ennemi (je parle de sa cavalerie) est complètement démoralisé et notre vue seule suffit à le mettre en fuite ou à l'amener à se rendre. Nous faisons tous les jours des prisonniers. Hier, nous avons anéanti un peloton de la garde qui nous avait tué trois hommes. Sur trente, nous en avons massacré vingt-neuf, et fait un prisonnier. Il y a chez nous des exemples de dévouement admirables... Jamais tu ne pourras te faire une idée de ce que c'est qu'un pays ravagé par la guerre ; il n'y a pas un village debout à 40 km à la ronde. Tout est brûlé. Nous sommes dans le désert. Il n'y a plus une poule, plus un œuf, tout est détruit, je suis très sale... Ce qui m'a fait le plus de plaisir, c'est le hussard de la mort que j'ai dégringolé en combat singulier sabre contre lance il y a deux jours ; encore un qui ne rentrera pas en Allemagne... »

Aussi exténué qu'exalté par l'atmosphère guerrière dans laquelle il survivait, il n'aimait rien tant que se rassembler à la campagne, soit du côté des Camondo, soit du côté des Cahen d'Anvers. Des photos prises au cours de l'été 1916 montrent Moïse et Nissim bavardant dans le jardin de la rue de Monceau enfoncés dans des fauteuils en osier, et le père si fier de son fils. Celui-ci avait vu trop d'horreurs en deux ans pour que la volonté d'en découdre qu'il exprimait avec tant d'ardeur dans les premiers temps ne s'efface pas devant une volonté d'en finir. Pour autant, cela n'avait en rien atténué sa bravoure. Deux nouvelles citations à l'ordre de l'Armée vinrent en témoigner. La première faisait état des périlleuses missions d'observation photographique dont il s'était acquitté pendant les batailles de Verdun et de la Somme. Son avion avait été touché mais sans trop de gravité. L'énoncé de la deuxième citation ne pouvait qu'effrayer son père car elle illustrait le danger croissant auquel il s'exposait. On eût dit qu'elle annonçait une prochaine citation décernée à titre posthume.

« Officier commandant la section photographi-

que du corps d'armée, joint à une très grande habileté professionnelle les plus hautes qualités de
courage, de hardiesse et de sang-froid. A rendu
des services exceptionnels en exécutant au cours
de la bataille de l'Aisne, tant comme observateur
que comme pilote de monoplan, des reconnais-
sances photographiques particulièrement dange-
reuses à très faible altitude sur un appareil de
C.A. sans se soucier des attaques des avions ni du
feu de terre de l'ennemi. Le 26 avril 1917, son appareil étant gravement endommagé par le feu de
l'artillerie ennemie, n'est rentré qu'ayant terminé
entièrement sa mission. »

L'offensive du général Nivelle sur l'Aisne se
termina tragiquement quatre mois plus tard au
chemin des Dames. Entre-temps, l'armée française avait enregistré ses premières mutineries.

L'escadrille MF33 à laquelle appartenait Nissim
de Camondo était basée au nord d'Embermenil
(Meurthe-et-Moselle). Le 3 septembre, retour
d'une permission à Deauville, il pilotait son avion
en mission photographique, accompagné du
sous-lieutenant Desessart en qualité d'observateur. Soudain, à une altitude de 3 000 mètres, ils
furent attaqués par un monoplace ennemi. À l'issue d'un combat bref mais violent, l'appareil allemand piqua du nez dans ses propres lignes, es-
corté d'une longue traînée de fumée noire. Mais
le biplace des Français avait également été touché. Des morceaux s'en détachèrent tandis que
l'appareil tentait de se stabiliser tant bien que mal
afin de tenter un atterrissage en catastrophe.

À sept kilomètres de là, à la base, leurs camarades suivaient leur course folle à la jumelle. À

l'échappement de gaz, ils comprirent qu'ils changeaient de régime. Jusqu'à ce que l'avion disparaisse derrière un rideau d'arbres. Probablement dans les lignes ennemies. Avaient-ils pu atterrir du côté du Bois en lance de couteau ? C'était le seul espoir de les retrouver un jour vivants.

Les habitants de Remoncourt avaient également suivi la bataille. Nul besoin de jumelles, ils n'avaient qu'à lever les yeux. L'avion avait plané quinze minutes, il était tombé en spirale puis tout droit. Il était 12 h 30. Aussitôt rendus sur place, des villageois découvrirent la carcasse de l'appareil. Des fragments de bois, certains intacts, d'autres carbonisés. Des balles de mitrailleuse. Une hélice plantée en terre. Le reste d'une bottine jaune en partie calcinée.

M. Marchal, le maire de Remicourt, M. Bastien, l'instituteur en retraite, et sa fille Jeanne arpentèrent cette terre de cratères. Pour comprendre exactement comment ça s'était passé, ils interrogèrent le garde forestier, les ouvriers et les laboureurs. L'avion était tombé sur le revers d'un coteau. La forêt de sapins n'était qu'à cent cinquante mètres. Le front était à portée de la main.

Pendant trois semaines, Moïse resta sans nouvelles de son fils. Il ignorait même s'il était mort ou vivant. Il voulait le croire prisonnier, blessé peut-être. Rien n'était pire que le doute. Les informations étaient rares. Les rumeurs ne cessaient de se contredire. La bureaucratie du ministère de la Guerre avait d'autres chats à fouetter.

Durant l'insupportable attente, des proches manifestaient leur soutien. Il y en eut même que Moïse ne se souvenait pas avoir jamais rencontrés. Parmi eux, le plus étonnant était encore cet écrivain :

« Monsieur,

J'apprends avec une profonde tristesse que vous êtes tourmenté sur le sort de votre fils. Je ne sais si même mon nom vous dira quelque chose, je dînais autrefois avec vous chez Madame Cahen, et plus récemment quoique ce soit bien lointain encore, vous m'avez une fois emmené dîner avec le cher Charles Ephrussi que j'aimais profondément. Tous ces souvenirs sont bien anciens Ils ont suffi pourtant, pour que j'aie le cœur serré jusqu'à l'angoisse en apprenant que vous étiez sans nouvelles de votre fils, je ne peux vous exprimer à quel point je comprends, je plains votre souci et de quel cœur je souhaite qu'une nouvelle plus heureuse vous arrive. Je ne connais pas votre fils. Mais j'ai souvent entendu parler de lui par mon jeune ami Jacques Truelle pour qui votre fils a été exquis quand il a été blessé. Et Truelle m'a souvent parlé de l'héroïsme et de la simplicité de ce jeune homme. La fatigue de mes yeux ne me permettant pas d'écrire (car sans cela j'aurais écrit aussi à sa mère qui doit être si anxieuse et si désolée), c'est à vous, sachant le père incomparable et si tendre que vous êtes, que j'ai tenu, tout en partageant les soucis de tous, à envoyer mon souvenir le plus profondément ému,

Marcel Proust. »

Il n'y avait que lui pour s'embrouiller si délicieusement dans ses explications. Car tout à sa fièvre épistolaire, il crut avoir confondu deux correspondants, ainsi qu'il s'en ouvrit aussitôt à l'attaché d'ambassade Jacques Truelle, l'ami qu'il partageait avec Nissim de Camondo :

« Je dois vous faire aimer, davantage encore, des pères afflligés ou inconsolables, car après avoir récemment écrit à M. Camondo que je savais par vous tout le charme de son fils, j'ai, dans une lettre au duc de Luynes, dit que vous m'aviez souvent parlé de son fils Chevreuse etc. Malheureusement, je me suis trompé, j'ai cru que c'était Camondo qui était inconsolable et M. de Luynes seulement affligé. Or, il paraît que c'est le contraire... »

D'où sa missive particulièrement chaleureuse à Moïse, et un mot nettement plus froid à Luynes. Son degré de compassion s'adaptait au chagrin de son correspondant. C'était une peine mondaine, à géométrie variable. Il devait être un peu fatigué. Peut-être ce jour-là avait-il trop forcé sur les fumigations ? En fait, il ne s'était pas trompé. Des deux, le plus anéanti était bien Camondo, à supposer que l'éducation du duc de Luynes ne lui ait pas commandé de retenir ses sentiments.

Toutes les lettres n'étaient pas de cette encre, hélas. Le 27 septembre, Moïse en reçut une d'un bureau de renseignements sur les prisonniers de guerre. Un intendant militaire, une sorte de chef de service, lui confirmait la mort de son fils.

Quelques phrases tapées à la machine pour lui révéler la fin d'un monde. Malgré son prénom, Nissim n'avait pas été touché par le miracle.

Quelques jours après, *Le Figaro* l'annonçait en quinze lignes. L'entrefilet relatait son dernier combat, ses citations...

« ... Dans son immense douleur, sa famille a la consolation de savoir qu'il a été inhumé en terre française à Dieuze, sur la frontière lorraine. Mais tous ceux qui l'ont connu le pleureront comme le meilleur des camarades et comme le type accompli de l'officier français. »

Le 12 octobre, à 11 h, un service funèbre fut célébré à sa mémoire. Pour l'occasion, la grande synagogue de la rue de la Victoire, cathédrale des juifs parisiens, arbora des tentures lamées et étoilées d'argent ; des trophées de drapeaux tricolores garnissaient le tabernacle. Les journaux se firent longuement l'écho de la cérémonie.

Moïse et sa fille Béatrice conduisaient le deuil. Ils étaient suivis par le comte et la comtesse Cahen d'Anvers, grands-parents du défunt. Le grand rabbin de France, Zadoc Kahn, récita le *kaddish*, prière du souvenir qui est à la fois une commémoration des âmes et une louange du nom divin. Puis le rabbin Israël Lévy exalta les mérites du disparu devant une assemblée dont *Le Figaro* et *Le Gaulois* ne manquèrent pas de publier la liste avec la même méticulosité que s'il se fût agi du prix du Jockey Club à Longchamp. Il est vrai que la qualité de cette assemblée, assez inhabituelle en un tel lieu, donnait tragiquement la mesure de la réussite des Camondo en reflétant l'étendue et l'éclectisme de leurs relations. Il n'était pas de meilleur instantané de la situation mondaine et professionnelle du comte Moïse.

Les différentes sociétés qu'il fréquentait étaient réunies en une seule. Ce qui ne se faisait jamais, sauf exception. Quoi de plus exceptionnel que l'adieu à un jeune héros ?

Les représentants des deux noblesses bien sûr, l'ancienne et l'impériale, sans oublier les quelques clandestins qui s'arrogeaient abusivement un titre (prince de Monaco, comtesse de Jean de La Rochefoucauld, comte Gaston de La Rochefoucauld, prince Capece Zurlo, baron et baronne Beyens, baron et baronne de Neuflize, baron et baronne Cerise, baron Hottinguer, vicomtesse Roy, comtesse Bertrand d'Aramon, comtesse Chartran, baron Robert Gourgaud, comtesse de Fadate de Saint-George, comtesse Roederer, baron de Grafenried...) ; l'aristocratie juive (le baron et la baronne Edmond de Rothschild, Robert de Rothschild, Nadine de Rothschild, baron et baronne Pierre de Günzburg, baronne Oppenheim, les Porgès...) ; les illustres étrangers (Quinones de Léon, ministre d'Espagne, baron de Zuylen de Nyevelt...) ; les grands noms (François Carnot, François Arago...) ; les grandes familles de la haute bourgeoisie industrielle, politique et financière (Léon Fould, Henry Pereire, Mme Gaston-Dreyfus, Édouard Stern, E. Nœtzlin, Georges Kohn, Willy Blumenthal, Gaston Menier, Mme Louis Singer, les Reinach, Georges Heine, les Froment-Meurice, les Halphen, Mme Henry Baignières, les Lazare Weiller, Mme Levyllier Propper, le lieutenant-aviateur Paul-Louis Weiller, les Émile Strauss, les Alphandéry, les Weisweiler...) ; les grands soldats (général de Lastours, général Sée, le commandant Louis Rheims, colonel Gascouin...) ; les amis stambouliotes (Jacques de Castro...) ; les compagnons des bons et des mauvais jours (le comte de Valon, Arthur Meyer, Gabriel Astruc) ; les fournisseurs (Jacques Seligmann...) ; sans oublier, un peu à part, étrangers à ce monde, les camarades de combat du défunt, le lieutenant-aviateur Jean Charles, le capitaine Bertrand de Fraguier et le capitaine de La Vallée-Poussin.

Dans son agenda, à la date du 5-6 septembre 1917, Moïse se résolut enfin à inscrire : « Nissim de Camondo, tué à l'ennemi. » Comme si la seule récitation du *kaddish* dans la synagogue de la Victoire, debout dans la direction de Jérusalem, avait pu entériner l'inéluctable.

« Que le nom du Très-Haut soit exalté et sanctifié dans le monde qu'il a créé selon sa volonté. Que son règne soit proclamé de nos jours et du vivant de la maison d'Israël, dans un temps prochain. Amen ! Que le nom de l'Éternel soit béni à jamais et dans toute l'éternité. Béni, loué, célébré honoré, exalté, vénéré, admiré et glorifié... »

Avant d'entendre le rabbin invoquer Dieu en araméen à la mémoire de son fils, il pouvait croire Nissim encore de ce monde.

S'il avait été un homme du matin, Proust aurait retrouvé là, côte à côte, les personnages de son univers de papier. D'autant que leur présence se justifiait par la disparition d'un homme auquel le romancier emprunta son prénom. En effet, l'un des juifs les plus typés de *À la recherche du temps perdu*, ce Levantin dont il racontera les mésaventures homosexuelles dans les couloirs du Grand-Hôtel de Balbec, s'appelait Nissim Bernard. Si la haute figure du baron Horace de Landau lui avait inspiré ses traits les plus caractéristiques, son prénom si rare venait directement de l'héritier des

Camondo. Mais eu égard à ce qu'il fit de lui, notamment dans *Sodome et Gomorrhe* qui parut cinq ans après, on se garda bien d'y voir un hommage.

Au lendemain de la mort de son fils, Moïse reçut de très nombreux messages de sympathie. Lettres, cartes et télégrammes affluaient de France et d'ailleurs. Un bottin très mondain mais pas exclusivement. Aux grands noms de la banque et de la Bourse se mêlaient ceux du garde-chasse de Malassise et du jardinier d'Aumont.

Toutes les signatures n'étaient pas lisibles mais les en-têtes l'étaient : Chambre des députés, Quai d'Orsay, ministère de la Guerre, hôtels et châteaux, Consistoire, cercles... Toutes les émotions n'étaient pas de circonstance. Beaucoup avaient appris la nouvelle par les journaux. Les plus touchantes venaient des camarades de régiment de son fils, le lieutenant Gasfield et le lieutenant Agard. Involontairement, en évoquant la douce lumière du disparu, ils remuaient le fer dans la plaie.

Un jour, Moïse de Camondo reçut la visite d'une inconnue qui voulait lui parler de son fils. Renée Dorville, qui habitait square Thiers, était d'un an plus âgée que Nissim. Elle assurait avoir été le grand amour de sa courte vie, le seul. Il avait eu vent de cette liaison qui datait du début de la guerre mais ne voulait pas en entendre parler. Non seulement cette femme n'appartenait pas à leur monde, mais elle était catholique. Pour participer à l'effort de guerre et sceller sa solidarité avec son amant, elle s'était portée volontaire comme infirmière aux armées. Nissim la retrouvait secrètement à chacune de ses permissions au Grand Hôtel de la place des Sables-d'Olonne, aux hôtels du Parc et Majestic à Vichy, et dans des lieux plus discrets. Il leur fallait vivre leur passion dans la clandestinité. Quand il ne la voyait pas, il lui écrivait tous les jours. Avec son père, elle était l'autre personne que Nissim voulait faire prévenir en cas d'accident. Au cas où Moïse ne l'aurait pas crue, ou l'aurait fait reconduire comme une vulgaire usurpatrice ou une mythomane, elle avait emmené dans son sac toute leur correspondance, le portefeuille de son fils, de nombreuses photographies, des témoignages de ses amis attestant de ce que leur histoire n'était pas qu'une aventure, et une enveloppe libellée de la main du soldat, à n'ouvrir qu'après sa disparition. À l'intérieur, d'un ton testamentaire, un mot bouleversant d'un jeune homme qui se sent à tout instant guetté par un destin tragique :

« Bruay, le 4 février 1916,

Ma petite Renée chérie, à l'heure où vous lirez ces lignes, je serai mort ou grièvement blessé peut-être. Sachez que ma dernière pensée aura été pour vous, ma femme chérie, pour vous qui êtes à moi depuis plus d'un an et à qui je ne pense jamais sans attendrissement. Vous êtes la seule femme que j'aie jamais aimée, la seule femme à qui je sois resté fidèle et qui au bout d'un an me semble aussi belle, aussi désirable, aussi pleine de qualités qu'à l'époque où je tournais autour de vous, sans aucun espoir mais cependant très amoureux. Depuis que nous sommes amants, je n'ai jamais été aussi heureux et les tribulations mêmes de cette guerre ne m'affectent que parce qu'elles m'empêchent de vous voir souvent. Mais il faut songer à tout. L'Aviation est une mangeuse d'hommes et demain peut-être je ne serai plus. J'ai fait pour vous tout ce qui était en mon pouvoir. Je possède environ cent mille francs qui sont à moi et me viennent de ma grand-mère. Je vous les laisse et je charge mon père de vous les donner dans une lettre que l'on a dû trouver dans ma cantine. En outre, je le supplie de s'occuper de vous, de faire pour vous tout ce qui sera en son pouvoir et de vous aimer en songeant que vous étiez le seul amour de son fils. Allez le voir, il est bon, il m'adorait et j'ai confiance en lui. J'ai du mal à finir cette lettre, car cette idée de mourir m'effraye ; non pas que je craigne la mort elle-même ; je l'ai regardée plus d'une fois en face ; mais c'est l'idée de ne plus vous revoir, plus jamais, jamais, qui me fait venir les larmes aux yeux. Petite Nénette, quand vous viendrez prier sur ma tombe, songez que je vous ai adorée et dites-vous que votre Nini à vous qui est là sous terre pense encore à vous et y pensera toujours. Je vous adore... »

Rien n'y fit. Il demeurait intraitable, ne l'autorisant même pas à se rendre au caveau de famille le jour où le corps de l'aimé y serait réinhumé. Renée Dorville dut intenter un procès à Moïse de Camondo pour obtenir, par voie de justice, une copie de la clef du caveau afin de pouvoir se recueillir plus tard quand elle le désirerait sur la tombe de l'homme de sa vie.

Moïse avait hâte de faire exhumer et rapatrier le corps de son fils. Mais il avait beau s'agiter, tempêter, menacer, négocier, l'affaire traînait lamentablement. Lassés, ses interlocuteurs prétendaient avoir encore une guerre sur les bras. Il est vrai qu'elle n'était finie que pour lui.

Il contacta des relations du côté de Lausanne et promit de mobiliser de grosses sommes dans l'immédiat si nécessaire. Mais non. Même l'argent était impuissant à faire avancer les choses. Qui d'autre que lui pouvait bien se soucier de la situation d'un cadavre dans une terre qui en comptait tant ?

Un matin de juin 1918, il se rendit le cœur plein d'espoir à la mairie du VIIIe arrondissement, à la requête des autorités militaires. En fait, on voulait juste lui remettre les effets de son fils. Dans un paquet, il découvrit un porte-monnaie abîmé, une clef dont il ignorait la destination, une plaquette d'identité en aluminium en partie effacée, une poignée de médailles et 3,55 francs. C'était tout ce qui restait de son fils. Mais même cette joie inattendue était une fausse joie.

Il y avait eu erreur sur la personne. Moïse le comprit aussitôt. Car il savait parfaitement quels étaient les objets dont son fils ne se séparait jamais : une plaquette en or tenue par une chaîne de poignet, une montre-bracelet également en or, un portefeuille contenant un billet de 1 000 francs ainsi que divers papiers.

Retrouvant espoir, il se mit en tête de récupérer les objets ayant vraiment appartenu à son fils. On le vit entreprendre des démarches auprès de Stephen Pichon, le ministre des Affaires étrangères, de la Croix-Rouge, d'un cabinet d'avocats genevois... Rien n'y fit. Les spécialistes de ces affaires sensibles commençaient à se demander si ces souvenirs n'avaient pas été détournés par quelque service indélicat à Berlin ou à Paris.

Les Bastien, l'instituteur à la retraite et sa fille, avaient été plus sensibles et plus efficaces. Ils avaient retrouvé des reliques et s'étaient empressés de les lui faire parvenir. Ils y joignaient même un récit détaillé de leur enquête sur les derniers instants de Nissim.

En dépit de témoignages de cette qualité, Moïse n'avait pas fini de souffrir. Il eut la sensation que le sol se dérobait sous ses jambes quand il apprit ce que les Allemands avaient fait à son fils. En hommage à son courage, ils avaient cru agir dignement en lui rendant les honneurs militaires. Et en l'enterrant avec les leurs au cimetière militaire d'Avricourt, en Lorraine. Il y était le seul Français et le seul israélite à reposer sous une terre piquée de croix de bois.

Cette pensée lui était insupportable. Il le prit comme un affront au patriotisme de son fils dont il se sentait à jamais dépositaire. Il en tira aussitôt argument pour réclamer auprès du ministère de la Guerre le rapatriement du corps à Paris, non par chemin de fer mais à ses frais par la route. Mais, là encore, il se heurtait à un mur. Celui, inébranlable, du règlement : on n'exhume pas. Le principe ne souffrait aucune exception. Moïse alla jusqu'à faire intervenir le général Mordacq, chef de cabinet de Clemenceau, afin d'obtenir du Tigre une autorisation spéciale. Mais celui-ci demeurait aussi inflexible que ses subordonnés. Pas d'exhumation.

Dans les premiers jours de 1919, deux mois

après la signature de l'armistice stipulant notamment l'évacuation de l'Alsace-Lorraine par l'armée allemande, Moïse reprit espoir. Il put donner pouvoir à Georges Cahen, l'entrepreneur des pompes funèbres, pour faire procéder en son nom à l'exhumation, au chargement du cercueil, au transport à Paris et à la réinhumation du corps dans le caveau de famille du cimetière Montmartre.

Ainsi, deux ans après l'avoir vu pour la dernière fois, Moïse retrouvait Nissim. Il le prenait par la main, comme dans ses jeunes années, afin de lui permettre de rejoindre les siens pour l'éternité.

Qui saura dire la misère d'un père à jamais privé de son fils ? Il n'est pas de plus haute solitude. C'était comme s'il avait planté un arbre, qu'il l'avait amoureusement entretenu pendant toute sa jeune vie et qu'au bout de vingt ans, sans raison apparente, la foudre le déracinait brutalement.

Il remâchait les méditations grecques que ses vieux maîtres lui avaient jadis servies en classe : ceux qui meurent jeunes sont aimés des dieux... Ou encore ce brillant paradoxe en vertu duquel l'idéal est de mourir jeune mais le plus tard possible. Shakespeare pouvait l'aider à comprendre que les chagrins sont le sang d'un cœur noble. Il en demeurait le roi, quand bien même lui aurait-on enlevé sa couronne. *Words, words, words...*

Mourir pour la patrie. Inscrire son nom au grand annuaire héroïque. On lisait cela dans les journaux. C'est ce qu'on répétait comme s'il n'y avait rien de plus louable pour une âme bien née.

Tout de même... C'était cher payé le droit d'être
français à part entière.

En d'autres temps, en d'autres lieux, les listes
de martyrs juifs ne s'imprimaient pas dans *Le
Gaulois* ou *Le Figaro* mais dans les *memorbücher*,
livres du souvenir aux allures de sainte nomencla-
ture dans lesquels les rabbins et les chefs de la
communauté consignaient leurs noms glorieux.
Encore s'agissait-il de victimes des persécutions.

La guerre avait tué 1 400 000 Français dont
7 500 étaient des juifs. Nissim de Camondo n'était
que l'un d'entre eux. Son nom s'inscrivait dans le
martyrologe. Les siens pouvaient être fiers. Les
juifs ottomans l'étaient bien, eux, de ce que le général Gallieni eût attribué à son chauffeur Georges Carmona la paternité de la géniale idée des
« taxis de la Marne ». Mais il en aurait fallu plus
pour désarmer le vieil antisémitisme mondain du
Faubourg. Un jour de novembre 1915, l'abbé Mugnier ne put s'empêcher de ramasser un mot cité
par la duchesse de La Rochefoucauld :

« Les Juifs se sont bien conduits. Rien d'étonnant, car c'est une guerre d'usure. »

Moïse ne pouvait se résoudre à affronter la réalité. Les cinq citations à l'ordre de l'Armée, la
croix de guerre et la Légion d'honneur à titre
posthume n'y changeaient rien. Ses portraits en
militaire, éparpillés dans la maison, non plus.
Son fils ne reviendrait pas et la pensée de cette
absence définitive lui était insupportable. Il avait
tiré un trait sur sa propriété d'Aumont puisque
Nissim, qui y avait été si heureux, n'y retournerait

plus. Désormais, la « Villa Béatrice » serait vraiment le domaine de Béatrice.

Son impuissance à modifier le cours des choses accentuait sa mélancolie. Sa fortune lui permettait de tout acheter sauf cela. À quoi pouvait bien servir cette splendide demeure aristocratique puisque son principal destinataire n'y reviendrait plus ? Le fantôme de Nissim hantait déjà l'hôtel de la rue de Monceau. Moïse avait été au bout de son rêve. Mais au moment de le vivre pleinement, il dut affronter un cauchemar sans issue.

Sa nostalgie du plus tentateur et du plus séducteur des siècles se crêpait de noir. Qui n'a pas vécu les plus belles années de l'Ancien Régime ignore ce qu'est la douceur de vivre... Soudain, le mot de Talleyrand prenait des résonances tragiques.

Désormais, Moïse n'avait que sa fille. Bientôt, elle ne serait certainement plus une Camondo. Il était le dernier. Le survivant. Son carnet d'adresses était un cimetière. Un an à l'avance, son calendrier-annuaire, sorte d'agenda israélite, était constellé de notes aux dates anniversaires de ses morts : grand-père... mon père... maman... oncle Abraham... tante Régina... Isaac... Nissim... Il y consignait même la commémoration du souvenir des familles alliées, les Erlanger *, Hillel, Tedesco et Alfassa. Afin de ne pas oublier de dire et de faire dire des prières pour que le repos éternel leur soit accordé.

Moïse était cerné par ses morts. Le cortège de

* L'historien Philippe Erlanger était le neveu d'Isaac de Camondo.

leurs âmes lui faisait déjà une haie d'honneur vers le bord vertigineux du monde.

Le soir venu, dans ce lieu si plein de richesses mais si vide d'humanité, sa solitude favorisait l'introspection. Quand il se retournait sur sa vie, il devait affronter un échec personnel. Car à défaut d'une lignée de gentilshommes, il n'avait même pas su créer une dynastie. Il n'avait pas réussi à faire souche, antique obsession des races qui ont de la mémoire. Son rêve s'était écroulé. Il avait failli à la seule mission que son père et son grand-père lui aient vraiment confiée. Transmettre et perdurer.

Qui n'a jamais imaginé de participer à son propre enterrement ? Moïse, lui, avait le triste privilège d'assister une fois pour toutes à celui de sa famille, de son nom, de son âme. Il n'y aurait plus de Camondo, plus jamais. Pour lui, c'était la fin d'un monde.

Ce rêve dynastique, d'autres lui avaient pourtant donné consistance. Les illustres modèles n'avaient pas manqué. Meyer Amschel Rothschild et ses cinq fils, leur sens de la solidarité, leur union sacrée permanente, leur vision à long terme. Guggenheim, le sidérurgiste new-yorkais, et ses sept fils. Cheikh David Sassoon qui, de Bagdad à Belgravia en passant par Bombay, avait eu huit fils de deux femmes...

La fortune ne représentait que l'aspect le plus spectaculaire de leur réussite. Ces gens-là avaient construit une Maison autant qu'une famille. Ils s'étaient sentis responsables de leur nom en amont et en aval. Celui dont ils héritaient et celui qu'ils transmettaient. Ils voyaient loin.

Moïse était inconsolable. Sa vie lui paraissait sans but. Ses proches ne distinguaient plus en lui que la silhouette d'un père brisé, le chagrin fait homme.

Il faisait penser à l'un des personnages de Proust, cet Albert Bloch qui porte monocle et arbore le chic anglais, mais que Swann compare au portrait de Mahomet II par Bellini. Il l'évoquait non par le nez crochu et fin, la barbe finement taillée, la froide détermination ou la volonté de puissance du Grand Turc, mais par son regard las, son désenchantement, sa solitude de potentat.

Ailleurs, Proust dit également que son personnage ressemblait à un vieil Hébreu plutôt qu'à un curieux Valois. Moïse de Camondo tout autant. À ceci près que, dans sa détresse, il était sorti et même tombé du cadre.

Il errait dans sa grande maison, au milieu de ses domestiques. Il était écrit qu'il n'y serait pas heureux. Déchiré entre deux absences, celle de son fils et celle de sa femme, il s'entourait d'icônes de Nissim mais interdisait que l'on montrât la moindre image d'Irène. Même les albums de famille semblaient avoir été soigneusement épurés.

Au lendemain de la Grande Guerre, Moïse de Camondo décida de se retirer progressivement des affaires. À quoi bon poursuivre puisqu'il n'avait plus d'héritier pour prendre la relève ?

Il installa ses bureaux et ceux de ses secrétaires dans son hôtel, dans l'aile droite des communs

donnant sur la rue de Monceau. Il les meubla
avec des portraits et des bustes de ses parents. Petit à petit, il délégua ses procurations à différents
fondés de pouvoir. Léon Tédeschi et Gaston Cha-
vanne géraient ses biens en France ; Léon
Piperno, sujet italien, et Joseph Scherrer, citoyen
suisse, qui tous deux demeuraient à Istanbul, ad-
ministraient ses immeubles en Turquie et alentour ; en cas de litige avec les tribunaux ottomans, il se faisait représenter par Léon Faraggi
et Grégoire Sinapian. Quant à la gestion de ses
nombreuses et importantes participations dans
des sociétés françaises ou étrangères, celles qu'il
administrait comme les Maisons Modernes et celles qu'il présidait comme les Mines de Sériphos et
de Spiliazeza, il s'en déchargeait sur Paribas.

On eût dit qu'il avait entrepris de se dégager
des contingences de la vie ordinaire. Seule la volonté d'enrichir sa collection l'y rattachait encore.
Presque tous les matins, il envoyait sa Torpédo
Panhard chercher un antiquaire. Et dans sa compagnie experte, lové dans la garniture intérieure
en vache maroquinée bleue, il effectuait sa tournée des fournisseurs sur la rive gauche. Pour le
reste, il s'en remettait à d'autres.

Parfois, un détail technique excitait sa curiosité
et il s'y consacrait comme au temps où on lui
avait posé le téléphone. Quand Fagnien et Bétourné, les architectes de l'agence Sergent, voulurent lui installer une cuisine électrique et le
chauffage au mazout, Moïse prit l'affaire en main
avec infiniment de sérieux. Accompagné d'un représentant de la maison Mildé et de son propre
maître d'hôtel, il entreprit la tournée d'inspection

des cuisines de grandes maisons. Il tenait à s'enquérir personnellement de leur efficacité. Après avoir expérimenté la rôtissoire, la grillade, la salamandre et le tourne-broche du baron de Rothschild rue Saint-Florentin, il exigea aussitôt les mêmes !

On le voyait se promener dans le parc Monceau comme s'il faisait le tour du propriétaire. Il veillait à ce que sa rue conserve une parfaite image. Un jour, il refusait à une société qui réalisait *Le Sang des aïeux*, un cinéroman à paraître en feuilleton dans *L'Écho de Paris*, l'autorisation de réaliser des prises de vues sous sa porte cochère. Un autre jour, avec ses voisins le baron de Clausonne et le comte de Maupassant, il faisait en sorte que l'impasse Malesherbes ne soit pas livrée à l'indélicatesse de constructeurs incontrôlables.

Les petites nouvelles l'intéressaient plus que les grandes. Après la disparition de Bertrand de Valon, l'équipage de Lyons-Halatte avait été repris par la marquise de Chasseloup-Laubat. Après celle d'Arthur Meyer, le parfumeur François Coty avait racheté *Le Gaulois* pour le faire ensuite fusionner avec *Le Figaro*. Même le Jockey Club évoluait. Enfin, il déménageait...

Le quartier s'étant métamorphosé, il lui fallait quitter son hôtel de la rue Scribe. Le richissime M. Bamberger proposa le somptueux hôtel du rond-point des Champs-Élysées où il vivait. Le duc de Doudeauville, président du Jockey, réunit ses membres et leur soumit l'offre. Le propriétaire était prêt à leur céder à un bon prix, avec tapis et tableaux. À une condition toutefois : qu'on l'admît en qualité de membre. Ce fut le tollé général. Le Jockey emménagea un peu plus loin, rue Rabelais, et pour se venger, M. Bamberger vendit sa maison dans des conditions tout aussi avantageuses au *Figaro*. Autant de minuscules signes des temps.

Le monde évoluait mais Moïse n'en percevait que les échos lointains. Sa surdité, qui s'accentuait avec l'âge, l'isolait plus encore qu'il ne l'aurait souhaité. Il anticipait sur les réactions des autres. Préférait brutalement s'exclure avant que d'être poliment exclu. Elle le plaçait naturellement en marge de toute conversation. Un temps, il fonda des espoirs sur l'Acousticon, un nouveau modèle d'appareil auditif, muni d'un petit écouteur à conduction osseuse. Mais avait-il vraiment envie d'entendre ce qui se disait autour de lui ?

Membre de longue date du conseil des musées nationaux, il avait refusé la présidence de la Société des amis du Louvre. À plusieurs reprises, évoquant son grand âge et son handicap, il voulut démissionner de son poste de président de la commission des finances de l'Union centrale des arts décoratifs. Chaque fois, François Carnot l'avait convaincu de n'en rien faire. Jusqu'au jour où son insistance fut vaine. Moïse s'intéressait plus à l'art qu'au contentieux. Il n'avait pas quitté les affaires pour retrouver des chicanes. Or, de plus en plus, il n'y était question que de cela.

Après les Cahen d'Anvers, les Reinach. C'était la seconde famille de grands israélites français à laquelle les Camondo s'alliaient depuis leur installation à Paris. Béatrice avait épousé l'un d'entre eux.

Ils avaient de l'illustration, comme on ne disait pas chez les grands bourgeois. Reinach était un nom. Ils y tenaient d'autant plus qu'ils entendaient n'être pas confondus avec le failli Jacques de Reinach du scandale de Panama. Ni avec le converti Oscar de Reinach Cessac, baron par bref pontifical, allié aux Costa de Beauregard. Et encore moins avec la comtesse de Reinach Foussemagne qui était chanoinesse. Ils venaient tous du même endroit mais ne se rendaient pas au même endroit.

Dans les invitations, il ne fallait pas se tromper, comme pour les Kann sans h, ou les banquiers viennois Oppenheimer qui avaient fait ajouter les deux dernières lettres à leur nom pour se distinguer des Oppenheim de Francfort...

À ses heures, la mondanité était aussi une science.

Plus qu'une famille, les Reinach étaient une nébuleuse. À l'origine de la dynastie, on trouvait un richissime banquier francfortois dont le père, en quittant Bâle, avait adopté le nom d'une localité de la région. Dès son installation en France, il éleva ses fils dans la religion du savoir, le culte de la Révolution française, des valeurs républicaines et des droits de l'homme sans pour autant renoncer aux enseignements du judaïsme. Le dreyfusisme, combat dans lequel ils avaient été à la pointe, exprimait la quintessence de cet esprit qui passa pour caractéristique des juifs d'État, que leur idéologie du mérite et du service distinguait des juifs de banque, moderne réincarnation des juifs de Cour. Français israélites à l'âme universaliste, humanistes jusque dans la moindre de leurs fibres, ils se voulaient confiants dans les vertus à long terme de l'émancipation, l'essence du judaïsme dût-elle en souffrir.

Jusqu'au début des années vingt, les trois fils Reinach, Joseph, Salomon et Théodore (J.S.T.), étaient encore surnommés par les chansonniers « les frères Je-sais-tout ». Les antisémites se consolaient en prétendant qu'ils savaient tout mais ne comprenaient rien.

Ils étaient d'impeccables érudits qui, dans leur jeunesse, avaient commencé par rafler tous les prix des concours généraux. Ils étaient tous trois si pourris des talents les plus divers que cela en était décourageant pour les autres.

Joseph, qui signait Polybe dans *Le Figaro*, était entré en politique. Il avait été tout à la fois le secrétaire, le bras droit et le chef de cabinet de Gambetta quand celui-ci était président du Conseil. Journaliste, historien, député des Basses-Alpes, héritier spirituel de Gambetta, il vivait dans la minuscule avenue Van-Dyck, en bordure du parc Monceau, dans un hôtel situé en face de celui des Menier. Aussi riche qu'il était pédant et infatué, il exaspérait Proust par son contentement de soi. Aussi le romancier ne se gêna pas pour le transposer dans son personnage du professeur Brichot, ce qui était une manière comme une autre de passer à la postérité.

Salomon, ancien normalien, se passionna pour l'histoire des religions. Membre de l'Institut, vulgarisateur de grand talent, conférencier hors pair, archéologue pionnier, philologue, orientaliste, helléniste, directeur du musée des Antiquités nationales de Saint-Germain-en-Laye, il fut l'auteur d'une œuvre abondante dont son grand livre

Cultes, mythes et religions était le couronnement. Des trois frères, il était le seul à se contenter de n'être qu'un grand savant à l'exclusion de toute autre activité, politique notamment.

Théodore, également archéologue et membre de l'Institut, était professeur au Collège de France, mais également mathématicien, juriste, philologue, épigraphiste, historien, musicien, numismate et député de Savoie. Entre sa thèse sur Mithridate Eupator, roi de Pont et un magnifique ouvrage qui faisait l'admiration de tous sur la découverte à Sidon de sarcophages grecs, il trouva le loisir d'écrire une somme sur l'Histoire des Israélites depuis l'époque de leur dispersion jusqu'à nos jours ! Il passait pour le plus doué des trois frères, celui qui avait le plus de facilité en toutes choses.

Son fils Léon avait épousé Béatrice de Camondo. Dans son cas, quand on était issu d'une telle lignée d'enfants prodiges devenus des hommes de l'excellence, quand on était dans l'ombre d'un si éblouissant trio, on avait le choix entre en sortir et le surpasser, ou y rester et renoncer à toute ambition du même ordre. Ce qu'il fit.

Il n'exerçait pas vraiment de profession. Après de brillantes études au lycée Condorcet, il avait choisi de mener une vie de dilettante, s'abandonnant à son goût du jeu d'échecs et à sa passion de la musique, celle de Fauré, de d'Indy et de Franck surtout, et composant à ses heures, en particulier une sonate pour violon et piano.

C'était en fait un homme du monde, mais dépourvu de snobisme. Il avait le privilège d'être riche et de n'avoir pas besoin de travailler, ni pour lui, ni pour les siens. Ce qui convenait parfaitement à son épouse.

Béatrice, qui tirait une inépuisable fierté d'être née Camondo, ne paraissait pas trop sensible à l'envergure intellectuelle des Reinach. Avec la maturité de la trentaine, elle était devenue une rousse remarquée, une femme du monde, une mère de famille et une sportive émérite. Sa passion du cheval, qui était restée intacte, la distinguait non seulement dans les concours hippiques, mais dans les chasses à courre, notamment celles des Rothschild en forêt de Compiègne. Mais si elle avait hérité du tempérament de sa mère qu'elle ne cessait de voir, et plus encore depuis la mort de Nissim, elle avait également hérité des difficultés auditives de son père. La conjugaison des deux l'isolait toujours un peu plus. Ses proches assuraient qu'elle ne trouvait son bonheur nulle part ailleurs mieux que dans la splendide solitude de la chevauchée.

Au début de leur mariage, Léon et Béatrice vécurent quelque temps auprès de Moïse dans son hôtel de la rue de Monceau, trop grand pour lui tout seul. Puis, avec la naissance de Bertrand suivie par celle de Fanny, ils emménagèrent boulevard Maurice-Barrès, leur appartement de Neuilly, qu'ils ne quittaient le plus souvent que pour leur « villa Pataras » au Pyla, en Gironde.

Outre la joie d'être entouré de deux petits-enfants, Moïse pouvait être fier de cette alliance. Le beau-père de Béatrice était une forte personnalité. En un sens, l'un était tout ce que l'autre n'était pas.

D'un certain point de vue, discutable en ce qu'il

privilégiait les livres par rapport au reste, Théodore avait en lui, par son éducation, par sa formation, un trésor qui ferait toujours défaut à Moïse :
une immense culture enrichie en permanence par
une insatiable curiosité intellectuelle. Cela mar-
querait toujours une différence entre les Camondo et les Reinach. Quand bien même eût-il
voulu vraiment l'acquérir, Camondo n'en avait
pas les moyens. Cela manquerait toujours au collectionneur et à l'homme de goût. Il y aurait toujours autour de lui une suspicion polie, telle que
la provoquaient ces grands bibliophiles dont la
conversation révélait qu'ils ne lisaient jamais rien.

Pourtant, cela n'avait rien de fatal. Le milieu
n'expliquait pas tout. Après tout, un Charles
Ephrussi était bien né à Odessa dans une riche
famille de banquiers et d'exportateurs de blé.
Mais à son arrivée à Paris, quand il s'était éloigné
des affaires de sa famille, il avait consacré une
grande partie de son temps à étudier l'histoire de
l'art. Ne l'avait-on pas surnommé « le bénédictin-
dandy de la rue de Monceau » ? Cela voulait tout
dire. Ce n'était pas un hasard si un tel homme,
familier des artistes et des ateliers, avait repris *La
Gazette des Beaux-Arts* pour lui donner tout son
lustre. Et ce n'était pas non plus une coïncidence
si son successeur à la direction de l'influente revue n'était autre que son neveu... Théodore
Reinach.

Au cours de ses innombrables activités, le beau-
père de Béatrice avait eu le temps de se vouer à
une grande œuvre pour l'édification de tous. En
1910, au moment où il confiait à Sergent le soin
de réinventer son hôtel d'après le Petit Trianon,

Moïse de Camondo l'avait certainement à l'esprit. Parce qu'elle était achevée depuis trois ans à peine, que son monde en parlait comme d'une merveille et qu'il fréquentait les Reinach, ne fût-ce que par les liens qu'entretenait Nissim avec Adolphe.

On l'appelait la villa Kerylos. Pour les Grecs, ce nom des plus poétiques désignait une sorte d'hirondelle de mer. Théodore Reinach en avait confié la réalisation à l'architecte Emmanuel Pontremoli, un juif du Piémont. Ils étaient en parfaite connivence sur la direction à donner à ce projet insensé, cette parcelle de l'Hellade perdue dans les Alpes-Maritimes, cette œuvre unique qui devait se détacher à la pointe de la baie des Fourmis, à Beaulieu-sur-Mer.

Il s'agissait de concilier l'esthétique d'une maison à l'antique avec le confort et l'apparat d'une maison moderne. Non de pasticher mais de réinventer. De restituer le modèle idéal. Peu de choses y étaient vraiment antiques mais tout y était parfaitement grec.

Les maîtres d'œuvre se voulaient scrupuleux dans la reconstitution. Les nobles maisons de l'île de Délos avaient servi de modèle. Les fresques des parois et mosaïques, de même que les thèmes des étoffes et tentures, les objets et les meubles, tout était inspiré de documents antiques. Pontremoli avait été jusqu'à faire inscrire « Pleyel » en grec sur le piano pour mieux le dissimuler dans un coffre en citronnier.

Dans l'avant-propos d'une monographie consacrée à la villa, que Moïse de Camondo conservait précieusement dans sa bibliothèque, l'architecte estimait que toute reconstruction, reproduction ou reconstitution d'une demeure du passé était vide de sens si l'on s'attachait exclusivement à ce qu'on croyait être la vérité. Ou, du moins, la prétendue vérité archéologique. Il n'aurait pas voulu que sa villa grecque soit un décor sans vie, le jouet d'un instant, la curiosité d'une heure, mais bien plus que cela. Une époustouflante interprétation d'une très ancienne œuvre.

Mieux qu'un monument, la villa Kérylos était une inoubliable demeure, unique en son genre Une folie dont le coût, évalué à neuf millions d francs, avait été essentiellement supporté par la fortune de sa femme. C'était certainement la plus originale des maisons de vacances de la Côte d'Azur qui en avait pourtant vu d'autres.

Quand Théodore Reinach y recevait ses deux frères, il leur arrivait de revêtir la chlamyde et de poursuivre la conversation indistinctement en grec ou en latin. On conçoit que les Camondo, le père comme la fille, s'y soient sentis parfois légèrement déplacés.

À sa mort, le beau-père de Béatrice légua la villa à l'Institut de France, ses enfants en ayant l'usufruit pour une période de cinquante ans. Peu avant, Moïse avait également pris ses dispositions pour régler le destin de sa maison.

Le 11 janvier 1924, il rédigea son testament. Ce n'était pas celui d'un homme de soixante-quatre ans miné par la maladie, mais celui d'un survivant sans âge guetté par une mélancolie millénaire.

D'emblée, il y précisait sa volonté de perpétuer

la mémoire des deux Nissim. Tant son père que son fils. L'hommage était une marque d'estime, d'affection et d'amour bien compréhensible mais ce n'était pas que cela. En amont, le premier avait acheté le terrain, multiplié la fortune et initié la collection. En aval, le second devait être le destinataire de cette œuvre d'art unique en son genre.

C'est sous cette double invocation que Moïse plaçait le royal cadeau qu'il léguait au musée des Arts décoratifs. Il lui donnait l'hôtel et son précieux contenu à l'exception toutefois d'un grand secrétaire à abattant. Ce meuble signé Leleu, qui se trouvait dans son grand bureau du premier étage sous la Bacchante peinte sur bois par Mme Vigée-Lebrun, appartenait à son gendre Léon Reinach et devait donc lui être restitué.

Son ambition était clairement affirmée :

« En léguant à l'État mon hôtel et les collections qu'il renferme, j'ai en vue de conserver dans son intégralité l'œuvre à laquelle je me suis attaché de la reconstitution d'une demeure artistique du XVIIIe siècle. Cette reconstitution doit servir dans ma pensée à conserver en France, réunis en un milieu spécialement approprié à cet effet, les plus beaux objets que j'ai pu recueillir de cet art décoratif qui a été une des gloires de la France, durant la période que j'ai aimée entre toutes. »

Au cas où une ambiguïté aurait pu subsister, le légataire précisait à nouveau, pour la troisième fois, que son legs était destiné à l'État. Car il était bien entendu que son héritage serait par conséquent exonéré de la taxe successorale sur la partie de sa fortune représentant le montant dudit legs.

Moïse avait pensé à tout. Peu lui importait de

paraître contraignant. Quand on est en position d'offrir un tel cadeau à une institution qui se contente de l'accepter, on se sent en droit d'abuser. D'exiger, même. Ce doit être cela, l'orgueil des donateurs. D'autant que celui-ci, seigneur jusqu'au bout, prévoyait également le versement d'une rente de 120 000 francs aux Arts Décoratifs pour l'entretien.

Le futur musée serait ouvert au public au moins trois fois par semaine et dix mois par an. Afin d'éviter une trop grande affluence, l'entrée serait payante pour tous, sauf pour les artistes et les ouvriers d'art. Le jardin devait être fleuri comme il l'avait toujours été par le passé. En hiver, des giroflées et des pâquerettes. En été, une mosaïque de fleurs très basses. Quant à la cour d'honneur, une ornementation de buis et des caisses de lauriers taillés suffiraient.

Il avait prévu l'agencement intérieur avec plus de méticulosité encore. Aucun meuble ne devrait être bougé. Tout devrait rester exactement dans l'état où il l'aura laissé à sa mort. Ainsi, les visiteurs auraient vraiment l'impression que l'hôtel est encore habité. Qu'il n'était pas un vrai musée mais une maison. D'ailleurs, Moïse préconisait d'éviter, si possible, la pose de mains courantes.

Aucun conservateur ni gardien ne devait habiter là où il avait vécu. Non par un effet de sa vanité posthume, mais par souci de sécurité. Plus que tout, il craignait les incendies et inondations qui, en une heure, peuvent ruiner le travail d'une vie et le témoignage des siècles. Aussi, les uns seraient logés dans l'appartement du mécanicien, et les autres dans les communs.

Ses désirs, qui en l'occurrence étaient des ordres, ne concernaient pas uniquement ce qui faisait la richesse de la maison. Le légataire n'avait
rien laissé de côté. Surtout pas ce qui touchait à
Nissim et Nissim. Même le grand portrait de son
père par Carolus-Duran et les photographies de
son fils ne devaient pas changer de place. Tant pis
si leur destin était de devenir les fantômes de la
rue de Monceau.

Tout devait rester à l'identique. Ils étaient là
comme figés dans un bloc d'éternité, à l'instant
même de leur mort. Le miracle serait justement
que cette maison continue à vivre malgré les
spectres qui la hanteraient à jamais. Qu'elle sur-
vive pour la plus grande gloire posthume des Camondo. Malgré la mort de son héritier, grâce à
son œuvre, Moïse pouvait dire avec Vigny :

« J'avais des ancêtres, ils descendront de moi. »

Aucun objet ne pourrait être retranché de la
collection, ni y être rajouté. Une exception toutefois, la bibliothèque. Moïse regrettait de ne pas
lui avoir consacré assez de temps. Aussi permet-
tait-il qu'on l'enrichît avec des ouvrages sur l'art
du XVIIIᵉ, dans la mesure où la rente allouée pour
les frais de fonctionnement le permettait. Il avait
même songé à faire poursuivre l'abonnement à la
Gazette des Beaux-Arts et à faire relier les numéros à paraître après sa mort afin que la collection
ne souffrît pas de son absence.

À sa fille Béatrice, outre de l'argent et des titres,
il léguait tout de même des souvenirs d'une maison qui avait aussi été un peu la sienne. Des services en porcelaine de Tournay et des services de
Chantilly à l'épi, mais pas de Saxe ni de Sèvres. Il

y joignait également de l'argenterie, une batterie de cuisine, de la lingerie, sa cave, mais pas d'argenterie ancienne ni de service en vermeil Empire. Ses chevaux, voitures et automobiles lui revenaient naturellement.

Le légataire était formel. Toutes les dispositions relatives à sa demeure étaient à prendre en bloc. Ou à laisser. Il n'y avait pas à transiger. Il n'envisageait même pas que les tapis puissent un jour changer de place. Ni que les escaliers de pierre fussent recouverts. Tant pis pour le surcroît d'entretien.

Immeuble, collection, rente... Tout ou rien. Et le tout supposait tout ensemble, en l'état et dans la place. Il était intraitable. Pas question d'installer sa collection ailleurs. Ou de vendre l'immeuble. L'ensemble avait été conçu comme une œuvre d'art unique en son genre. Un tout placé sous le signe de l'inaccessible unité. Tout devait donc passer ainsi à la postérité.

« Le présent legs étant bien inférieur à la quotité disponible de ma fortune, je demande, si la chose est possible, que cette libéralité ne fasse pas l'objet d'inventaire aux fins d'évaluation de son importance... »

Ainsi, Moïse de Camondo rendait aux siens un hommage éblouissant. À leur mesure. Mais il n'y avait pas que cela. Ce musée resterait, il en était persuadé. En agissant de la sorte plutôt qu'en faisant disperser sa collection à sa mort pour en destiner le bénéfice à des œuvres et des fondations, il inscrivait son nom dans l'histoire juive à travers celle de la France, à défaut des annales du capitalisme.

Par son attitude, il se situait aux antipodes d'un Edmond de Goncourt pour ne citer que lui. L'écrivain avait préféré que sa collection soit disloquée par le marteau d'ivoire, qu'elle suscite des vocations et revive dans mille autres lieux, plutôt que de connaître « la froide tombe d'un musée et le regard bête du passant indifférent ». Il jugeait l'État trop mesquin et trop velléitaire pour être à même de poursuivre l'œuvre d'un particulier.

Pour la plus grande gloire des Camondo, Moïse s'inscrivait en faux contre tout éparpillement de ses trésors. On pouvait y déceler un réflexe chauvin. Ou le reflet d'un patriotisme de défense sinon d'un complexe culturel. Il n'en avait cure.

On disait déjà que son geste avait quelque chose de très juif. Il est vrai que les israélites les plus fortunés s'étaient souvent montrés généreux avec l'État. D'autres maisons appelées à devenir des musées en témoignaient déjà, à commencer par celle des Reinach à Beaulieu-sur-Mer. Elles seraient bientôt suivies par d'autres tout aussi exceptionnelles. La villa Ephrussi des Rothschild à Saint-Jean-Cap-Ferrat, notamment, n'allait pas tarder à revenir à l'Académie des beaux-arts.

Les Cahen d'Anvers en feraient autant avec leur château de Champs-sur-Marne et son mobilier. Encore faut-il préciser que son propriétaire entendait ainsi « punir » son épouse de certaines aventures en privant son héritier de ce qui lui revenait. Adélaïde de Rothschild, la veuve de Salomon, n'avait pas agi autrement en léguant le magnifique hôtel de la rue Berryer aux Beaux-Arts plutôt qu'à sa fille unique Hélène, coupable d'avoir épousé le baron Van Zuylen de Nyevelt, un aristocrate hollandais qui avait le grand tort de n'être pas israélite.

Quand des non-juifs agissaient également de la sorte, c'étaient généralement des grands bourgeois tels que Nélie Jacquemart et Édouard André. Rarement des nobles. Ceux-là conservaient tout dans leur famille. Non par manque de générosité mais pour ne pas déshériter leur descendance. Il fallut que le duc d'Aumale perde sa femme et ses six enfants et qu'il n'ait « plus que ma patrie à aimer » pour qu'en 1884 il léguât à l'Institut de France le château de Chantilly et ses collections. À condition toutefois que tout restât en l'état, à la place même qu'il leur avait assignée... Peu après à Londres, la veuve de Sir Richard Wallace en faisait autant.

Que serait-il advenu de l'hôtel de la rue de Monceau si Nissim avait vécu et avait eu des enfants ? La question ne sera pas posée.

Quoi qu'il en soit, le nom des Camondo resterait gravé dans l'histoire du goût français. Comme tant d'autres car les exemples ne manquaient pas. Moïse conservait dans ses dossiers une copie du « legs Grandjean », testament par lequel celui-ci léguait en 1902 son hôtel du 61 rue de Courcelles, avec ses collections, à charge pour les Arts Décoratifs d'en faire un musée Grandjean. Ce n'était pas le seul modèle dont il s'était inspiré. Il y avait aussi le testament par lequel M. Maciet léguait en 1904 sa collection d'objets d'art à la même institution. Et aussi les copies des legs d'Émile Peyre, celle de Dosne et de plusieurs autres.

Désormais, le collectionneur et le mécène ne

faisaient plus qu'un en Moïse. À travers l'hôtel Camondo, il avait construit la maison idéale et
l'avait fixée pour l'éternité. Elle tenait un rôle sa
cré dans son imaginaire profane. Il avait en fait
édifié son Temple de Jérusalem en bordure du
parc Monceau.

Moïse de Camondo était à la recherche d'un paradis perdu qui n'était pas celui de l'enfance. Si
son bonheur était encore de ce monde, il ne pouvait le trouver que dans l'accomplissement de
l'harmonie artistique. Sa collection témoignait
mieux que tout discours de sa quête de la pureté,
de l'ordre et de l'équilibre absolus. Seule la régu-
larité de ce qui est enfin complet était de nature
à l'apaiser. Son goût des paires et de la symétrie
en toutes choses en était la plus frappante illustration. Ce qu'il y avait au bout de tout cela ? Une
si parfaite unité qu'on la dirait d'inspiration di-
vine. Le fait est que cette maison baignait pour
l'éternité dans une douce lumière d'Île-de-France
et d'au-delà des ténèbres.

Dans ces conditions, on comprend d'autant
mieux qu'il n'ait pu envisager un seul instant de
désarticuler son œuvre. Elle devait rester intacte
jusqu'à la consommation des siècles.

En 1932, Moïse de Camondo visita son notaire
pour faire rajouter un codicille à son testament
olographe. Et ce n'était pas seulement pour permettre aux Arts Décoratifs d'arbitrer leur rente
4 % de 1925 contre d'autres titres plus récents. Il
n'avait pas été pris d'un remords en songeant à la
sévérité de ces conditions, au contraire. Instruit

par son expérience de collectionneur réputé, il prenait les devants.

En fait, il entendait simplement préciser que le musée aurait interdiction formelle de prêter ou de faire sortir le moindre objet pour une exposition en France comme à l'étranger. Il en profitait également pour réparer un petit malentendu : le fameux bureau à abattant signé Leleu qu'il souhaitait restituer à Léon Reinach ne devait plus l'être mais au contraire demeurer dans le legs. À la réflexion, Moïse se souvenait l'avoir lui-même acheté à son gendre...

Il se survivait. Ceux qui parvenaient à rompre son isolement disaient qu'il ne se remettrait jamais de la mort de son fils. On le voyait encore à des réceptions, des dîners, des spectacles. Mais de loin en loin. Quand on est à moitié sourd et à moitié aveugle, on n'est que la moitié de l'ombre de soi. En fait, Moïse de Camondo était ailleurs. Parti depuis longtemps.

Il recevait plus rarement. Édouard Roditi était l'un de ses commensaux. Ce brillant critique d'art de vingt-cinq ans travaillait alors aux éditions du Sagittaire où il préparait l'*Anthologie de l'humour noir* d'André Breton. Moïse avait reporté sur lui la vieille affection qu'il avait pour son père, Oscar Roditi, un Stambouliote qui travaillait dans l'import-export.

Moïse n'oublia jamais que, au lendemain de la mort de Nissim, il s'évadait un instant de sa détresse ordinaire pendant ses séjours dans leur maison de campagne d'Épernon. Les derniers temps, le jeune Roditi venait boire une tasse de café turc en sa compagnie dans la bibliothèque.

Rituellement, Moïse priait son visiteur de s'asseoir à sa gauche, en tout point son meilleur côté. Il ne précisait pas que l'autre était doublement fermé, par l'ouïe et par la vue :

« Le côté gauche, c'est celui du cœur... »

Puis la conversation roulait sur les grands musées de province. Parfois, quand l'humeur était particulièrement nostalgique, ils feuilletaient les vieux albums. Sous de lourdes couvertures, ils retrouvaient les clichés pris dans les studios de Péra par les frères Abdullah, émules du grand Nadar et photographes de la cour impériale ottomane. Alors défilaient les ombres familières de Mehmet Djamil Pacha, Arif Bey, Derviche Pacha...

Seule comptait vraiment encore à ses yeux sa collection d'œuvres d'art. Jusqu'au bout, il songea à l'enrichir. Oserait-on dire : à la perfectionner ? Il n'exerçait plus aucune responsabilité nulle part. On distinguait encore sa silhouette alourdie chez les antiquaires, mais plus rarement dans les salles d'enchères où il préférait se faire représenter. Par amitié, il lui arrivait de signaler au Louvre une petite toile d'un inconnu, d'une qualité éclatante, et qui ne serait pas indigne d'un Watteau ou d'un Chardin. Rien ne l'excitait comme de traquer l'œuvre introuvable.

Chez son voisin, l'antiquaire Kraemer, il s'émerveillait avec angoisse pour un lustre :

« Mais où vais-je le mettre ? »

Finalement, il se résolvait à en déplacer d'autres pour que celui-ci trouvât sa place dans la salle à manger. On aurait dit qu'en s'approchant de la fin il se hâtait de compléter l'incomplétable. À la vente du duc de Vendôme, il se portait ac quéreur des *Gentilshommes du duc d'Orléans dans l'habit de Saint-Cloud*, une toile de Philoppoteaux, illustre par l'ironie qui s'en dégageait, qu'il destinait à ce qui fut la chambre de sa fille et qui devint le salon bleu. À la vente Arnold Seligmann, il trouvait enfin l'œuvre discrète et originale qu'il verrait chaque matin en ouvrant les yeux, accrochée sur l'un des murs encastrant son lit : des scènes chinoises peintes en camaïeu attribuées à Jean Pillement.

Il passait de longs moments dans sa bibliothèque. Les monographies et catalogues avaient ses faveurs. En les parcourant, il avait le sentiment de revivre de fugaces instants de bonheur, ceux de ses promenades dans les musées de toute la France en la compagnie d'Édouard Roditi. Il revisitait ainsi le château de Dampierre en Champagne, et la Chartreuse de Champnol en Bourgogne ou le château du Val en forêt de Saint-Germain. Tout cela était loin désormais, comme l'étaient l'ivresse des chevauchées, l'intensité des attaques à la billebaude dans les bois de Compiègne et l'instant tragique de l'hallali sur pied.

Il appartenait à cet univers-là. C'était le monde d'avant 14. Cela marquait une distinction entre les gens mieux que les frontières fictives des générations. Au chapitre « High-Life » de *1900*, un récit étincelant de cruauté, Paul Morand évoquait les équipages au bois de Boulogne, les voitures en grande remise conduits par des chevaliers du fouet, non sans signaler « dans une charrette, le comte de Camondo et toute sa famille ».

Il arrivait encore à Moïse d'organiser des déjeuners et même d'y servir du jambon de Prague

sous la cendre, le samedi qui plus est. Manifeste‑
ment, le temps avait fait son office. Les héritiers
Pereire, le conservateur Carle Dreyfus, le baron
de Grandmaison et quelques autres étaient ses
commensaux les plus fidèles. Moïse veillait
comme avant au plan de table et au menu :

« Œufs pochés au curry
Bar rôti, sauce véron
Pommes de terre vapeur
Longe de veau poêlée à la Maintenon
Caneton glacé au porto
Salade
Haricots verts au beurre
Ramequins
Granit aux fraises
Pâtisserie

Montrachet 1929 – Château-Margaux 1878
Clos-de-Vougeot 1928 – Champagne Mesnil 1921
Cognac Godard 1811

L'Histoire semblait s'emballer à nouveau.
Moïse en était plus que jamais spectateur, retran‑
ché dans le splendide isolement de son hôtel en‑
tre cour et jardin. La rumeur du monde ne parve‑
nait à lui qu'assourdie par le rempart du parc
Monceau.

L'escroc Stavisky venait de se suicider dans de
curieuses circonstances, la place de la Concorde
avait été le théâtre d'une émeute sanglante qui
avait vu la droite extrême hésiter devant la tenta‑
tion du coup d'État, la grève générale avait para‑

lysé le pays, des intellectuels antifascistes avaient
créé un comité de vigilance, le roi de Yougoslavie
et le ministre des Affaires étrangères, Louis Bar-
thou, étaient assassinés à Marseille par des agents
de Mussolini. À la tribune du congrès radical de
Nantes, Édouard Daladier, ex et futur président
du Conseil, lançait un mythe promis à un bel
avenir :

« Deux cents familles sont maîtresses de l'économie française et, en fait, de la politique française. Ce sont des forces qu'un État démocratique
ne devrait pas tolérer, que Richelieu n'eût pas
tolérées dans le royaume de France. L'influence
des 200 familles pèse sur le système fiscal, sur les
transports, sur le crédit. Les 200 familles placent
au pouvoir leurs délégués. Elles interviennent sur
l'opinion publique, car elles contrôlent la
presse... »

1935 était là. Moïse de Camondo avait soixante-
quinze ans. Un jour, le général Madelin, qui habitait pourtant tout près, avenue de Messine, chargea son collaborateur Demereau d'une mission
auprès du comte. Dans quel but ? On l'ignorait
même si l'on se doutait que la sécurité nationale
n'était probablement pas en jeu. Peut-être était-ce
très personnel, le général ayant lui aussi perdu un
fils au combat en 1916, lieutenant-aviateur
comme Nissim.

De toute façon, Moïse s'était retiré. Peut-être
apprit-il que le capitaine Alfred Dreyfus venait de
mourir au domicile de son gendre, dans la plaine
Monceau. Ou qu'Irène n'avait pas cessé de porter
le deuil de leur fils, qu'elle était veuve du comte
Sampieri et qu'elle vivait désormais dans le XVIe

arrondissement au 118 de la rue de la Faisanderie. Ou que leur petite-fille Fanny avait été fiancée durant quelques mois à Élie de Rothschild.

Ces derniers temps, il paraissait de plus en plus fatigué. Pis encore, las de tout. Sa fille Béatrice ne le quittait plus. Mais à quoi bon ? Le temps d'apprendre à vivre et c'est déjà trop tard.

Un jour, il s'éteignit.

Pour certains, c'était le 14 novembre 1935. Pour d'autres, c'était le 18 Hechwan 5696. Dans un cas comme dans l'autre, l'horloge marquait 15 h 40 quand il rendit son âme à Dieu.

Les obsèques eurent lieu trois jours plus tard au cimetière Montmartre. Il fut inhumé dans le caveau de famille. Ni fleurs ni couronne. Mathieu Wolff, grand rabbin du temple séfarade de la rue Buffault, officiait.

Sa fille reçut de nombreuses lettres de condoléances. Le baron d'Eichtal, le baron de Günzburg, Carlos de Beistegui, les Deutsch de La Meurthe y mêlaient leurs sentiments attristés à des personnes beaucoup moins prestigieuses qui voulaient simplement marquer leur gratitude et louer la générosité du défunt.

Des expressions revenaient souvent sous leurs plumes : « grand artiste... cœur unique... grand seigneur... »

L'Univers israélite lui consacra un bref article. Après avoir rappelé sa qualité d'officier de la Légion d'honneur, d'ancien vice-président des Amis du Louvre et de l'Union centrale des Arts décoratifs, le rédacteur précisait :

« Il était le père du lieutenant-aviateur Nissim de Camondo, mort au champ d'honneur, et de

Mme Léon Reinach, la bru de l'inoubliable Théodore Reinach. »

Plus tard, *La Revue de Paris* se souviendra de
lui en ces termes :

« Tout Paris se rappelle la haute silhouette de
cet homme aimable, fort sourd, dont un monocle
noir cachait l'œil droit : il ne manquait pas une
"première" artistique. »

N'était-ce que cela, Moïse de Camondo ? Un
mondain isolé du monde ? Le père d'un héros de
guerre et de la belle-fille d'un illustre savant ?

Rien de tout cela, en vérité. En l'absence d'héritier, il avait assuré la transmission par un paradoxe éblouissant.

Le dernier des Camondo avait échoué à perpétuer la dynastie. Mais en inventant sa maison, en
lui donnant une âme sans pareille et en l'inscri-
vant avec force dans le patrimoine artistique de
la France, il avait réussi à immortaliser le nom de
tous les siens.

Épilogue

Béatrice Reinach mit un point d'honneur à faire scrupuleusement appliquer les volontés du comte de Camondo. Tant par amour pour son père que pour la plus grande gloire de son frère. Le legs représentait une valeur si considérable qu'elle aurait pu en contester la validité comme excédant la quotité disponible de la fortune du testateur. Naturellement, elle s'abstint de toute démarche de ce type. L'inauguration du musée Nissim de Camondo fut un grand moment.

Béatrice possédait déjà, entre autres œuvres d'art, un trésor. Un tableau que lui avait offert au tant que confié sa grand-mère, la comtesse Cahen d'Anvers, avant sa mort. Le portrait d'une petite-fille par Renoir. Il était accroché en bonne place dans son appartement de Neuilly. Pour un empire, elle ne s'en serait pas séparée. Car il représentait tout un monde, révolu à jamais. C'est à peine si elle consentit à s'en défaire pour deux expositions, l'une au musée de l'Orangerie en 1933, l'autre à la galerie Bernheim-Jeune au cours de l'été 1938.

Le doux magnétisme qui se dégageait du portrait d'Irène, et même de celui de ses sœurs, inspira un poète, Henri Michaux :

« ... Dans le visage de la jeune fille est inscrite la civilisation où elle naquit. Elle s'y juge, satisfaite ou non, avec ses caractères propres. Le pays s'y juge encore plus, et si l'eau y est saine, légère, convenablement minéralisée, ce qu'y valent la lumière, le manger, le mode de vie, le système social... Le visage des filles, c'est l'étoffe de la race même, plus que le visage des garçons... Le visage de la jeune fille, comme le plus impersonnel, est le bon miroir de la race... Leur visage est leur œuvre d'art, leur inconsciente et pourtant fidèle traduction d'un monde... Visages mystérieux portés par la marée des ancêtres... visage de la jeune fille à qui on n'a pas encore volé son ciel... visage musical, qu'une lampe intérieure compose plus que ses traits et dont le visage de madone serait l'heureux aboutissement... »

Nul n'a mieux réussi à traduire la vérité intérieure de ce portrait mystérieux entre tous. Mais les mots, si intenses fussent-ils, n'entamaient en rien le secret de la petite fille au ruban bleu.

Au début de l'Occupation, le couple Reinach battait de l'aile. Léon et Béatrice vivaient séparément. Il avait gardé son fils avec lui, elle sa fille. Bien qu'étant pareillement touchés par les décrets antisémites, ils ne réagirent pas de la même manière à une situation qui, de préoccupante, n'allait pas tarder à devenir tragique.

Les premiers temps, Léon s'employa à sauvegarder les biens des Reinach. Puis il tenta d'assurer plutôt son salut et celui de ses enfants, âgés de vingt et vingt-trois ans.

En juillet 1941, les Allemands avaient saisi au château de Chambord des caisses d'œuvres d'art confiées par des collectionneurs juifs aux Musées nationaux. Notamment les Leven, les Jacobson, les Reichenbach et Léon Reinach. Quand le délégué de l'antenne Rosenberg les confisqua, pour toute explication, il excipa simplement d'un ordre de Berlin. Et tout était dit. L'administration des Beaux-Arts pouvait bien formuler ses « expresses réserves », cela n'y changerait rien.

Dans les caisses, il y avait entre autres le portrait d'une petite fille par Renoir, *Mademoiselle Irène Cahen d'Anvers*.

Léon Reinach écrivit aussitôt une longue lettre au directeur des Musées nationaux. Pour protester. Après un an d'occupation allemande, un israélite français était encore assez confiant pour protester. Il était loin d'imaginer le pire. Tout simplement parce que le pire était encore inconcevable. Il dépassait l'entendement. La France sous le joug pouvait mal se comporter avec ses juifs. Elle l'avait déjà prouvé pendant l'affaire Dreyfus sans attendre une quelconque occupation étrangère. Mais depuis, elle avait fait amende honorable. Et puis l'on savait jusqu'où ces débordements pouvaient aller trop loin. Du moins, on croyait savoir. Après tout, Dreyfus n'avait pas été fusillé mais réhabilité.

Léon Reinach protestait en rappelant comment Isaac de Camondo, Théodore Reinach et Moïse de Camondo avaient successivement enrichi le patrimoine artistique français. Les collections du Louvre, la villa Kérylos, la demeure du XVIIIe siècle de la rue de Monceau, tout cela, c'était son oncle, son père et son beau-père.

« ... Ces marques de libéralité, vraiment exceptionnelles, et qui nous sont reconnues, ne le sont sans doute pas de la "Commission allemande chargée de la saisie des biens israélites". Si elle en était informée, peut-être estimerait-elle équitable de laisser aux descendants de ces généreux donateurs les quelques objets d'art qu'ils possèdent, singulièrement un portrait de famille, dont la place au foyer a une signification particulière tout à fait indépendante de sa valeur artistique ou marchande. C'est pourquoi j'ai recours à votre obligeante entremise pour tâcher d'obtenir des autorités occupantes sa restitution et l'assurance que nos biens mobiliers seront à l'avenir respectés. »

Il y avait la collection Reinach, qui n'avait pas de prix comme il se doit mais que l'on pouvait chiffrer. Et il y avait le tableau de Renoir, qui était inestimable. Il faisait partie d'un lot que le maréchal Goering avait exigé afin de l'échanger contre d'autres œuvres.

Deux jours après, Jacques Jaujard, le directeur des Musées nationaux, écrivait à Xavier Vallat, commissaire général aux questions juives. Pour lui transmettre copie de la lettre de Léon Reinach. Et pour attirer tout particulièrement son attention sur cette requête. Parallèlement, le secrétaire d'État à l'Éducation nationale tentait auprès du même Xavier Vallat une semblable démarche afin qu'une suite favorable lui fût donnée.

Le tableau de Renoir était déjà négocié. Il avait été acheté par le marchand Walter Feuz, de Clarens, pour le compte du collectionneur Georg Emil Bührle. Industriel d'origine allemande, naturalisé suisse en 1937, celui-ci était à la tête d'Oerlikon, une importante fabrique de machines-outils qui fournissait des tanks, des canons automatiques et des engins de DCA à la Wehrmacht. Il acquit en tout une douzaine d'œuvres confisquées malgré la très contraignante législation douanière de son pays. Conscient du risque qu'il courait à emporter ainsi des tableaux qui étaient souvent le fruit du pillage et de la spoliation, il prétendait qu'il les rachèterait une seconde fois après la guerre si on lui faisait des ennuis. Son assurance s'expliquait par sa bonne connaissance du Code civil, notamment l'article 726, Al. 1 : « Celui qui, de bonne foi, à titre de propriétaire, paisiblement et sans interruption, a possédé pendant cinq ans la chose d'autrui, en devient propriétaire. »

En cette première année d'occupation, on pouvait encore se battre pour sauver des tableaux avec l'ardeur qu'on aurait mise à sauver des vies. Et souvent ils le furent. Puis vint le moment où, pour éviter les contraintes des décrets antisémites, Léon Reinach se réfugia un temps en zone libre. Il vivait à Pau, 12 boulevard des Pyrénées. C'est là que son fils le rejoignit. Parfois sa fille prenait le risque de passer la ligne de démarcation pour les retrouver, puis s'en retournait à Paris.

Béatrice, elle, ne comptait pas quitter la capitale malgré le danger. Non seulement elle montait à cheval tous les matins dans les allées du bois de Boulogne et le manège où elle avait ses habitudes, mais elle participait à des concours hippiques avec des officiers allemands, notamment

Certains se souvinrent qu'elle portait le plus discrètement possible une étoile jaune sur sa veste de cavalière. D'autres expliquèrent son inconscience par son tempérament et son intime conviction. Plus israélite que juive, foncièrement française et aristocrate à sa manière, sûre d'elle et assez snob, elle se sentait protégée par l'ombre de son frère mort pour la France. Comme beaucoup, elle croyait que les juifs étrangers étaient visés prioritairement sinon exclusivement. On disait aussi qu'elle avait noué des relations utiles dans ces manèges fréquentés par des officiers junkers. On disait même qu'elle avait participé avant-guerre à des chasses à courre avec Goering et que cela l'immunisait contre le sort commun. Du moins en était-elle persuadée.

Pourquoi pas ? Tout était possible. Après tout, le maréchal Pétain était intervenu en personne, avec succès, pour sauver deux de ses protégées, la comtesse d'Aramon et la marquise de Chasseloup-Laubat. Toutes deux d'origine juive. Toutes deux préservées *in extremis* de l'internement et de la déportation par de miraculeux certificats d'« Aryen d'honneur ». C'était légal, en parfaite conformité avec l'article 8 du statut des Juifs, prévoyant l'exemption pour services exceptionnels.

Manifestement, ceux que les Camondo et les Reinach avaient rendus à la gloire du génie français étaient encore insuffisants.

Un jour, dans les dernières semaines de 1942 la police les arrêta. Allemande ? Française ? Les deux ? Qu'importe après tout puisqu'elles étaient complices.

D'abord la mère et la fille. Ça s'est passé le 5 dé cembre, chez elles à Neuilly. Ce qu'on leur repro chait ? Ce jour-là, elles ne portaient pas d'étoile jaune. Puis le père et le fils. Ça s'est passé le 12 décembre à Sentein (Ariège). Ils avaient été trahis par un passeur alors qu'ils s'apprêtaient à quitter la France pour l'Espagne.

Le SS-Obersturmführer chargé de rédiger un rapport sur leur affaire précisa que Léon avait les traits typiques de la race juive, qu'il était circon cis et vraisemblablement athée.

La Gestapo perquisitionna chez ıes Reinach. Elle fit main basse sur les tableaux, la bibliothè que, les manuscrits de Théodore Reinach et ses précieuses archives relatives à la construction de la villa Kérylos. Celles de la banque Camondo, d'un volume considérable, échappèrent au pillage. Léon Reinach avait pris soin d'en faire don aux Archives nationales quelques mois avant le début de la guerre.

Pendant ce temps, dans l'île de Rhodes, les na zis détruisaient la synagogue Kahal Kaddosh Ka mondo construite à Lindos par l'aïeul Abraham.

En 1943, les Reinach étaient internés au camp de Drancy. Dans une lettre à Fernand de Brinon, ambassadeur de France auprès des Allemands l'Institut s'inquiéta de leur sort. Georges Duha mel, le secrétaire perpétuel de l'Académie fran çaise, faisant notamment état de la santé précaire de Léon, âgé de cinquante ans, pour prévenir qu'une déportation risquerait de lui être préjudi ciable..

« Il ne nous appartient pas d'émettre un avis sur le fait de l'internement de la famille Léon Reinach ; mais, grâce à votre haute autorité, peut-être vous sera-t-il possible d'obtenir un adoucissement en faveur de personnes à l'égard de qui nous avons une bien compréhensible gratitude. »

M. de Brinon transmit le dossier avec une note. La police allemande jugea la pression tellement molle qu'elle en tira argument pour donner des réponses dilatoires à toute plainte les concernant. Les Reinach passèrent plusieurs mois à Drancy.

Fanny et Bertrand, respectivement enregistrés comme « étudiante » et « ébéniste », portaient les numéros d'entrée 414 et 415. Léon, désigné comme « compositeur », était le 1719. Ils étaient là, promis au pire, par l'action conjuguée des Allemands qui ne les aimaient pas, et de Français qui ne les aimaient guère.

Un jour, on les emmena. Une de leurs cousines Reinach, également internée, assista à une scène qu'elle n'oublia jamais : Bertrand, refusant obstinément de quitter Drancy, s'accrochant de toutes ses forces, sauvagement battu par les Allemands devant les siens pour le faire lâcher prise...

Le 20 novembre 1943 à 11 h 50, le convoi nᵒ 62 quitta la gare de Paris-Bobigny sous bonne escorte. À son bord, 1 200 juifs. Un peu plus d'hommes que de femmes. Et 83 enfants de moins de douze ans.

Au cours de leur odyssée, à la tombée de la nuit, alors que le train roulait à proximité de Lérouville, 19 personnes réussirent à s'évader. C'étaient des jeunes gens qui avaient été déportés sur dénonciation après avoir tenté de percer un tunnel à Drancy.

Le 25 novembre, le convoi n° 62 arriva à Auschwitz. À peine descendus du train, 914 hommes et femmes furent aussitôt écartés du groupe et gazés. Les autres furent sélectionnés.

En 1945, à la libération des camps, de ce convoi on dénombra 29 survivants dont 2 femmes. D'après leurs récits, il apparut que Léon et son fils furent supprimés parmi les premiers. Fanny aurait succombé peu après à une épidémie de typhus. On ignore avec précision quand et dans quelles conditions Béatrice, déportée le 7 mars 1944 par le convoi n° 69, y trouva la mort.

Ce qui est sûr, c'est qu'aucun d'entre eux n'en revint.

Dans la chapelle couronnant le caveau de famille, une plaque fut gravée en mémoire des quatre déportés. « Morts pour la France en 1943 et 1944. » Comme Nissim, le grand frère, en 1917. Au moins lui le savait-il. Mais avait-on vraiment conscience de mourir pour la France quand on franchissait le seuil d'une chambre à gaz, dans un camp en Pologne, pour avoir commis le seul crime d'être né juif ?

Malgré tout, et en dépit de l'œcuménisme de ces inscriptions, Béatrice et les siens n'avaient pas eu le même destin que Nissim. S'il était mort pour la France, ils étaient morts par la France. Moïse de Camondo était parti à temps pour ne pas vivre cette trahison.

Les filles et petites-filles du comte Louis Cahen d'Anvers connurent diverses fortunes. Colette de Dampierre, livrée aux Allemands par un membre

de son réseau de résistance, fit trois ans de prison. Elle réussit à fausser brutalement compagnie
aux deux soldats qui la convoyaient en bus à
Drancy et à s'évader. Élisabeth de Forceville, remariée à un Denfert-Rochereau, fut arrêtée en
raison de ses origines juives, bien qu'elle fût convertie depuis un demi-siècle. Elle mourut quelque
part entre Drancy et Auschwitz. Enfin Irène, ex-
comtesse de Camondo devenue comtesse Sampieri, passa la majeure partie des quatre années
de l'Occupation cloîtrée dans un appartement de
la rue de La Tour. Son patronyme italien n'éveillait pas les soupçons des voisins.

Après la guerre, quand il fut établi que la
famille Reinach ne reviendrait plus, elle hérita de
sa fille la fortune des Camondo et la dilapida.

Au cours de l'été 1946, ses pas la menèrent à
l'exposition « Chefs-d'œuvre des collections françaises retrouvés en Allemagne » organisée à
l'Orangerie des Tuileries. Quand elle découvrit le
n° 41 dans le catalogue, elle chercha à le voir de
plus près. C'était un Renoir, le sien. C'était elle.

Elle était fondée à le récupérer puisqu'il provenait de la collection Léon et Béatrice Reinach.
Quelques années après, elle revendit cette image
d'elle qu'elle n'aimait pas. Un galeriste du boulevard Haussmann se chargea de la transaction
avec le premier collectionneur qui se soit manifesté. Un industriel suisse du nom d'Emil
Bührle...

Aujourd'hui, *Mademoiselle Irène Cahen d'Anvers*
se trouve à la Fondation Bührle à Zurich.

À Istanbul, le cimetière de Haskeuy, où avait été fièrement érigé le mausolée des Camondo, tombe en ruine. Ce lieu sacré offre un spectacle de désolation. Il est largement cassé et profané. En le morcelant, la construction de l'autoroute Cevre Yolu a achevé de lui retirer son âme.

À Paris, le cimetière Montmartre abrite un mausolée nettement plus modeste mais respecté. Il n'en est que plus émouvant. Avenue Cordier, chemin des Israélites, 2e division, c'est là. Au fronton, il y a juste marqué : « Famille Camondo ». Sur le toit, des Tables de la Loi découpées dans la pierre. Sans plus. Leur monument funéraire est aux antipodes de ceux d'un Daniel « Osiris » Iffla, aussi ostentatoire dans la mort que dans la vie, ou d'un baron Maximilien de Kœnigswarter qui éprouva le besoin d'y apposer titre, armoiries, blason et devise afin que nul n'en ignore.

À l'intérieur du monument funéraire des Camondo, derrière une solide porte verte dans laquelle est sculpté un chandelier à sept branches, trois générations de cercueils reposent sous des plaques commémoratives. La plus importante, celle de Nissim, le petit-fils, domine les autres. Quand les rayons du soleil s'insinuent à travers les vitraux latéraux, on peut même distinguer ses médailles militaires.

À l'entrée du cimetière, sur l'« Index des célébrités », on cherche en vain les Camondo. Certes, Berlioz, Labiche, Jouhandeau, Fragonard, Ponson du Terrail, c'était autre chose. Un seul financier a réussi à s'y immiscer et il a fallu que ce soit l'inévitable Osiris ! En gros caractères, il est également écrit :

« For Jim Morrison, go to the cemetery Père Lachaise. »

De cette famille, il ne reste plus qu'une maison au cœur de la plaine Monceau, dans le VIIIe arrondissement de Paris. Le musée Nissim de Camondo avait été fermé pendant toute l'Occupation. Cette mesure le préserva du pillage. À la Libération, il était intact.

En 1985, un « Comité pour Camondo » a été créé. Grâce aux mécènes qui le constituent, des pièces ont été restaurées, la maison a pu retrouver son lustre d'antan. Parmi eux, des voisins, les antiquaires Kraemer. Regrettant que rien dans ce musée n'indiquât au visiteur l'origine juive du maître des lieux, ils achetèrent dans une vente deux objets qui furent jadis la propriété de cette famille. Deux livres de prières pour Rosh Hachana et Yom Kippour, édités en 1836 par Anton von Schmid, reliés trois ans plus tard en pleine basane maroquinée rouge, mosaïquée sur chaque plat de deux médaillons centraux et quatre écoinçons verts. Sur les dentelles et inscriptions dorées, on distingue en lettres hébraïques et latines le nom d'Abraham Salomon Kamondo.

Comme le testament de Moïse interdisait formellement toute adjonction posthume à sa collection, on les considéra non comme un don mais comme une rétrocession. Ce qui leur permet aujourd'hui de figurer dans la salle du souvenir aux côtés des photos de famille, du tableau genea·

logique, des factures du marchand de tableaux Durand-Ruel et du décret d'anoblissement.

Ainsi, en franchissant à nouveau l'entrée de l'hôtel, le visiteur comprend mieux pourquoi cette famille est éteinte. À Auschwitz.

Sous la porte cochère, une plaque rappelle le destin tragique des enfants et petits-enfants du comte de Camondo. « Morts pour la France. » Le camp fut la dernière étape de la longue marche de leurs ancêtres à travers l'Histoire. De l'expulsion d'Espagne au génocide nazi, ils avaient réussi à perdurer pendant quatre siècles et demi. Jusqu'à ce que leurs derniers descendants directs partent en fumée.

Tout est là pour l'éternité, gravé dans le marbre. Tout sauf la détresse d'un père à jamais écrasé de chagrin. Tout sauf la solitude d'un homme convaincu d'être le dernier des siens. Celui qui rompt définitivement la chaîne.

SOURCES

LIVRES

ABBOU, Is. D., *Musulmans andalous et judéo-espagnols* Antar. Casablanca, 1953.

ABRAMS, Alan, *Special Treatment*. Lyle Stuart. Secaucus New Jersey, 1985.

À la mémoire des Reinach, Société d'éditions françaises et internationales, s.l.n.d.

ALLFREY, Anthony, *Édouard VII and his jewish court*, Weidenfeld, Londres. 1991.

AMSON, Daniel, *Adolphe Crémieux l'oublié de la gloire*. Seuil, 1988

ARBELLOT, Simon, *La Fin du boulevard*, Flammarion. 1965

ARENDT, Hannah, *La Tradition cachée*, 10/18, 1996.

— *Sur l'antisémitisme*, Calmann-Lévy, 1973.

ASTRUC, Gabriel, *Le Pavillon des fantômes*, Belfond, 1987.

AUTHEMAN, André, *La Banque impériale ottomane*, Comité pour l'histoire économique et financière de la France, 1996.

AUTIN, Jean, *Les Frères Pereire*, Perrin, 1984.

BACQUÉ-GRAMMONT, Jean-Louis et DUMONT, Paul (éd.). *Économie et sociétés dans l'Empire ottoman*. Fin XVIIIe-début XXe siècle, Éditions du CNRS, 1983.

BADE, Patrick, *Renoir*. Hazan, 1989.

BAILEY, Colin B., *Les Portraits de Renoir*, Gallimard, 1997.

BARBIER, Frédéric, *Finance et politique. La dynastie des Fould*, Armand Colin, 1991.

BEAUCHAMP, Louis de, *Marcel Proust et le Jockey Club*, Émile-Paul, 1973.

BELLANGER, Claude (sous la direction de), *Histoire générale de la presse française*, PUF, 1972.

BENBASSA, Esther, *Histoire des Juifs de France*, Points-Seuil, 1997.

— (sous la direction de), *Transmission et passages en monde juif*, Publisud, 1997.

BENBASSA, Esther et RODRIGUE, Aron, *Juifs des Balkans*, La Découverte, 1993.

BERGERON, Louis, *Les Rothschild et les autres. La gloire des banquiers*, Perrin, 1991.

— *Les Capitalistes en France 1780-1914*, Gallimard, 1978.

BERLIN, Isaïah, *Trois essais sur la condition juive*, Calmann-Lévy, 1973.

BERTHIER, Philippe, « Hôtel Saccard : état des lieux », in *La Curée de Zola ou la vie à outrance*, Sedes, 1987, p. 107-117.

BIRNBAUM, Pierre, *Destins juifs*, Calmann-Lévy, 1995.

— *Un mythe politique : la « République juive »*, Fayard, 1988.

— *Le Peuple et les gros. Histoire d'un mythe*, Fayard, 1979.

— *Les Fous de la République. Histoire politique des Juifs d'État de Gambetta à Vichy*, Fayard, 1992.

BISCHOFF, Chantal, *Geneviève Straus 1849-1926*, Balland, 1992.

BLOMAC, Nicole de, *La Gloire et le jeu. Des hommes et des chevaux*, Fayard, 1991.

BONNEFON, Jean de, *La Noblesse de France et les anoblis de la République*, Éditions Louis Michaud, 1909.

BOREL d'HAUTERIVE et RÉVÉREND, Albert, *Annuaire de la noblesse de France*, Plon, 1897.

BOUDET, Jacques (sous la direction de), *Le Monde des affaires en France de 1830 à nos jours*, SEDE, 1952.

BOUVIER, Jean, *Les Rothschild. Histoire d'un capitalisme familial*, Complexe, Bruxelles, 1992.

BRAUNSTEIN, Philippe et DELORT, Robert, *Venise, portrait historique d'une cité*, Le Seuil, 1971.

BUSSIÈRE, Éric, *Paribas, l'Europe et le monde 1872-1992*, Fonds Mercator, Anvers, 1992.

CAGNAT, René, *Notice sur la vie et les travaux de M. Théodore Reinach*, Firmin-Didot, 1931.

CAHEN D'ANVERS, Charles, *Le Château de Champs*, Imprimerie nationale, 1928.

CAHEN D'ANVERS, Gilbert, *Mémoires d'un optimiste*, chez l'auteur, Paris, octobre 1994.

CALIMANI, Ricardo, *L'Errance juive*, Diderot éditeur, 1996.

— *Histoire du ghetto de Venise*, Stock, 1988.

CASSOU, Jean (sous la direction de), *Le Pillage par les Allemands des œuvres d'art et des bibliothèques appartenant à des Juifs en France*, Éditions du Centre, 1947.

CHAPON, François, *Mystères et splendeurs de Jacques Doucet*, Lattès, 1984.

CHIRAC, Auguste, *Les Rois de la République*, Dentu, 1888.

CLERMONT-TONNERRE, E. de, *Au temps des équipages*, Grasset, 1928.

CORNEILHAN, Georges, *Juifs et opportunistes*, Sauvaître, 1889.

CORTI, Égon César comte, *La Maison Rothschild*, Payot, 1927-1930.

COSTON, Henry, *Dictionnaire des dynasties bourgeoises et du monde des affaires*, Alain Moreau, 1975.

— *Dictionnaire de la politique française*, Publications Henry Coston, 1967.

CURIEL, Roberta et COOPERMAN, Bernard Dov *Le Ghetto de Venise*, Herscher, 1990.

DAUDET, Léon, *Souvenirs et polémiques*, Bouquins-Laffont, 1992.

DAULTE, François, *Auguste Renoir. Catalogue raisonné de l'œuvre peint*, Éditions Durand-Ruel, Lausanne, 1971.

DEMACHY, Édouard, *Banque de France*, Savine, 1896.

DÉSERT, Gabriel, *La Vie quotidienne sur les plages normandes*, Hachette, 1983.

DIESBACH, Ghislain de, *Proust*, Perrin, 1991.

DISTEL, Anne, *Les Collectionneurs des impressionnistes*, La Bibliothèque des arts, 1989.

DREYFUS, Carle, *Préface au Guide du musée Nissim de Camondo*, 1935.

DRUMONT, Édouard, *La France juive*. Marpon et Flammarion, 1886.

— *Le Testament d'un antisémite*, Dentu, 1891.

DUMONT, Paul, « La Turquie dans les archives du Grand Orient de France : les loges maçonniques d'obédience française à Istanbul du milieu du XIXᵉ siècle à la veille de la Première Guerre mondiale », *in* Bacqué-Grammont et Dumont, *op. cit.*

ÉLIAS, Norbert, *La Société de cour*, Calmann-Lévy, 1974

Encyclopedia Judaïca.

ESPAGNE, Michel, *Les Juifs allemands à Paris à l'époque de Heine. La translation ashkénaze*, PUF, 1996.

FAUCIGNY-LUCINGE, Jean-Louis de. *Un gentilhomme cosmopolite*. Perrin, 1990.

FAVIER, Jean, *Paris. Deux mille ans d'histoire*, Fayard, 1997.

FELICIANO, Hector, *Le Musée disparu*, Austral, 1996.

FEUCHTWANGER, Lion, *Le Juif Süss*, Albin Michel, 1929.

FIETTE, Suzanne, *La Noblesse française des Lumières à la Belle Époque*, Perrin, 1997

FOUQUIÈRES, André de, *Mon Paris et ses Parisiens : le quartier Monceau*, Pierre Horay, 1954.

FRANCO. Moïse, *Essai sur l'histoire des israélites de l'Empire ottoman depuis les origines jusqu'à nos jours* Durlacher. 1897

FRANKL, Ludwig August, *The Jews in the East*, Hurst and Blackett, Londres, 1859.

GALANTE, Abraham, *Histoire des Juifs de Turquie*, rééd., Isis, Istanbul, 1985.

— *Rôle économique des juifs d'Istanbul*, Istanbul, 1942.

— *Don Salomon Aben Yaèche, duc de Mételin*, Istanbul, 1936.

— *Don Joseph Nasi, duc de Naxos, d'après de nouveaux documents*, Constantinople, 1913.

GASC, Nadine et MABILLE, Gérard, *Le Musée Nissim de Camondo*, Musées et Monuments de France/Albin Michel, 1991.

GERMAIN, André, *La Bourgeoisie qui brûle*, 1951.

GIBERT, A. et MASSA, Ph. de, *Historique du Jockey Club français*, Imprimerie Jouaust, s.d.

GILLE, Bertrand, *La Banque en France au XIXe siècle*, Droz, 1970.

GIMPEL, René, *Journal d'un collectionneur*, Calmann-Lévy, 1963.

GOHIER, Urbain, *La Terreur juive*, chez l'auteur, 1909.

GONCOURT, Jules et Edmond, *Journal. Mémoires de la vie littéraire*, Bouquins/Laffont, 1989.

GRAETZ, Michaël, *Les Juifs en France au XIXe siècle*, Seuil, 1989.

GRANGE, Cyril, *Les Gens du Bottin mondain 1903-1987*, Fayard, 1996.

GRUNEBAUM-BALLIN, Paul, *Joseph Nasi, duc de Naxos*, Mouton, 1968.

GUÉNÉE, Abbé, *Lettres de quelques Juifs portugais, allemands et polonais à M. de Voltaire*, Moutard, 1776.

GÜLERYÜZ, Naïm, *Istanbul Sinagoglari*, 1992.

HAMON, Augustin, *Les Maîtres de la France : la féodalité financière dans les banques*, Éditions sociales internationales, 1936.

HARCOURT, duc d', *Regards sur un passé*, Robert Laffont, 1989.

HASKELL, Francis, *De l'art et du goût jadis et naguère*, Gallimard, 1989

HERZL, Theodor, *Journal 1895-1904*, Calmann-Lévy, 1990.

HILLAIRET, Jacques, *Dictionnaire historique des rues de Paris*, Éditions de Minuit, 1985.

HUYSMANS, Joris-Karl, *L'Art moderne/Certains*, 10/18, U.G.E., 1975.

HYMAN, Paula, *De Dreyfus à Vichy, l'évolution de la communauté juive en France 1906-1939*, Fayard, 1985.

Jewish Encyclopedia (The).

KAHN, Zadoc, *Discours prononcé aux obsèques de M. le comte Cahen (d'Anvers)*, Imprimerie Quantin, 1881.

— *Souvenirs et regrets*, Durlacher, 1898.

KARMI, Ilan, *The Jewish community of Istanbul in the nineteenth century. Social, legal and administrative transformations*, The Isis Press, Istanbul, 1996.

— *Jewish sites of Istanbul*, The Isis Press, Istanbul, 1992.

KIMON, *La Politique israélite*, Savine, 1889.

KOCKA, Jürgen, *Les Bourgeoisies européennes au XIXe siècle*, Belin, 1996.

LABARRE DE RAILLICOURT, *Les Titres pontificaux en France du XVIe au XXe siècle*, chez l'auteur, Paris, 1942.

LANE, Frédéric C., *Venise, une république maritime*, Flammarion, 1985.

LAPIERRE, Nicole, *Changer de nom*, Stock, 1995.

LAUNAY, Élisabeth, *Les Frères Goncourt collectionneurs de dessins*, Arthena, 1991.

LAZARE, Bernard, *Le Fumier de Job*, Circé, Strasbourg, 1990.

LEROY, Béatrice, *L'Aventure séfarade*, Albin Michel, 1986.

— *L'Expulsion des Juifs d'Espagne*, Berg international, 1990.

LEVER, Évelyne, *Philippe Égalité*, Fayard, 1996.

LOEWE, L. (éd.), *The Diaries of Sir Moses Montefiore and Lady Montefiore*, Londres, 1890.

LOTTMAN, Herbert, *La Dynastie Rothschild*, Seuil, 1995.

MANUEL, Albert, *1914-1918 : les israélites dans l'armée française*, Angers, 1921

MARRUS, Michaël, *Les Juifs de France à l'époque de l'affaire Dreyfus*, Calmann-Lévy, 1972.

MAYER, Arno, *La Persistance de l'Ancien Régime*, Flammarion, 1983.

MAYER, Hans, *Les Marginaux. Femmes, juifs et homosexuels dans la littérature européenne*, 10/18, 1996.

McCAGG, William O., *Les Juifs de Habsbourg 1670-1918*, PUF, 1996.

MÉCHOULAN, Henri (éd.), *Les Juifs d'Espagne. Histoire d'une diaspora 1492-1992*, Liana Levi, 1992.

MENSION-RIGAU, Éric, *Aristocrates et grands bourgeois*, Plon, 1994.

MERCIER, Louis-Sébastien, *Tableau de Paris* (édition de Jean-Claude Bonnet), Mercure de France, 1994.

MEYER, Arthur, *Ce que je peux dire*, Plon, 1912.
— *Ce que mes yeux ont vu*, Plon, 1911.

MICHAUX, Henri, « Visages de jeunes filles », in *Verve*, II, 5-6, 1939, p. 85, repris in *Passages*, Gallimard, 1950.

MIGEON, Gaston, *Le Comte Isaac de Camondo*, Imprimerie Lahure, 1913.

MIRÈS, Jules, *À mes juges*, 1861.

MOLLIER, Jean-Yves, *Michel et Calmann Lévy ou la naissance de l'édition moderne 1863-1891*, Calmann-Lévy, 1984.
— *L'Argent et les lettres. Histoire du capitalisme d'édition 1880-1920*, Fayard, 1988.
— *Le Scandale de Panama*, Fayard, 1991.

MOLLIER, Jean-Yves et GEORGE, Jocelyne, *La plus longue des républiques 1870-1940*, Fayard, 1994.

MONNERET, Sophie, *L'Impressionnisme et son époque. Dictionnaire international*, Bouquins/Laffont, 1987.

MONNIER, Gérard, *L'Art et ses institutions en France. De la Révolution à nos jours*, Folio, 1995.

MORAND, Paul, *Vie de Guy Maupassant*, Flammarion, 1942.
— *1900*, Flammarion, 1931.

MUGNIER, abbé, *Journal,* Mercure de France, 1985.

NAGLE, Jean, *Luxe et charité. Le faubourg Saint-Germain et l'argent,* Perrin, 1994.

NICHOLAS, Lynn H., *Le Pillage de l'Europe. Les œuvres d'art volées par les nazis,* Seuil, 1995.

NOIR, Louis, *La Banque juive,* Ducher, 1888.

PAPO, rabbi, « The sephardi community of Vienna », in *The Jews of Austria,* ed. by Joseph Fraenkl Valentine Mitchell, Londres, 1967.

PARIS, Jean, *L'Atelier Bellini,* Lagune, 1995.

PASTOUREAU, Michel, *Figures de l'héraldique,* Découvertes/Gallimard, 1997.

PÉREZ, Joseph, *Histoire de l'Espagne,* Fayard, 1996.

PHILIPPE, Béatrice, *Être juif dans la société française du Moyen Âge à nos jours,* Montalba, 1979.

PINÇON, Michel et PINÇON-CHARLOT, Monique, *La Chasse à courre,* Payot, 1993.

— *Grandes fortunes. Dynasties familiales et forme de richesse en France,* Payot, 1996.

POLIAKOV, Léon, *Histoire de l'antisémitisme,* Calmann-Lévy, 1955-1981.

PROUST, Marcel, *À la recherche du temps perdu,* Bouquins-Laffont, 1987.

— *Correspondance,* Plon, 1993.

RACZYMOW, Henri, *Le Cygne de Proust,* Gallimard, 1989.

REILLE, baron Karl, *La Vénerie française contemporaine,* Adolphe Le Goupy, 1914.

ROBLIN, Michel, *Les Juifs de Paris,* Picard, 1952.

RODRIGUE, Aron, *French jews, Turkish jews. The* Alliance Israélite Universelle *and the politics of jewish schooling in Turkey, 1860-1925,* Indiana University Press, Bloomington, 1990.

— « Abraham de Camondo of Istanbul : the transformation of jewish philanthropy », in Frances Malino and David Sorkin (ed.), *From East and West. Jews in a changing Europe 1750-1870.*

— « The beginnings of westernization and community reform among Istanbul's jewry 1854-1865 », in *The Jews of the ottoman empire*, ed. by Avigdor Lévy, The Darwin Press, Princeton, 1994, p. 439-456.

ROMANO, Sergio, *Histoire de l'Italie du Risorgimento à nos jours*, Seuil, 1977.

ROTH, Cécil, *Histoire des Marranes*, Liana Levi, 1990.

ROUSSET-CHARNY, Gérard, *Les Palais parisiens de la Belle Époque*, Délégation à l'action artistique de la Ville de Paris, 1990.

ROY, Joseph-Antoine, *Histoire du Jockey Club*, Marcel Rivière, 1958.

SAPIN, *L'Indicateur israélite*, 1897.

SAVILLE, Pierre, *Le Juif de Cour. Histoire du résident royal Berend Lehman 1661-1730*, Société encyclopédique française, 1970.

SCHLUMBERGER, Gustave, *Mes souvenirs 1844-1928*, Plon, 1934.

SCHOLEM, Gershom, *Sabbataï Tsevi. Le messie mystique 1626-1676*, Verdier, 1983.

SCHWARZFUCHS, Simon, *Du Juif à l'israélite. Histoire d'une mutation 1770-1870*, Fayard, 1989.

SÉDILLOT, René, *Les Deux cents familles*, Perrin, 1988.

SPIRE, André, *Le Juif et la guerre*, Payot, 1917.

STERN, Fritz, *L'Or et le Fer. Bismarck et son banquier Bleichröder*, Fayard, 1990.

STURDZA, Mihaïl Dim., « Haute banque et Sublime Porte. Préliminaires financiers de la guerre de Crimée », in *Contributions à l'histoire économique et sociale de l'Empire ottoman*, Peeters, Louvain, *op. cit.*

TEXIER, Alain, *Qu'est-ce que la noblesse ?*, Taillandier, 1988.

TODD, Emmanuel, *Le Destin des immigrés*, Seuil, 1994.

TOLSTOÏ, Tatiana, *De l'élégance masculine*, Acropole, 1987.

Tout-Paris. Annuaire de la société parisienne, 1886.

TREMBLOT DE LA CROIX et TOLLU, Bernard, *Deux siècles de vénerie à travers la France*, tome 1, Île-de-France, Horarius, 1988.

TREVELYAN, G.M., *Histoire sociale de l'Angleterre*, Bouquins/Laffont, 1993.

TULARD, Jean (sous la direction de), *Dictionnaire du Second Empire*, Fayard, 1995.

Universal Jewish Encyclopedia (The).

VAISSE, Pierre, *La Troisième République et les peintres*, Flammarion, 1995.

VANIKOFF, Maurice, *La Commémoration des engagements volontaires des juifs d'origine étrangère 1914-1918*, Le Volontaire juif, 1932.

VEINSTEIN, Gilles (sous la direction de), *Salonique 1850-1918. La « ville des Juifs » et le réveil des Balkans*, Autrement, 1992.

VERDÈS-LEROUX, Jeanine, *Scandale financier et antisémitisme catholique. Le krach de l'Union générale*, Centurion, 1969.

VIGNEAUX, Sydney, *Le Baron Jéhova*, Dentu, 1886.

VIGUERIE, Jean de, *Histoire et dictionnaire du temps des Lumières*, Bouquins/Laffont, 1995.

VOLLARD, Ambroise, *Souvenirs d'un marchand de tableaux*, Albin Michel, 1937.

WIGODER, Geoffrey (sous la direction de), *Dictionnaire encyclopédique du judaïsme*, Bouquins/Laffont, 1996.

YERUSHALMI, Yosef Hayim, *Zakhor. Histoire juive et mémoire juive*, La Découverte, 1984.

— *De la cour d'Espagne au ghetto italien*, Fayard, 1987.

ARTICLES

ALBERT, Phylis Glen, « Ethnicité et solidarité chez les Juifs de France au XIXe siècle », in *Pardès*, 3/1986.

ALEXANDRE, Arsène, « Collection de M. le comte Isaac de Camondo », in *Les Arts*, novembre 1908.

« Architecture du rêve » (actes du colloque), in *Cahiers de la villa Kérylos*, no 3, 1994.

AURELL, Martin, « La famille noble est née en l'An Mil », in *L'Histoire*, nᵒ 211, juin 1997.

BABIN, Gustave, « Un petit musée dans un grand », in *L'Illustration*, nᵒ 3725, 18 juillet 1914.

BOIME, Albert, « Les hommes d'affaires et les Arts en France au XIXᵉ siècle », in *Actes de la recherche en sciences sociales*, Minuit, nᵒ 28, 1979.

BRAUNSTEIN, Philippe, « Marchands et navigateurs à la conquête du monde », in *L'Histoire*, nᵒ 208, mars 1997, p. 30-35.

FIQUÉMONT, Pol, « L'agonie dans le vide », in *La Guerre aérienne illustrée*, 10 janvier 1918.

GUÉRIN, Jacques, « Le musée Nissim de Camondo », in *L'Illustration*, 26 décembre 1936.

HALFF, Antoine, « Lieux d'assimilation, lieux d'identité : les communautés juives et l'essor des stations thermales et balnéaires à la Belle Époque », in *Pardès*, nᵒ 8, 1988.

JAMET, Paul, « Un portrait d'inconnu au musée du Louvre », in *Gazette des Beaux-Arts*, 1925.

JARASSÉ, Dominique, « Le mécénat juif et l'art en France : une stratégie de l'intégration », *Conférence au musée d'Orsay*, 23 mars 1991 (art. inédit).

— « Osiris ou la folie du mécénat », in *Archives juives, revue d'histoire des juifs de France*, Liana Levi, nᵒ 29/2, 1996, p. 48-64.

KAPFERER, Simone, « Le musée Nissim de Camondo », in *L'Art vivant*, nᵒ 209, février-mars 1937.

KOLB, Philippe et ADHÉMAR, Jean, « Charles Ephrussi (1849-1905), ses secrétaires : Laforgue, Renan, Proust, sa *Gazette des Beaux-Arts* », in *Gazette des Beaux-Arts*, janvier 1984.

LANDES, David. S., « Vieille banque et banque nouvelle », in *Revue d'histoire moderne et contemporaine*, tome 3, juillet-septembre 1956.

LÉVY, Édouard-Maurice, « Une famille de mécènes sépharadis en France : les Camondo », in *Message Sepharadi*, 1952.

MESSELET, Jean, « La Collection Camondo », in *Art et industrie*, juillet 1936.

MOLINIER, Émile, « Un don au musée du Louvre. La collection du comte Isaac de Camondo », in *Gazette des Beaux-Arts*, 1897.

MOLLIER, Jean-Yves, « La vérité sur les Juifs de France au XIXᵉ siècle », in *L'Histoire*, n° 148, octobre 1991.

— « De Rachel aux Rothschild, la place des Juifs dans la bourgeoisie parisienne entre 1850 et 1914 », in *Quarante-huit/-Quatorze*, n° 4 (Conférence du musée d'Orsay, 1991).

— « Financiers juifs dans la tourmente des scandales fin de siècle (1880-1900) », in *Archives juives, revue d'histoire des juifs de France*, Liana Levi, n° 29/2, 1996, p. 65-82.

PHILIPPE, Béatrice, « Les bons et les mauvais juifs du roman français », in *L'Histoire*, n° 148, octobre 1991.

RODITI, Édouard, « Camondo's way », in *Grand Street*, 6, 2, Hiver 1987.

SENI, Nora, « The Camondos and their imprint on 19th-century Istanbul », in *Jewish Middle East Studies*, 26 (1994), p. 663-675.

— « Diffusion des modèles français de philanthropie au XIXᵉ siècle : la famille Camondo » in *Pardès*, 22/1996, p. 230-251.

STEVE, Michel, « Un monument pastiche, le musée Nissim de Camondo à Paris », in *Histoire de l'art*, n° 27, octobre 1994.

TARALON, Jean, « Le château de Champs-sur-Marne », in *Monuments historiques*, n° 4, 1974.

VANMAERCKE, Serge, « Chez Nissim de Camondo », in *Tendances*, 10 avril 1997.

WALTER, Rodolphe, « Le parc de Monsieur Zola », in *L'Œil*, n° 272, mars 1978.

THÈSES

BENBASSA, Esther, *Haïm Nahum Effendi, dernier grand rabbin de l'Empire ottoman (1908-1920) : son rôle politique et diplomatique*, Université de Paris-III, 1987.

COHEN, David, *La Promotion des Juifs en France à l'époque du Second Empire*, Université de Provence, 1977.

JAMGOCYAN, Onnik, *Les Finances de l'Empire ottoman et les financiers de Constantinople 1732-1853*, Université de Paris-I, 1988.

KOHN, Jean-Louis, *La Bourgeoisie juive à Paris au Second Empire*, Université de la Sorbonne, 1993-1994.

LANDAU, Philippe E., *Les Juifs de France et la Grande Guerre. Patrie, république, mémoire*, Université de Paris-VII, 1993.

RODRIGUE, Aron, *French jews, Turkish jews. The* Alliance israélite universelle *in Turkey 1860-1914*, Harvard, Cambridge, Mass., 1985.

STEVE, Michel, *Une imitation en architecture : le pastiche*, École d'architecture de Marseille, 1985.

— *René Sergent et le néoclassicisme 1900*, Université Paris-IV, 1993.

MANUSCRITS INÉDITS

BENBASSA, Esther, « Rapport de mission en Turquie. Été 1980 » (inventaire des monuments juifs d'Istanbul), Paris.

DUBONNET, Lorraine, « Souvenirs » (en anglais).

ERLANGER, Philippe, « Note sur l'histoire des Camondo », 1er novembre 1972, Archives Paribas, Paris.

HENRY, Natacha, « Les banquiers juifs en France au XIXe siècle », article, février 1994.

KULP, Jacques, « Mes Souvenirs 1855-1891 », archives Paribas.

REVUES ET JOURNAUX

Annuaire de la Société des études juives.
Les Archives israélites.
Le Figaro.
Le Gaulois.
La Gazette des Beaux-Arts.
L'Illustration.
Los Muestros.
L'Univers israélite.

ARCHIVES

Musée Nissim de Camondo
Archives nationales
Centre de documentation juive contemporaine
Consistoire israélite
Alliance israélite universelle
Banque de Paris et des Pays-Bas

REMERCIEMENTS

Je dois beaucoup à mes lectures, et tout autant à mes premiers lecteurs. Ils m'ont fait l'amitié de me prodiguer des conseils tout au long de mes recherches, de me faire partager leurs intuitions et de lire mon manuscrit un crayon à la main. Les erreurs et les contresens sont de moi. Quant au reste, ils n'y sont pas étrangers.

C'est une litote de le dire ainsi, tant ma gratitude est infinie envers Georges Liébert et Esther Benbassa, ainsi que Philippe Godöy, Stéphane Khémis, Évelyne Lever, Pascal Quignard, Martine Saada et Ralph Toledano.

Merci à Marie-Noël de Gary et Sophie Le Tarnec de s'être rendues si souvent disponibles pour me guider dans les coulisses et les archives du musée Nissim de Camondo

Merci à François-Marie Samuelson et Antoine Gallimard de s'être mis d'accord afin que ce livre voie le jour sous les meilleurs auspices.

Merci, pour leur aide ou leur témoignage, à :
Mesdames,
Chantal Bischoff, comtesse Josefina Cahen d'Anvers, Danielle Coussot, France Danet, Lorraine Dubonnet, Jacqueline Flersheim, Nadine Gasc, Sarah Halperyn, Natacha Henry, Annie Jost, Malca Lévy, Françoise Marchand, Françoise Parisot Béatrice Philippe, baronne Liliane de Rothschild, Hélène de Saint-Hippolyte

Messieurs,

Ralph Arditti, Baron Joseph de Cassagne, Stephen Duffy, Hector Féliciano, Jean Jacobi, Joseph-Jacques Jonas, Jean-Jacques Journet, Philippe Kraemer, Olivier Kraemer, Laurent Kraemer, Jean-Claude Kuperminc, Philippe Landau, Jean-Pierre Leduc-Adine, Pierre de Longuemar, Jean-Claude Menou, Jean-Yves Mollier, Michaël Neal, Claude Paillat, Moïse Rahmani, Fabrice Reinach, Éric Smadja.

Merci aux surveillants, gardiens et employés du musée Nissim de Camondo d'avoir contribué, par leur aimable discrétion, à faire de cet endroit l'un des lieux les plus raffinés de Paris.

Merci enfin à Angela, Meryl et Kate de demeurer les Trois Grâces de mon musée imaginaire.

Cette édition en format de poche a été allégée de quelques erreurs de tous ordres qui s'étaient glissées dans l'édition originale, et enrichie de nouveaux documents d'archives et de compléments d'information. Qu'il me soit donc permis de remercier les lecteurs qui y ont contribué :

Mesdames Arlette Cherpantier, Francine Christophe, Demellier, Marguerite Poultier,

Messieurs Patrice Barois, Éric de Catheu, Jean-Paul Comon, Éric de Dampierre, Pierre Deligny, Nicolas de Fraguier, Louis Hazan, Louis de Langlade, Henry Peyroux, Georges Pastre, J M. Pouplain.

DU MÊME AUTEUR

Biographies

MONSIEUR DASSAULT, Balland, 1983

GASTON GALLIMARD, Balland, 1984 (Folio, n° 4353)

UNE ÉMINENCE GRISE : JEAN JARDIN, Balland, 1986 (Folio, n° 1921)

L'HOMME DE L'ART : D. H. KAHNWEILER, Balland, 1987 (Folio, n° 2018)

ALBERT LONDRES, VIE ET MORT D'UN GRAND REPORTER, Balland, 1989 (Folio, n° 2143)

SIMENON, Julliard, 1992 (Folio, n° 2797)

HERGÉ, Plon, 1996 (Folio, n° 3064)

LE DERNIER DES CAMONDO, Gallimard, 1997 (Folio, n° 3268)

CARTIER-BRESSON, L'ŒIL DU SIÈCLE, Plon, 1999 (Folio, n° 3455)

GRÂCES LUI SOIENT RENDUES : PAUL DURAND-RUEL, LE MARCHAND DES IMPRESSIONNISTES, Plon, 2002 (Folio, n° 3999)

ROSEBUD, ÉCLATS DE BIOGRAPHIES, Gallimard, 2006 (Folio, n° 4675)

Entretiens

LE FLÂNEUR DE LA RIVE GAUCHE, AVEC ANTOINE BLONDIN, François Bourin, 1988, La Table Ronde, 2004

SINGULIÈREMENT LIBRE, AVEC RAOUL GIRARDET, Perrin, 1990

Enquêtes

DE NOS ENVOYÉS SPÉCIAUX (avec Philippe Dampenon),
J.-C. Simoën, 1977

LOURDES, HISTOIRES D'EAU, Alain Moreau, 1980

LES NOUVEAUX CONVERTIS, Albin Michel, 1982 (Folio
Actuel, n° 30)

L'ÉPURATION DES INTELLECTUELS, Complexe, 1985,
réédition augmentée, 1990

GERMINAL, L'AVENTURE D'UN FILM, Fayard, 1993

Récit

LE FLEUVE COMBELLE, Calmann-Lévy, 1997 (Folio, n° 3941)

Romans

LA CLIENTE, Gallimard, 1998, prix Wizo (Folio, n° 3347)

DOUBLE VIE, Gallimard, 2001, prix des Libraires (Folio, n° 3709)

ÉTAT LIMITE, Gallimard, 2003 (Folio, n° 4129)

LUTETIA, Gallimard, 2005, prix Maisons de la presse (Folio,
n° 4398)

LE PORTRAIT, Gallimard, prix de la Langue française, 2007

COLLECTION FOLIO

Composition Nord Compo.
Impression Société Nouvelle Firmin-Didot
à Mesnil-sur-l'Estrée, le 14 avril 2008.
Dépôt légal : avril 2008.
1ᵉʳ dépôt légal dans la collection · octobre 1999.
Numéro d'imprimeur   89978.

ISBN 978-2-07-041051-4/Imprimé en France.